U0629249

国家自然科学基金研究项目(71273021)成果

System Analysis and Risk Measurement on
Foreign Petroleum Investment Environment of China
Theories, Models and Applications

··

海外石油投资环境
系统分析和风险测度
理论、模型及应用

科学出版社

北 京

内 容 简 介

本书基于目前海外石油投资环境研究的进展状况、存在的问题，围绕海外石油投资环境系统学认知的理论体系–方法模型–技术路径–具体应用这一主线，详尽阐述了海外石油投资环境的系统学内涵，构建了"四层塔形"理论架构和"人–机–交互"方法论体系。从区域实证角度，分析了非洲和拉丁美洲主要石油资源国家和地区投资环境的系统结构、区域演化特征，并进行了系统诊断。基于对海外石油投资环境的系统认识，对海外石油投资风险进行了识别、分析以及定量评估，并进行了非洲石油投资风险价值测度。最后依托国家自然基金项目完成"海外石油投资环境评价系统软件"的构建，并以附录的形式介绍了软件架构和部分计算模块程序代码。

本书旨在为各级涉外政府部门、海外油气投资领域从业者以及相关科研工作者提供科学决策和研究参考，拓展研究思路与方法。本书亦可供系统科学、石油工程、经济管理以及其他相关专业领域的研究生、大学生学习和参考。

图书在版编目(CIP)数据

海外石油投资环境系统分析和风险测度：理论、模型及应用/
穆献中，胡广文著. —北京：科学出版社，2017.2
　ISBN 978-7-03-051361-8

Ⅰ.①海… Ⅱ.①穆… ②胡… Ⅲ.①海外投资–石油投资–投资环境–研究–世界 Ⅳ.①F416.22

中国版本图书馆 CIP 数据核字（2016）第 316806 号

责任编辑：李　敏　杨逢渤/责任校对：彭　涛
责任印制：肖　兴/封面设计：无极书装

科学出版社出版
北京东黄城根北街 16 号
邮政编码：100717
http://www.sciencep.com

北京通州皇家印刷厂 印刷
科学出版社发行　各地新华书店经销
*

2017 年 2 月第 一 版　开本：720×1000　1/16
2017 年 2 月第一次印刷　印张：19 1/4
字数：388 000
定价：128.00 元
（如有印装质量问题，我社负责调换）

序 言 一

石油是一种不可自生且高度稀缺的自然资源，也是关系国家经济发展、能源战略实施的重要战略物资。20世纪90年代以来，在中国经济发展和全球化进程加快的时代背景下，面对国内石油消费量逐年攀升、供需缺口日益扩大的实际问题，国家开启了"两个市场、两类资源"的"走出去"发展战略。在"走出去"发展战略实施的20多年时间里，国外石油的有效供给不仅缓解了国内石油资源短缺局面，也为中国经济全球化战略实施奠定了坚实的基础。在当前中国经济"提质增效、转型升级"的关键时期，海外石油稳定供应对于国民经济发展、人民安居乐业以及国家生态文明建设更是意义深远。

海外石油投资环境评价作为当今海外能源经济研究领域基础性研究工作和海外石油投资实施的重要抓手，在海外石油战略决策过程中一直起着举足轻重的作用。然而，多年形成的固有理论架构和传统指标优选、要素评价的方法论认知一直制约着海外石油投资环境研究体系的深度发展，尤其对要素的动态演化和投资环境的整体分析与研究一直是该领域研究的薄弱环节，在系统性、时效性以及区域针对性等方面很难适应当前高度复杂和不确定性的国际石油投资环境。与此同时，近年来海外石油投资环境研究向系统、复杂方向发展的趋势愈加明显，未来研究将更加侧重管理科学、技术经济、信息科学等多领域的综合交叉以及空间、时间维度的系统结构演化。因此，无论从现实需求还是未来趋势来看，都需要不同领域的专家学者从多视角、多维度、多学科交叉配合进行海外石油投资环境研究的理论探索和方法论体系创新。

该书作者曾长期在国内石油企业工作，近年来一直从事能源经济和系统模拟领域的研究，持续承担了该领域不同层次系列研究课题。作为其博士学习阶段导师，我也一直关注着他们的研究工作进展。当阅读完这本书稿之后，我认为书中基于系统科学和复杂性理论视角构建的海外石油投资环境理论架构以及方法体系甚为新颖，可以说具有重要的理论创新性和学术先导性，所研制的投资环境系统分析软件也具有一定的实用与推广价值，书中选取非洲、拉丁美洲区域及重点国家开展的石油投资环境系统分析和风险测度实证研究具有一定代表性和较重要的实际意义。

　　我本人对作者多年来在能源经济研究领域持之以恒并不断取得进步表示欣慰和祝贺，也希望该书的出版对我国能源战略理论研究和方法论实践起到抛砖引玉作用，尤其希望该书的出版能对中国能源产业全球化发展和投资决策做出应有的贡献。

中国工程院院士
俄罗斯科学院外籍院士
国际欧亚科学院院士
中国社会科学院学部委员　　2016年12月29日

序 言 二

石油是国民经济发展必不可少的矿产资源，在中国能源供需体系中占有重要的战略地位。改革开放以来，伴随我国经济的持续高速发展，对石油资源需求量逐年加大，石油供需矛盾日益突出；另一方面，伴随世界经济一体化发展和经济实力稳步提升，需要中国经济和产业布局进一步融入甚至引领世界经济发展大局。石油产业作为我国能源经济最重要的支柱产业，也是国家能源战略实施的核心所在，自然首当其冲走出国门，迎接挑战。

20世纪90年代初，中国石油企业开启了"走出去"的发展历程。20多年来，我本人作为参与中国石油海外战略布局、勘探开发投资项目具体实施的科技工作者，不仅见证了中国海外石油产业发展从无到有、从小到大、从弱到强的辉煌成果，也经历了不同时期、不同阶段、不同区域海外石油产业发展的曲折和困难，更是深切体会到了中国海外石油产业的系统性和综合性，牵一发而动全身，当然还有海外石油勘探评价、开发设计、投资决策、合作方式以及应对策略研究的复杂性和时效性。

近年来，伴随国家"一带一路"以及能源全球化战略的深化和实施，给海外石油产业战略选区、产业拓展和投资环境优化带来了诸多"正向"战略机遇和发展空间。与此同时，由于全球地缘政治、经济发展环境以及美国非常规"页岩"油气开发技术突破等外部要素交互影响，不仅引发全球石油供需格局的"翻转"和再洗牌，也使得全球石油产业出现了"风水轮流转"的外部不确定性发展态势。在这种发展机遇、结构紊乱以及外部不确定性并存的大环境下，海外石油产业发展出现诸多有待进一步深入研究的新问题和新领域，如投资环境系统性、投资决策时效性、合作方式多样性等，都需要涉足海外石油产业领域的从业者以及相关研究领域的专家学者潜下心来，跳脱传统理论视野和方法论局限，进行深入的理论研究和实践探索。

该书作者长期开展海外石油领域的投资环境研究工作，承担了国家自然科学基金、国土资源部、中国石油集团等不同层面的系列研究工作。我与作者结缘也是因参与评审和指导他们承担的海外石油研究课题，了解其在海外石油投资环境研究和实践探索方面有较深厚的学术认知，此书即是其多项研究课题工作成果的系统归纳。作者在书中提出的海外石油投资环境研究方法论和建模思路，具有一定的理论创新价值和实践指导意义，相信对海外石油产业布局、投资项目决策以及投资环境研究本身都具有重要的参考作用，也希望为国家海外石油产业全球化发展和能源战略决策做出贡献。

中国工程院院士
中国石油集团海外资深专家

2016. 11. 27.

前　言

伴随国家能源战略的全球化发展，中国企业走出国门，参与全球范围的能源产业竞合和战略博弈也逐渐成为一种必然和发展常态，在这种频繁的全球能源产业竞合和战略博弈中必须研究其投资环境动态变化和风险规避措施。特别是2008年以来，由于国际经济形势跌宕起伏，国际油价也经历了一个从"高位爬行"到"低位震荡"的发展历程，其中蕴含诸多错综复杂的全球地缘政治、国际经济环境、外交战略博弈以及能源科技等多方面的内外在因素影响，这也给中国石油产业海外发展和投资环境的动态评价带来了更多实际问题，需要有志于海外能源产业领域的投资者以及能源经济研究领域的专家学者进行深入的理论研究和实际探索。

近10年来，作者及其研究团队陆续承担了国家自然科学基金，国土资源部、国家开发银行、国家电网公司、中国石油天然气集团公司、中国节能环保集团等不同企事业单位的海外能源发展战略、海外资源优化配置建模以及世界主要区域油气投资环境评价等8项相关研究课题。经过这些年的探究，我们在海外能源产业发展以及投资环境评价方面积累了一定的理论认知和学术成果，期间也发表了20余篇学术成果论文，出版了2部学术专著，获批软件著作权1项，培养了6位以海外油气投资环境评价、投资风险分析以及期权博弈为学位论文选题的硕士和博士研究生，研究成果获得了教育部、北京市政府以及全国石油石化企业管理现代化创新优秀成果等5项省部级科技成果奖励。

本书是作者承担的国家自然科学基金面上项目《海外化石能源投资环境动态模拟和风险博弈研究》（批准号：71273021）的研究成果归纳和总结。首先，本书系统梳理了国内外能源尤其是油气投资环境研究的进展状况、存在的问题以及研究架构。在此基础上，作者试图围绕理论体系-方法模型-技术路径-具体应用这一主线，并系统阐述海外石油投资环境基础理论架构和方法体系，从区域实证角度构建世界主要油气资源国或地区、不同阶段的油气投资环境评价方法模型和数据支撑体系，针对非洲和美洲地区等主要国家油气投资环境的系统特点、风险特征以及期权价值进行了探讨，最后系统介绍了依托国家自然基金项目编制完成的"海外石油投资环境动态模拟系统评价软件系统"框架结构及部分程序代码。

本书分四个部分，共8章内容及3个附录。

第一部分（第1~3章）系统阐述了本书的研究背景、国内外学术进展以及本书研究工作的切入点。在此基础上，对海外石油投资环境综合评价基本概念、理论内涵和系统特征进行了初步研究界定，以国际投资理论、区域经济学、能源经济学为理论基础，运用系统经济、工程经济、石油科学等方法论，辅之信息科学、"全生命周期"评价、实物期权等新兴交叉学科工具为分析手段，构建了海外石油投资环境研究的理论架构和方法体系。

第二部分（第4~6章及附录1），结合课题组实际研究成果，针对世界不同地区的具体情况，使用系统自组织、系统优化、熵增（减）理论、物元分析、灰色预测、期权博弈等多种方法理论构建了系统分析模型，并以非洲和拉美地区主要油气资源国为例，开展了海外石油投资环境的动态模拟、风险预测以及期权价值评估研究，其中部分内容是作者及团队成员的原创性研究工作，而非洲13个主要石油国家风险评价基础数值以及改进型的灰色关联度计算模型证明分别以附录1和专栏的方式给出。

第三部分（第7章、附录2和附录3），综合应用当代能源经济管理理论，集成海外石油数据信息资料和信息管理系统技术，构建海外石油投资环境评价数据支撑体系和方法模型，并系统介绍海外石油投资环境动态模拟和风险博弈软件平台（已申报软件著作权），并以附录形式给出了关键变量名词注释表（附录2）以及部分模块代码（附录3）。

第四部分（第8章）归纳总结全书研究工作成果和学术认知，具体包括主要研究结论和观点、研究创新点以及未来工作展望等。

本书有四个方面的研究特色或创新点。第一是理论成果，在阐述海外石油投资环境系统分析理论架构和方法体系过程中，构建了海外石油投资环境系统分析的"四层塔形"理论体系，系统阐述了"人–机–交互"理论架构，提出了"人智–机智–人机交互"系统建模方法论；第二是技术创新，以现代信息科学为技术支撑，依据"人智–机智–人机交互"系统建模方法论，应用系统自组织、物元分析、灰色预测、系统优化、期权评价以及石油资源评价等技术手段构建了海外石油投资环境系统分析和诊断技术；第三是系统集成，应用信息管理和大数据集成技术，构建了海外石油投资环境动态模拟及风险测度软件平台；第四是成果应用，应用系统经济学、系统诊断以及石油期权价值评估方法体系，对拉美和非洲地区石油投资环境的系统结构演化特征、耗散结构行为以及期权价值进行了综合研究。

本书研究框架和编写提纲由穆献中策划完成，具体编写工作由穆献中和胡广文共同完成，但不同章节内容参考了研究团队部分成员不同阶段的研究工作和学术认知，其中第1章参考了李凯、胡广文、何帆、冯孝刚等研究生学位论文的部分资料，第2章和第3章由穆献中和胡广文共同编写完成，第4章和第5章是在胡广文和何帆等研究生学位论文实证分析基础上改写而成，第6章参考了李凯和冯孝刚学位论文的部分资料，第7章和附录部分是在李国昊、胡广文、胡连洁等共同承担的北京工业大学研究生基金成果基础上改写完成。除上述直接参与或提供学术成果的研究团队成员以外，不同届别的研究生顾一帆、吕雷、王宗帅、余漱石、徐鹏、张志强、吕祥、朱雪婷等在课题研究的不同阶段也发挥了重要的作用。

在作者及其研究团队多年的课题研究过程中，中国工程院院士、北京工业大学原校长左铁镛教授，中国工程院院士、中国石油知名海外战略专家童晓光教授，中国工程院院士、中国社会科学院学部委员、著名经济学家李京文院士，中国技术经济学会理事长、中国社会科学院数量经济与技术经济研究所所长李平研究员，国务院发展研究中心研究员、《管理世界》总编李志军教授，教育部长江学者、北京理工大学管理与经济学院院长魏一鸣教授，中国石油天然气集团公司财务公司副总经理王增业博士，中国民生证券研究院执行院长、国内知名青年经济学家管清友博士，国家电网公司能源研究院战略所马丽所长，中国石油天然气集团公司咨询中心副主任吴国干教授、何文渊教授、姚超教授、许坤教授，中国节能环保集团工程技术研究院总工程师许泓教授，中化石油勘探开发有限公司原总经理曾兴球教授、张达景博士，北京工业大学循环经济研究院副院长吴玉锋教授以及本单位各位同仁一直给予我们诸多关心和帮助，在此一并对他们表达由衷的敬意和真诚的感谢。

在此，需要着重提及并深深感恩的是国家自然科学基金委员会管理科学部以及诸位评审专家的指导帮助和审慎委托，没有他们委托我们研究团队的这项自然科学基金课题任务，也许我们不会这么持久且深入系统地开展该领域的研究工作，也不会有这么多团队成员和不同年级研究生前赴后继，以该领域作为研究方向和学位论文选题，甚至不会有出版这本书的动力。

本书是作者及其研究团队在海外石油投资环境系统分析、风险测度、期权价值评估等几个研究方向部分学术成果的归纳，但为了研究成果的系统性和完整性，本书不同章节系统梳理并引用了国内外诸多同行公开发表的相关学术成果，当然也可能因阅读资料有限而存在一定的局限。在书中我们尽可能详尽地注明了文献出处，但也难免有少许疏忽，在此对书中引用到研究成果的同行及该领域专家学者表达最崇高的敬意和真诚的谢意。

本书大部分章节内容是作者承担国家自然科学基金面上项目的研究成果总结，书中大部分章节内容也尽量强调作者及其研究团队自身的学术研究认识和实践探索，但限于作者及团队成员在本领域的学术研究能力和科学认知水平的局限性，书中难免有值得商榷之处，敬请致力于海外石油投资环境及相关研究领域的专家学者给予批评指正。

穆献中

2016 年 8 月 30 日

目　　录

Contents

第1章 绪 论

近年来，伴随全球地缘政治和经济形势的变幻莫测，尤其是国际石油经济系统自身诸多复杂软、硬环境要素的"交互"作用，造成国际原油价格如"过山车"般起起伏伏，从而使得在国际石油产业领域投资的"买""卖"双方也呈现出"风水轮流转"的不确定性发展态势，这不仅使海外石油投资环境本身变得扑朔迷离难以捉摸，也给国际石油经济理论探索和方法论体系带来了诸多有待深入研究的课题。

如何把握当前难以捉摸的国际石油投资环境变化规律及该领域研究进展，探究当今时代背景下海外石油投资环境进一步的研究空间及其创新点，就成为摆在我们面前一项必须面对的研究任务。本章将系统阐述海外石油投资环境系统分析和风险测度研究背景及其研究价值，综述国内外研究动态，概览本书的研究空间、研究内容、技术路线，以及拟解决的关键问题。

1.1 研究背景、目标及意义

1.1.1 研究背景

改革开放尤其是 2000 年以来，随着我国以第二产业为主的国民经济及其增长速度持续呈现高速发展态势，煤炭、石油、天然气等常规化石能源的消费量也呈现出指数高速增长态势，国内常规化石能源尤其是石油的自给能力已远不能满足国民经济发展对能源的需求，我国石油安全供应的对外依存度呈现逐年升高态势（图 1-1）。

根据 *BP Statistical Review of World Energy* 2015 测算，2014 年我国石油对外依存度已高达 61.6%，这意味着我国消费的石油中有超过 60% 都来自于海外进口，其来源主要包括海外石油贸易、对外合作份额油以及"贷款换石油"等不同方式。多年来，国家石油的稳定供给和能源安全问题早已经成为我国经济发展过程中不可忽略的"瓶颈"因素，也是国家能源战略布局和系统研究的重中之重。

2008 年以来，伴随世界经济形势的"跌宕起伏"，国际原油价格也经历了一

图 1-1　中国石油对外依存度与国内生产总值（GDP）增长趋势
资料来源：BP Statistical Review of World Energy 2015

个"高位爬行"到"低位震荡"的不规则发展历程，尤其是 2014 年下半年以来，国际原油价格一度跌至不足 40 美元/桶。国际原油价格的大幅度下跌引发了传统国际石油供需格局的重新大洗牌，这一方面使世界主要产油国、大部分跨国石油公司由于低油价遭受重创，尤以拉丁美洲、中亚-俄罗斯以及部分非洲产油国为甚，从而使得世界主要产油国和跨国石油公司纷纷希望通过开放石油区块、变卖原油资产以减少其经济损失；另一方面，世界最大的经济体和能源消费国美国正在通过"页岩技术革命"谋求非常规油气勘探开发生产的突破，以实现本国油气资源供应的长期外交独立。

面对日益突出的石油供需矛盾和国际石油格局不断变化，如何充分利用全球石油资源，保障我国石油的安全供应，进一步实现国家经济的可持续发展，已经成为我国当前难以回避的重大现实问题。尽管世界能源工业技术进步、新能源供应替代以及绿色能源发展政策正在引导着我国能源结构向绿色节能、优质环保的方向发展。但就目前来看，石油仍然是我国现在以及未来能源供应的中流砥柱，而海外石油投资也是我国短期内获取石油资源，补充国内石油供给不足的主要手段，因此海外石油投资环境系统研究和综合评价仍旧是当前以及未来需要重点关注的课题。

海外石油投资环境系统研究和综合评价本身涉及石油资源评价、投资风险监测、区产数据整合、投资环境动态模拟以及国家能源战略决策博弈的系统化研究，其涵盖的学科理论和技术领域也更加综合且复杂。从学科发展趋势看，海外石油投资研究正在由单纯的油气资源获取向模块化、综合集成的研究方向转变。与此同时，全球范围内的石油投资竞争局面也愈加激烈，难度和风险更是不断加大。

近年来，全球主要石油消费大国需求量呈现不断攀升态势，加之石油勘探开发技术难度和各类投资风险不断加大，石油勘探开发利用的总投入和风险承受力持续增加。此外，主要资源国对石油资源的主权意识逐步增强，从而压缩了跨国石油公司的投资利润空间。另外，由于国内以三大石油企业为代表"走出去"的步伐相对落后，世界上石油资源最为丰富、政治经济局势稳定以及石油法律体系相对健全的国家已经被西方跨国石油公司"瓜分一空"，并牢牢占据其市场份额。目前，这些西方跨国石油公司已经控制了世界上 80% 以上的高质量石油储备、30% 以上的石油工业产值以及 65% 的石油贸易和投资额。而我国石油企业只能选择石油资源相对贫瘠、政治环境相对动荡、投资环境更为复杂的地区进行投资，这无疑大大增加了其海外石油投资风险。以非洲为例，该地区油气资源最为丰富的利比亚、尼日利亚、阿尔及利亚早已被西方发达国家的跨国石油公司占据，上述三个国家油气资源分别占非洲探明油气储量的 79.49% 和 77.31% 。而我国石油公司主要在苏丹（2011 年已分裂为苏丹和南苏丹两个国家）、中非、乍得、刚果（布）、安哥拉等油气资源相对贫瘠、自然条件恶劣或政治军事冲突频发的地区开展油气勘探开发及相关产业合作。

错综复杂的政治动荡、经济波动、外交博弈等诸多因素造成全球经济形势的"跌宕起伏"，国际油价相应也经历了一个从"高位爬行"到"低位震荡"发展历程，进一步打破了国际原油生产、供应、需求的石油供需平衡，从而引发了包括美国的地位转变、委内瑞拉日趋恶化的经济危机、墨西哥破天荒开放国内原油生产区块、石油输出国组织（Organization of Petroleum Exporting Countries, OPEC）大幅原油减产以及国际石油公司变卖资产等一系列连锁反应，这对于我国海外石油产业的发展来说既是重要机遇，更是严峻挑战。重要机遇在于当前的格局调整是我国介入国际石油供需新格局，取得关键地位的大好时机；而严峻挑战在于如何规避风险，吸取油气资源国、外国石油企业的失败教训，建立一套科学的海外石油投资环境系统研究方法和综合评价体系以减少损失，这也是本书的研究主要目的与核心内容。

就目前而言，我国石油企业在海外进行投资的过程中缺乏科学有效的系统分析方法和综合评价体系，更没有一套可以为决策提供理论支撑和参考依据的投资环境评价系统，无法将投资过程中的不确定性及其他相关因素统筹起来，以支持海外石油投资环境动态评价和综合决策。

由此，当今新时代背景下，加强海外石油投资环境的基础理论、方法模型以及信息综合评价系统也已日趋成为国家能源战略和海外石油投资决策的重要内容和研究课题。

1.1.2　研究目标及意义

伴随我国石油对外依存度的逐年且快速攀升，国际石油供需格局越来越难以预测，为保障我国能源安全和经济发展，必须从学科建设和理论角度，建立我国科学、规范的海外石油投资环境系统研究和综合评价体系，并构建相应的大数据预测和智能化软件系统，从而为海外石油投资决策提供理论支撑和参考依据。

由于海外石油投资环境学科领域自身的复杂性，以及"海外石油"这个研究对象所特有的行业特殊性和区域要素不确定性，针对海外石油投资具体特征建立一套适用于我国国情的海外石油投资环境系统研究理论和综合评价体系具有特别重要的现实意义和理论探索价值，但也是一项严峻的挑战。

基于以上认知，对本书研究意义初步归纳为以下4个方面：

（1）系统梳理海外石油投资环境研究的理论与方法体系

从石油科学化管理和学术研究价值来看。近年来，关注和评价海外石油投资环境已不再局限于中国传统石油企业。国家政府部门、非传统石油企业（如国家金融业、工程技术服务业甚至民营资本）纷纷开展海外石油投资环境系统研究和跟踪评价，但从不同角度和层次开展的研究，其系统研究的理论基础、评价指标、研究方法甚至最后评价结果都有非常大的差异，因此需要相关领域专家学者，对海外石油投资环境的基础理论、评价方法、计算模型以及具体应用进行系统的研究。

（2）海外石油投资环境研究的系统学理论认知与方法创新

从海外石油投资环境的技术创新体系来看，海外石油投资环境是动态的、多要素关联的复杂系统，传统的静态还原分析方法技术对于该研究具有很大的时代局限性，需要针对海外石油投资环境的时代特点及其区域特征提出针对性的研究方法体系，从系统经济学和复杂性理论角度能够综合把握石油投资环境特征和行为，充分考虑系统要素间的关联和反馈，把关键要素的微观扰动、突变以及系统的宏观涨落纳入系统的分析中，避免不同角度和层次研究结论的偏颇，从而为海外石油投资环境的系统研究和综合评价提供新的理论框架，拓展研究思路。

（3）应对当前海外石油投资风险的系统测度与综合评估

从海外石油产业发展和具体实践来看，国际安全形势风云变幻，国际能源投资环境也是充满了风险与挑战，尤其牵扯不同利益投资方的战略"博弈"更是"处处陷阱"。近年来，中国海外石油产业尽管获得了跨越式快速发展，但也带来了诸多实际问题和复杂局面需要面对，如非洲南北苏丹分裂、美洲产油国政策变幻等风险问题。特别是 2014 年油价下跌之后，全球（区域）石油安全供应形势风云变幻，主要石油产国投资环境更加纷繁复杂，诸多投资风险因素交错出现，中国海外石油产业投资面临着很多的挑战和潜在威胁，需要从深层次开展科学评估及相应对策研究。

（4）为海外石油投资的科学决策提供信息化平台支撑及实时参考

世界不同区域的主要石油产国投资环境蕴含着诸多错综复杂的全球地缘政治、国际经济环境、外交战略博弈以及能源科技等多方面的内外在因素影响，其投资机遇和合作商机转瞬即逝，因此需要科学完备的信息化分析手段和大数据系统，以准确把握国际石油投资环境变化动向，及时应对当前和未来。在海外石油投资环境理论研究基础上，结合海外石油产业实际，构建并完善中国海外石油投资决策综合评价和大数据分析系统，这本身也是非常必要和具有重要现实意义的。

1.2　国内外研究状况

海外石油投资环境系统研究涉及产业投资环境与相关国家投资环境动态，并综合利用其最新数据资料和现代信息科学技术，对海外石油投资环境系统进行定量预测和综合评价，这也是中国石油产业全球化发展的重要工作环节和研究过程。在研究过程中，需要特别注重对石油产业运营所需资源要素的考虑，如海外石油总体资源状况、区域经济特征、勘探开发技术特点以及国家间的政治体制、法律体系差异等。

20 世纪 90 年代初至今，针对海外石油产业的理论研究和实践，国内外已有大量研究成果可归纳梳理，本书仅对海外石油投资环境的研究课题、针对性文献以及存在的问题进行系统的阐述。

1.2.1　相关研究课题

对中国海外石油产业发展的战略布局、经济分析以及投资项目评估是一个动态渐进的研究过程。自 20 世纪 90 年代初期，中国石油企业开始走出国门，企业层面海外石油投资研究工作逐步展开，主要包括海外油气资源评价、储量评估、开发方案设计、技术经济评估以及投资风险分析等。2000 年以后，国家层面的科研项目开始逐渐涉足该研究领域，如"十五"至"十三五"国家科技支撑计划、国家能源局战略规划项目、国家自然科学基金重点项目、国家社会科学基金重大项目等，研究内容以全球油气资源评价、合作战略布局以及重点区域优选等方面课题为主。另外，中国科学院、中国社会科学院、国土资源部、中国石油天然气集团公司、国家开发银行等国内企（事）业单位也相继设立了相关研究课题，在不同时期、从不同角度对海外石油产业的战略规划、投资环境以及技术经济问题进行了研究。

（1）海外能源战略决策层面的课题研究

2003～2004 年中国工程院受时任国务院总理温家宝同志重托，开展了《中国可持续发展矿产资源战略》《中国可持续发展油气资源战略》重大工程咨询课题研究，该研究课题确立了中国海外能源产业国际化发展尤其是油气勘探开发中长期发展思路和战略框架。"十一五"期间，中国科学院、中国社会科学院陆续开展了《中国能源可持续发展若干重大问题研究》（严陆光和陈俊武，2007）、《中国能源报告（2006）：战略和政策研究》（魏一鸣等，2006）、《中国能源发展报告》（崔民选，2006～2010）。需特别指出，2007 年 12 月 26 日中华人民共和国政府发布的《中国的能源状况与政策》白皮书是中国海外石油产业发展的纲领性文件，奠定了未来一定时期中国海外石油发展的总体战略部署。2013 年 6 月以来，为响应国家"能源革命"和"一带一路"等重大区域和能源战略决策，国土资源部、国家能源局等组织开展了《我国油气资源 2020～2030 年保障程度论证》（国家油气储量办公室，2013～2015）、《"一带一路"主要油气资源国家合作战略》（中国工程院，2013～2015）、《"十三五"能源国际合作对策及措施研究》（国家能源局，2014）、《我国中长期能源国际合作战略研究》（国家能源局，2016）等系列重大课题研究工作[1]，其中对海外多种能源开发战略布局、重点区域石油投资环境以及企业风险评价问题也多有涉及。

（2）海外石油勘探开发方面的投资环境课题研究[2]

2008～2011 年国土资源部、国家开发银行等分别组织了《全球油气地质综合研究及重点选区研究》（张大伟等，2010）、《全球主要能源矿产资源发展规划》（国家开发银行，2009）等重大课题研究工作，其中张大伟等（2010）建立了全球油气重点选区投资环境综合评价的 2 级共 5 类指标体系，并对不同世界地区油气投资环境进行了加权指标计算；国家开发银行（2009）构建了 3 级共 7 类评价指标体系，在研究过程中使用模糊层次分析法（fuzzy analytic hierarchy

---

① 以上课题为作者参与的国土资源部、国家能源局等企事业单位内部课题，所形成报告为非公开的内部资料。

② 本部分课题研究均为企事业单位项目的内部研究资料。

process，AHP）模型和优选法并结合专家会议法，对全球主要油气资源国投资环境进行了 3 个类别项目优选和综合评价，优选出 17 个 I 类投资目标国、14 个 II 类投资目标国。"十一五"计划以来，中国石油天然气集团公司结合其海外发展目标开展了诸多针对性研究，代表性工作包括《世界石油天然气投资环境研究》（中国石油经济技术研究院，2007）、《全球油气资源评价研究》（贾承造等，2011）、《21 世纪初中国跨国油气勘探开发战略研究》（童晓光等，2003）、《中国石油美洲非常规油气战略研究》（何文渊等，2014~2016）等，其中中国石油经济技术研究院（2007）对全球油气重点区域投资环境和产业政策进行系统了归纳和综合评价，贾承造等（2011）使用模糊聚类和线性规划模型对投资环境进行了优选和综合评价，童晓光等（2003）使用加权因子打分对全球油气投资环境进行了加权赋值和定量测算，上述研究工作都具有较强针对性和时效性。

（3）国家自然科学基金相关研究[①]

2005~2015 年，国家自然科学基金已批准与本书相关的研究课题"能源供应安全与能源政策的基础研究"（魏一鸣，2008~2011）、"海外油气投资区位选择中资源国国家风险动态演化特征研究"（孙晓蕾，2011~2013）、"基于变精度粗集的海外油气投资项目动态风险决策模型研究"（谢刚，2009~2011）、"石油地缘政治格局演变的驱动力机制研究"（王礼茂，2007~2009）、"石油战略储备最优策略的决策模型与方法研究"（吴刚，2008~2010）、"中国企业海外投资效应分析及对策研究"（杨大楷，2002~2004）、"中国企业对外直接投资的进入模式选择"（綦建红，2011~2013）、"海外化石能源投资环境动态模拟和风险博弈研究"（穆献中，2013~2016）为本书的编写提供了重要的工作基础和研究参考。据不完全资料统计，近年来国家社会科学基金、国家软科学基金以及相关部委也有不同类别的相关课题立项，在此不做过多阐述。

1.2.2　研究文献综述

据不完全文献检索和资料分析，2000~2016 年国内与海外石油投资环境相关的研究生学位论文共有 1100 余篇；已发表学术论文 3000 余篇，其中包括英文文献 800 余篇[②]；出版学术著作 100 余部，学术著作以海外油气勘探开发项目和战略规划为主，其中包括 30 余部相关专业工程技术类学术著作（表 1-1）。

---

① 本部分内容涉及研究均为国家自然基金项目，详情参见国家自然科学基金网站（www.nsfc.gov.cn）。

② 根据 2016 年 6 月 25 日中国期刊全文数据库和英文文献检索。

表 1-1　2000～2016 年相关研究工作统计

相关研究	数量
学术论文	3000 余篇
学位论文	1100 余篇
学术著作	100 余部
工程技术说明	30 余部
企业报告	400 余份
会议、专题汇报	100 余次

资料来源：作者据中国知网（CNKI）、万方数据知识服务平台、ScienceDirect、企业资料以及互联网数据统计

按发表时间来看，上述相关文献的发表数量自 2003 年开始有明显的增加，从每年 40～50 篇的水平迅速增长到 2006 年的 237 篇。2014 年以来研究文献数量有明显的下降，通过对比近年国际原油价格的走势不难判断，二者在某种程度上反映出油价变动对于海外石油投资环境研究有一定的影响（图 1-2）。

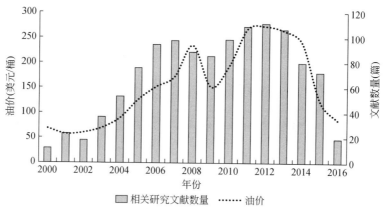

图 1-2　海外石油投资研究文献数量与油价对比图

资料来源：作者据中国知网（CNKI）、ScienceDirect 以及 Brent Oil Price 统计

从研究领域和文献内容来看，上述文献资料大多集中于海外能源产业合作、资产并购、具体项目的可行性分析等研究领域。除此之外，海外能源发展战略、企业经营模式以及某一国家能源投资环境和政策等方面的研究也多有涉及。近年来，随着国际能源市场不断变化、能源技术不断突破以及局部地区政治经济环境剧变，海外石油投资的研究热点开始逐渐向海外能源油气产业合作模式、区域战略布局、投资环境系统解析、对外合作法律政策以及具体项目技术经济论证等研究领域发展。这不仅涵盖了传统海外石油投资研究的常规视角，还开始向复杂性科学、系统科学、区域科学以及大数据系统集成等学科渗透，极大地丰富了海外石油投资的理论研究体系和决策参考依据。但总的来说，目前针对海外石油投资

环境相对成熟研究主要集中在要素解析和结构分解层面，而在系统层面的海外石油投资环境研究尚处于起步阶段。

从理论起源角度来看，海外石油投资环境系统分析早期属于能源系统工程的研究工作范畴。在国内，能源系统工程较早由著名系统工程专家刘豹教授（1981）提出，这是一门系统工程与能源系统相结合以解决能源规划与管理问题的"软科学"。按照刘豹教授20世纪80年代对能源系统工程的理论界定，能源系统工程的研究工作主要分为能源系统规划与能源系统管理，而海外石油投资环境系统分析实际上是能源规划下能源优化配置的研究领域。此后，国内知名能源经济学者邱大雄（1995）、田立新（2005，2011）、张雷（2007）、丁辉（2012）魏一鸣（2013）、林伯强（2014）等对能源系统工程理论进行了深化研究和具体实践探索，在此不再过多赘述。

从能源系统研究视角认知，海外石油投资决策是一项牵扯油气资源、地缘政治、区域经济、外交博弈等诸多复杂内蕴、外生要素的大系统研究，而海外石油投资环境自身是该复杂大系统的一个重要有机组成部分，因此其理论架构、方法论以及技术支撑体系也有必要从能源系统学角度进行认知和梳理。基于上述研究认知，能源系统工程应该是海外石油投资环境研究的理论来源和方法论支撑。

按照海外石油投资环境系统学的理论框架，本部分内容将对本领域相关研究成果以及有待深化研究的问题进行系统梳理，以提出本书的研究空间和研究脉络，具体包括评价指标体系、理论架构及其方法论体系等，尤其重点阐述系统经济分析、系统复杂性、系统风险识别及其价值评估等研究进展。

（1）海外石油投资环境系统的指标研究

海外石油投资环境系统的指标构建与所采用研究方法有很大关联性，主要是对海外石油投资环境综合评价中涉及的大量相关因素进行考察，从而反映出投资环境的整体情况，其本身是一个循序渐进的发展研究过程。由于评价指标体系各因素之间并非是完全独立的，绝大多数评价指标体系诸要素之间都存在或多或少的关联，同时要素间波动的频率、周期、幅度等又存在一定的差异，很难协调一致，完全考察评价过程中涉及的所有要素既不经济也不现实，因此甄选出合理的关键指标，构建海外石油投资环境的评价指标体系对海外石油投资环境进行评价是海外石油投资环境研究的首要任务。

对于海外石油投资环境单一指标的选择以及指标体系的构建，大量的专家学者做了深入的研究。刑云（1996）将国际石油投资环境分为软环境和硬环境，认为投资环境涉及石油地质、自然地理、语言文化、政治稳定性、对外开放程度、石油法规、市场等一系列的问题。童晓光等（2003）等编著的《21世纪初中国跨国油气勘探开发战略研究》，系统阐述了中国在海外石油勘探开发投资的关键影响要素，并构建了相应的评价指标体系，主要包括油气资源潜力、油气资源合作的开放性、合同条款、竞争性、政治稳定性、市场和运输条件、作业环境、经济技术水平、与我国的关系、地缘政治10项要素指标的权重赋值和计算。在此基础上，系统分析了全球主要油气资源国的政治环境、经济环境、法律环境以及对外合作等"软环境"指标。

安海忠等（2007）归纳整理了5类海外能源投资环境的评价指标体系，并分别从国家层面和公司层面构建了油气资源国际合作环境指标体系。其中，国家层面的能源资源国际合作评价指标体系包括资源潜力、资源体制、政治环境、财税政策、经济技术水平、市场和运输条件、与我国关系、地缘政治8类评价指标；公司层面的能源资源国际合作环境评价指标体系包括资源潜力、资源体制、政治环境、财税政策、经营环境、收益回报、成本风险、社会风险和商业机会9类评价指标。

夏抢友和刘清志（2007）从具体国家角度，重点分析了俄罗斯、非洲、中东、中南美洲等地区的投资环境，发现不同国家的投资环境在文化、政治、法律法规等方面存在巨大的差距，直接影响能源投资的效果和收益。史凌涛（2004）则更为具体地结合中国石油天然气集团在非洲的项目进展，从项目开发和运营的角度分析了非洲地区石油工业投资环境，认为政治环境的不确定性，是非洲石油投资决策中不可忽略的重要因素。张秋明（2007）分析了海外工作人员的人身安全挑战、石油海上运输安全挑战、恐怖活动及海盗袭击4个方面对海外能源投资的影响。杨炘提出了投资环境模糊数学评价方法，建立了包含9个因素的海外石油投资环境评价指标体系。

徐小杰（2005）等系统研究了海外油气资源投资环境的重要影响因素，具体包括资源立法和对外开放政策、基础设施、竞争状况、合同条款、国际政治、外交、经济、文化等几个方面，并针对这些方面的影响进行了区域战略分析。闫晶晶和沙景华（2006）分析了影响我国矿业外商投资环境的主要指标和现阶段矿业外商投资环境现状，阐述了优化矿业投资环境的具体对策。陈芙蓉等（2007）引入层次分析法建立了评价指标体系，并以此为基础对10个油气大国与我国的合作环境进行了综合排序。屈耀明等（2010）总结了境外不同石油勘探开发投资环境的侧重点与指标设计的关联，以系统性、纯粹性、可比性和适用性为指导原则，针对自然环境、政治环境、经济环境、技术环境、法律环境和社会环境6个子系统设计了较为完备的投资环境评价指标体系。

何贤杰等（2006）依据国土资源部研究课题支撑，从国内油气资源享赋、国内生产能力、国际市场可得性和国家应急保障能力4个方面，设计了国家石油安全评价指标体系，并采用德尔菲法和主成分分析法，选取储采比、储量替代率、石油消费对外依存度、石油进口集中度、国际原油价格和国内石油储备水平6个类别指标，构成一个新的综合评价指标度量，即石油安全度，并用其对我国石油安全形势进行定量评价。黄祖熹（2006）认为油气资源投资环境包括主权国的政治、经济和社会环境、石油法规、税收法律、自然环境、交通条件和消费市场等，具体包括政治经济社会环境、产品运输、市场、合同条款、政府税法、法律、法规和相关优惠政策、当地石油服务队伍的状况和可靠性、潜在伙伴的预期条款和信誉、重新谈判合同的可能性。

葛艾继和郭鹏（2003）对利比亚的油气投资环境不同层面的影响因素（具体包括油气勘探生产、石油产业政策法规、油气对外合作的经济合同以及评价参数等）进行了深入的研究。李玉顺等（2003）研究了土库曼斯坦的油气投资环境系统，并具体分析了其国内外政治环境、民族宗教、宏观经济发展、对外贸易情况、油气资源开发现状、基础设施建设以及相关的法律政策环境等。

郭思佳等（2012）构建了相关海外油气资源指标评价体系，并利用专家评分法对其赋值，进而对中东地区10个油气资源国的投资环境进行了评价和优选。李玉蓉（2004）从项目现金流分析、合同者（合作公司）现金流分析和参股者现金流分析的角度，考察了现有的国际石油勘探开发项目的经济评价指标，归纳总结出建立国际石油合作经济评价指标体系的基本原则，并在此基础上构建指标体系，从而能够全面反映不同地区、不同财务制度下油田勘探开发项目的综合经济效益。

（2）投资环境系统分析的理论和方法论研究

针对海外能源投资环境系统评价不同的研究视角和投资目标，与具体产业领域、评价区域尤其是不同生产阶段都有很大的关系，相应的理论基础和方法论体系自然也有很大的不同。为此，我们首先梳理清楚投资环境系统的类别与脉络，按是否针对具体产业可分为一般投资环境评价和产业投资环境评价，而产业投资环境评价又因产业特点和关注角度差异而又划分为更多的子类，如煤炭、石油、电力、化工、制造业、交通运输等投资环境评价。从全球区域研究视角，按照评价对象可分为区域（或洲域）投资环境评价、国家投资环境评价以及城市投资环境评价，而国家投资环境评价，根据资金来源和合作方式不同，又分为国内（或域内）投资环境和海外（或域外）投资环境评价。按照研究层次和探究深度分析，又可以划分为单纯投资环境资料调研、投资环境关键要素评价、投资环境系统分析以及多视角投资环境系统诊断等[①]。

---

① 本书的研究视角将更加侧重海外石油的投资环境要素评价、投资环境系统分析以及多角度投资环境系统诊断等。

具体来说，一般投资环境评价不涉及具体的企业，研究发起者一般为投资地区或者是引资地区，主要考察相关因素是否有利于投资总额的增加和各类资本使用过程中普遍需要的外部环境支持因素。

产业投资环境评价主要针对具体产业做出，投资主体一般为具有投资意愿的企业，或者是引资地区为重点发展某种产业而进行评价。此类评价在包括一般投资环境各要素之外还必须包括一些与产业投资相关的特殊环境要素，这些要素投资效果的影响程度通常比一般环境要素更大。

国家投资环境和地区投资环境的主要区别在于，国家之间的政治、法律等因素差别很大，而国家内部各地区之间的政治环境、法律体系通常比较一致。政治、法律因素由于其复杂性和不确定性，往往无法用具体的定量指标衡量，因此两类投资环境在评价方法上也有较大的不同。

将两个维度进行交叉即可得到投资环境评价的四种类型，分别为国家一般投资环境评价、国家产业投资环境评价、地区一般投资环境评价和地区产业投资环境评价，针对各类型投资环境的主要研究动机的评价方法初步归纳总结见表1-2。

表1-2 各类型投资环境评价方法

投资环境类型	主要方法
国家一般投资环境评价	冷热国法、等级尺度法、道氏风险评估法、组合评价法（综合主观法和客观法）[①]
国家产业投资环境评价	层次分析法、熵权法[②]、灰色综合评价[③]、模糊综合评价法[④]、主成分-聚类分析
地区一般投资环境评价	层次分析法[⑤]、灰色综合评价[⑥]、神经网络[⑦]、主成分分析[⑧]、计量经济模型[⑨]、熵权法[⑩]、因子分析[⑪]
地区产业投资环境评价	层次分析法[⑫]、主成分分析法[⑬]、准数分析法、关键因素评价法

[①]来自彭勇行（1996，1997）、全雪莹等（1997）的文献。

[②]来自曾金芳（2011）、付海波和孔锐（2010）的文献。

[③]来自赵旭（2011）的文献。

[④]来自杨静和李志祥（2008）的文献。

[⑤]来自殷焕武和张宝柱（2006）的文献。

[⑥]来自李博等（2009）的文献。

[⑦]来自文余源等（2003）的文献。

[⑧]来自鲁明泓（1997）、潘霞和范德成（2007）的文献。

[⑨]来自世界银行（2007）的报告。

[⑩]来自邓田生和刘慷豪（2006）的文献。

[⑪]来自张卫国（2006）、王笑寒（2009）、崔宏楷（2007）的文献。

[⑫]来自王晓耕和薛天菲（2008）、杜德权（2003）的文献。

[⑬]来自曾铁铮（2011）的文献。

总的来看，海外投资环境的理论研究在经历了比较优势（亚当·斯密）、垄断优势（海默）、内部优势（巴克利、卡森）、区位优势（韦伯、维农和约翰逊）和国际生产折衷理论（邓宁）的发展，目前已经成为一门独立完整的理论方法体系。但对于海外石油投资环境分析，其系统研究和综合分析的基础理论和方法的研究，国内外的文献相对都比较少。

海外石油投资环境评价研究按评价方法，可以分为定性研究和定量研究。定性研究一般运用头脑风暴、德尔菲法等评价方法对海外石油投资环境进行判断，本书后续对海外石油投资环境系统的定性研究方法界定有一些不同；定量研究则通过构建数理模型对海外石油投资环境进行分析。但在实际应用中，几乎不存在纯粹运用定性或定量的方法进行研究，而是采取定性识别与定量分析二者结合的方式进行研究。

在识别和评估海外石油投资环境方面，目前已存在多种较为成熟的数学模型和计算方法。这些方法多属于静态评估方法，包括基于时间价值净现值法和基于投资要素分析的指标综合评价法等。净现值法中，评估人员一般是根据类似投资项目的经验以及项目相关情况对未来现金流进行预测并折现。这种方法的核心思想是主观上对未来的海外油气投资环境变化进行估值。指标综合评价法，包括层次分析法、模糊数学综合评价法、主成分分析法等，着重于对过去数据的统计和综合上，将过去的数据作为未来投资环境的估值。以上两类方法旨在估计未来投资环境的可能结果，却都存在对未来不确定性因素考虑不周全的弊端。

灰色综合评价模型由于对历史数据的精度和使用要求不高的特点，从而成为海外石油投资环境评价中应用相对成熟和广泛的模型方法。董秀成等（2001）从系统科学角度构建了多层次灰色综合评价模型对海外石油投资决策进行分析，并选取 3 个海外石油投资项目进行了实证分析评价。赵振智等（2009）结合国内石油企业跨国投资的特有研究视角和具体合作方式，基于灰色系统理论构建了我国石油公司跨国产权投资的多层次灰色综合评价模型。高新伟和李振（2010）结合国内石油企业海外投资和国际石油市场特点，建立了中国石油企业国际竞争力评价模型，运用灰色多层次分析方法对我国石油企业的国际竞争力进行测评。温丽（2011）从国内石油企业的国际竞争力出发，运用多层次灰色关联法对石油企业的国际竞争力进行了综合评价，针对性地提出中国石油企业提升国际竞争力的对策。徐丽娟（2013）通过分析海外石油投资项目当前的决策现状以及存在的问题，结合海外石油投资项目的特殊性，运用层次分析法和灰色系统理论构建了海外石油投资项目决策模型，并验证了该模型的科学性与合理性。

此外，由于在海外石油投资环境评价过程中，许多评价标准存在一定的模糊性，因此模糊综合评价在海外石油投资环境的评价研究中应用也比较常见。刘金兰等（2005）基于投资组合优化和模糊决策的思想提出了石油投资的组合优化模型，并通过排队论计算其等待时间和处理时间，对于海外石油投资环境的评价研究具有一定的实际应用价值。杨炘等（2006）构建了基于层次分析法和模糊数学的国际石油投资模型，并计算出我国石油对外投资的目标国家投资环境综合评分排序。李鸿飞和李宁（2007）针对一般投资环境评价方法在跨国石油投资中的局限性，基于模糊综合评价、聚类分析、主成分分析的组合模型，构建了中国石油企业跨国石油投资环境综合评价模型，提高了模型输出结果的客观性和有效性。He 等（2012）对亚太地区 16 个国家的油气投资环境从能源安全供给和企业盈利角度进行了分析，针对宏观经济环境和企业竞争力为我国就亚太地区海外油气投资战略提供了决策参考。董秀成和朱瑾（2005）基于石油行业的行业特性，采用模糊评价法、层次分析法和专家打分法，对石油企业对外直接投资的区位环境进行了评价，并选取南美三国进行了实证分析。

除了灰色要素预测和模糊综合评价方法以外，还有一些比较常规的研究方法（如层次分析法、熵权法、聚类分析法以及主成分分析法等）在海外石油投资环境综合评价中应用也十分普遍。例如，He 等（2013）基于层次分析法和熵权法对世界 7 个主要油气富集区共 57 个产油国的石油投资环境进行了系统分析和综合评价，构建了我国石油企业特定发展阶段"走出去"的发展战略框架体系，并由此提出了具有可操作性的投资决策建议。

Guo 等（2012）运用聚类分析对中东地区 10 个阿拉伯国家（其中包括 6 个波斯湾石油国家）的油气投资环境进行了综合评价和优选打分排序。张志强和冯孝刚（2010）以非洲地区的 9 个油气资源国为研究对象，运用层次分析法对石油资源国的投资环境进行了研究。陶峰（2010）运用主成分分析法从中非关系角度入手，构建了中国石油投资非洲的环境评价模型，并选取了非洲 19 个产油国进行投资环境评价，为中国石油企业在非洲开展跨国石油投资项目提供了有力的投资参考依据。王耕（2009）基于跨国直接投资动因理论对我国石油企业从事海外投资的决定性因素与非决定性因素进行了分析，并基于主成分分析和聚类分析构建了我国石油企业海外投资环境评估模型，为我国跨国石油企业海外投资决策提供了参考。智天雨（2012）通过总结我国石油企业对外存在的三大问题，基于区位选择理论，运用聚类分析模型和主成分分析构建海外石油投资环境评价模型，并选取 15 个国家进行了实证分析。王宗帅和穆献中（2014）运用层次分析法和聚类分析对南美石油资源国的投资环境进行了系统研究，对针对不同石油国家投资环境指标权重和具体特征进行了相应的措施分析。

随着研究的不断深入，国内部分研究工作对于海外石油投资环境的研究引入了不少新的方法，如穆献中和何帆（2015）基于国际投资环境理论和石油行业特点，提出了基于熵权法和物元分析理论的非洲五大产油国投资环境评价模型，并对非洲石油投资环境的极端指标进行了分析。聂万隆（2014）基于模糊物元法对中国石油企业的国际竞争力进行了系统评价，并充分考虑了关键复合因素的影响程度，探究了我国石油技术服务企业国际竞争力上的不足，在此基础上系统阐述了提升我国石油企业国际竞争力的相关对策。上述这些系统学研究方法一定程度上丰富了海外石油投资环境的研究思路，但由于其理论基础和方法论体系等多方面因素制约，因此大多还没有得到足够的重视，当然这也是本书研究的切入点和研究重点。

（3）海外石油投资的经济分析和价值评估研究

一般来讲，常规的海外石油投资经济评价的一般思路是遵循会计准则对投资项目现金流进行分析，其中传统海外石油投资的经济评价方法按照是否考虑资金的时间价值分为静态和动态两类经济分析方法。需要说明的是，动态经济分析方法并不因为考虑了资金的时间价值而绝对优于静态分析方法，二者区别只是基于时间价值这一标准而区分开来的两类分析方法。李友俊和徐可达（2005）的研究认为，海外石油投资的经济评价指标体系，应以动态确定性经济评价指标为主，静态评价指标经济评价为辅，并进一步全面衡量项目的盈利能力和经济可行性，而现行的投资经济评价指标评价体系在理论和实践上都存在一定问题，影响了项目投资经济效益的客观评价。

尽管如此，动态经济评价方法由于能够更好地反映投资项目的价值，在海外石油投资项目的经济价值评估中还是以动态经济评价方法为主。郝洪（2001）梳理了目前油气投资项目经济评价中有关折旧方法、所得税计算以及目标收益率确定等方面存在的问题，认为在海外油气投资的经济评价中折旧计算应该参照税法规定的折旧方法而非企业会计报告中采用的折旧方法，所得税计算应以企业为主体而非以项目为主体，目标收益率的制定应依照不同的评价要求制定。

海外石油投资项目动态经济评价重要指标包括投资回收期、内部收益率和净现值三类。

1）投资回收期作为石油工程项目经济评估的最基本评价指标之一，是指从海外石油投资项目产出后净收益偿还全部投资的时间（万君康，1996），具体包括勘探开发工程期限和商业开发回收资金期限（周银，2012）。投资回收期在一定程度上能够反映石油项目的风险程度和经济性，但由于该指标依赖于外部环境的变化，如政策变动、油价起伏等，不能反映勘探投资的经济效果，因此一般只作为辅助性指标（赵艾琳，2012）。此外，考虑到海外石油项目在勘探开发过程的复杂性、反复性、阶段性以及可能发生的投资不连续性，在勘探阶段计算投资回收期并无太大的决策价值（刁凤琴，2007）。

2）内部收益率是反映资金利用效率的指标，表示当项目净现值为零时的折现率。内部收益率的计算隐含着一个基本假定，即项目期内所有净收益全部用于再投资，再投资的收益率等于项目的内部收益率。一般地，由于地质条件的复杂性，不可能存在完全相同的勘探目标，收回的投资用于再投资时其收益率也不可能正好等于被评估项目的内部收益率。在徐可达（2005）的研究中表明，在评价海外石油投资项目时，采用内部收益率需要结合国际风险合作的特点，依照不同国际合作类型及资源国的法规与税收等政策，以保证海外油气田开发经济评价结果的科学性、合理性与可信性，因而在进行油气勘探项目经济评价时，内部收益率不宜单独作为主要指标（肖胜奎，2003）。

3）海外石油投资经济评价中比较成熟的方法是净现值法，其特点在于充分考虑了石油投资项目投入、产出的时间价值。由于项目的内部收益率、回收周期、盈亏平衡点等关键参数的计算非常依赖于净现值，因此净现值法常用于海外石油投资项目的可行性研究（李华启等，2003；安丰春等，2005；白玉光，2006）。罗东坤（2002）通过分析我国油气勘探的特殊性，建立了以净现值为基础的油气投资经济评价模型，并测算了油气投资的技术经济边界。罗东坤和俞云柯（2002）综合考虑了经济、地理等因素对海外石油投资的影响，并将技术进步纳入了考虑范围，建立了石油投资项目资源经济价值的净现值模型。李玉蓉（2004）通过总结国际石油合作勘探开发项目技术经济评价的方法和模型，提出了海外石油投资三阶段对比分析的思路，运用净现值模型实现了海外石油投资项目的"滚动评价、动态管理"。

净现值法能够通过调整贴现率以及确定性等价的方式应对市场的不确定性风险，但由于假设条件过于严格导致净现值法在实际应用中导致经营柔性不足，缺乏灵活性。在量化方式上往往参数变化上过于公式化，且精度不高。

传统石油经济评价的主要问题在于其消极对待不确定性的态度，因此在高度不确定性的石油投资项目研究中往往导致分析结果过于保守。针对上述问题，国内一些石油经济学者提出了石油金融化的设想，尝试将分析高度动态不确定经济价值的金融工具引入海外石油投资经济分析与价值评估中，并取得了不错的应用成果。例如，张宏民等（2002）基于国际石油经济形势变化，针对传统石油经济研究方法的局限性，阐述了石油投资领域的金融系统学理论，并由此提出了一定时期内中国石油经济安全的石油金融化对策。刘浚（2011）基于国家能源安全研究视角，从理论和实证两个层面探讨了我国推行石油金融化的可行性和实际证据，对理解石油金融在能源安全中的作用、促进我国能源安全的发展提供了一个新视角，具有一定的理论价值和实际借鉴意义。刘蓓（2010）分析了我国在石油金融化进程中面临的主要问题，提出了多层次、多角度的对策建议。

石油经济系统金融化属性为海外石油投资的动态经济评价做了充分的概念铺垫，不少研究工作以此为基础将金融分析工具引入海外石油投资的研究中，其中运用最为成熟的为实物期权评价理论。

实物期权评价理论的最大特点在于其对不确定性的灵活处理，在投资决策的过程中，不确定性往往包含了大量的隐形信息和潜在价值，因而不确定性越大，投资决策当中隐性信息和潜在价值所占的价值比重就越大。在海外石油投资过程中，实物期权评价理论考虑了不确定性投资的不可逆、不确定和存在未来相机决策可能这三大特点，因此实物期权评价理论对海外石油投资研究具有较好的适用性。

根据实物期权价值评价理论，不确定性被认为含有大量的期权信息和价值，且其不确定性越大，投资决策当中的灵活性也就越大。张永峰（2006）和隋平（2011）等研究结果认为，石油勘探开发的整个过程可以划分为若干个阶段，并认为每个阶段对应一个期权或者多个行为。例如，项目初期，进入决策、区域勘探、预探、详探阶段是4个相对独立的看涨型（学习型）期权决策。而进入稳定开发阶段，则存在开发和暂停的转换期权以及受到严重影响的退出期权（图1-3）。

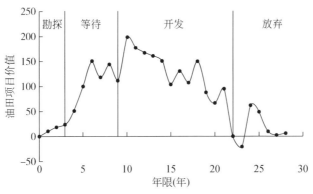

图1-3 油气投资生命周期收益分布模拟

资料来源：李凯，2015

目前，对于海外尤其是非常规大型达到已探明石油储量级别的勘探类项目，国际石油公司开始逐渐采用某种形式的期权定价程序来取代传统的净现值分析。例如，Paddock 和 Smith（1988）在墨西哥湾选择了21个海上石油租赁项目运用实物期权单因素模型进行评价，评价结果显示政府的历史定价通常低于投标价格，实物期权单因素模型的评价价格与实际的投标结果更加接近。Laughton 等

(2013) 总结了以净现值作为计量储量的定价工具对海外石油投资的不利影响，并认为以净现值作为储量的定价工具会严重低估储量的价值，导致企业产能过剩，引起较低的投资效率和最终采收率，而且净现值法牺牲了项目的灵活性。Mccardle 和 Smith（1998）运用期权定价模型对储量资产进行评价，建立了不确定性沿水平方向逐渐消除的期权定价模型。模型的评价结果与常规定价方法的评价结果相对比看出，常规定价能够正确评价储量资产的价值，但却忽视了风险厌恶和市场机会这两个因素。Cortazar 和 Schwart（1998）运用 Gibson & Schwartz 模型评估一个未开发油田，并运用 Monte Carlo 模拟法确定开发阶段及其最优时间节点。Rocha 等（2015）利用实物期权单因素评估模型，分析了国际油价服从几何布朗运动和均值回复运动条件下油田开发时机和开发规模的最优选择。

就已公开发表的研究成果来看，实物期权评估理论主要运用于能源投资项目评价方面，但近年来该类研究方向开始逐渐呈现出由国际能源价格波动的需求端向供给端方向不断延伸的趋势，这主要是由于国际经济环境的变化，能源投资决策者逐渐认识到，能源投资环境中的不确定性——动态性对能源投资的影响越来越大。Masson 和 Merton（1984）分析了企业投资运营过程中的主要期权类型，并且把它们结合到能源投资和运营项目的价值评价当中，而 Brennan 和 Schwartz（1985）首先运用实物期权评估模型，探讨了不同开发生产阶段多类型能源市场价格波动情境下的煤矿开采与关闭对策。Schwartz 和 Trolle（2010）建立了研究政府对海外石油开发项目"国有化"和政府回购可能性的期权定价模型，并将石油的未来价格波动、所得税率作为变量来评估海外石油项目的运营过程中，东道国政府对石油项目进行政府回购的时机，特别是该模型采用最小方差的蒙特卡洛模型的方法求解，提供了如何定量分析政治不确定性投资影响的思路和方法。朱磊（2011）从跨国石油企业的角度，进行海外油气资源开发目标国家的指标筛选，建立了海外主要油气资源国投资价值评价模型，并利用实物期权评估理论，综合不同资源国的石油开采成本、融资利率、所得税税率、产量递减率等影响因素，将国际石油价格、汇率作为不确定性因素建立了投资价值评价模型。值得一提的是，该研究成果首先将投资环境的差异性作为关键因素变量纳入期权价值模型中。Kahraman 和 Ucal（2009）的研究成果将模糊实物期权评估模型引入石油投资研究中，较好地解决了由于信息模糊而导致的模型精度降低的问题。

近年来，非完全竞争市场中的竞争决策也成为实物期权的应用领域，安瑛晖（2001）首先将期权理论和博弈论相结合，研究非完全竞争环境下多个竞争者进行决策的期权博弈模型，总结归纳出期权博弈法的一般分析步骤和框架，并综述了目前应用这一模型的研究成果，此外还进一步提出了未来的研究方向和思路。

(4) 海外石油投资的风险测度及综合评价研究

1) 对海外石油投资风险的宏观认识。近年来，海外石油投资风险的研究更加侧重于海外石油投资过程中风险的识别和评价，这主要是由于资源信息不对称、"软环境"不可预知性的变化，促使人们逐渐认识到，油气投资环境中的不确定性——动态性对能源投资的影响越来越大。比较代表性的研究工作包括：蔡建功（2009）和孙倩（2008）分别从企业投资和项目投资的角度对能源投资风险进行了归类和分析，雍斌（2007）针对海外直接投资的国家风险进行了分类和分析等。景东升（2007）系统分析了我国油气资源海外投资的主要状况和风险特征，根据风险程度将投资地区和国家划分为高风险、中等风险、低风险和可忽略风险地区4种类型，并提出了海外投资风险规避的政策建议。

管清友和何帆（2007）认为中国的能源安全应当包含四重含义，即可获得性、价格波动、运输安全以及环境安全，并系统阐述了国家拓展能源合作的空间和领域以及保障中国能源安全的必要途径。孙洪波（2007）分析了在国际金融危机影响下，拉美地区的政治风险、社会风险、环境保护和劳工权益因素、美国因素以及拉美地区日益激烈的油气市场竞争，提出了中国和拉美地区油气合作的对策。王大鹏和陈建梁（2007）学者认为我国石油企业与发达国家大石油公司相比具有竞争劣势，会影响我国的对外直接投资。

余晓钟（2002）指出石油工程建设项目尤其海外投资项目受到多层级、多类别风险因素影响，具体包括外部风险要素和内部可控风险要素两类，其中外部风险因素主要包括资源风险、市场风险、金融风险、社会风险、自然风险、经济风险和政治风险，内部可控风险要素包括项目完工风险、项目管理风险、工程技术风险以及人员管理风险等。根据不同评价视角、不同的时间阶段以及不同的石油工程投资类别，其相应的风险指标及其要素赋值有一定的差别，当然所采用评价方法也有所不同。

薄启亮等（2005）基于"海外石油投资环境的政治经济评价是跨国石油公司全球战略研究的重要组成部分"这一基本认识，从目标规划和投资规模的限制、经济吸引力和投资风险两个变量研究，根据利润平衡曲线计算经济吸引力指数，并分析了风险指数，对油气资源国家的投资环境进行了系统评价和排名。刘增洁（2005）探究了非洲的油气资源潜力、油气生产、油气贸易和投资环境，重点对非洲石油的投资政策进行类分析，并介绍了中国在非洲的石油投资及其产业布局情况。彭新媛（2006）从哈萨克斯坦的政治局势与经济发展、石油与天然气工业发展概况、投资优惠政策、石油合同的主要条款四方面来分析其油气投资环境，并且综合分析了中国与哈萨克斯坦的合作投资情况。尹赐舜（2006）从国家概况、油气资源概况、石油管理体制、对外招标与合作、政治体制、外交关系、经济环境、外国投资分析了乌兹别克斯坦的油气投资环境。

2）对于特定种类的投资风险分析方面。除了从宏观层面对海外石油投资风险进行研究，还有一部分学者侧重于分析投资过程中的某一类特定风险。单文华等（2012）就海外资源类投资的法律风险进行了探讨，其在《中国海外资源能源法律问题调查报告》中指出，我国海外能源投资总体法律环境欠佳，我国海外能源投资在享有国民待遇、公平公正待遇以及安全与保障这三个方面未达标，在非洲投资区，政府违反投资合同、汇率波动、司法不公和官员腐败是影响中国投资的重要因素。

斯特芬·罗伯克在《政治风险：识别与评估》中将政治风险定义为国际经济活动所面临经营环境中出现的一些不连续性事件，而这些不连续性事件难以预料，它们是因为政治变化造成的，经营环境中的这些变化具有对某家企业的利润或其他目标有重大影响的潜在可能性时才构成"风险"，这些研究认知为海外石油投资政治环境不确定分析提供了理论依据。国内学者丁文利和马文卿（2007）认为，海外投资可能面临的政治风险源自东道国政治、政策、外汇制度的不稳定性的非市场不确定变化；娄承（1999）研究认为要做好国际石油合作项目的政治风险评价应确定政治风险的性质，其建立了一种国家与国家"实时对比"研究方法，根据影响海外石油投资环境的关键因素，系统分析并比较其存在的特征，并确定如何进行有效的风险管理。

邵士君和何童（2004）分析了中东地区的自然地理与其发展历史、政治演化、宗教文化的关联特征，探讨了该区域主要油气资源国家相应的能源法律体系、外国投资合作特征以及对外合作政策体系，系统阐述了国内石油企业在中东地区投资的优势及法律风险。Moreira（2013）通过总结我国海外石油投资的失败教训和成功经验，认为其政治环境及其风险管理不足是我国海外石油投资的关键。赵振国（2009）基于国际投资法的基本原理，实证分析了中国和其他国家的能源企业海外直接投资所遭受的政治和法律风险，提出了特定时期的政治和法律风险变化及其演变，据此讨论了中国能源海外直接投资政治风险的法律防范问题，旨在通过法律的完善与制度的保障等措施来防范中国海外能源直接投资所面临的政治风险。

李兴国（2008）针对中国企业海外能源投资面临的国际法制困境进行了系统阐述，并在国际能源法层面提出了如何促进中国企业海外能源投资。徐喜君（2009）针对中国能源企业在海外能源投资过程中面临的市场准入和投资风险进行了研究，指出了当前市场自由化趋势不断发展背景下的海外能源投资方向，并对这一进程中可能出现的防线提出了对应的防范措施。余建华（2006）分析了非洲大陆主要油气国家的资源潜力，并基于美国和西方国家能源战略外交化的发展方向和战略措施，勾绘了中国石油企业"走出去"战略框架（尤其是非洲大陆）的投资战略举措。袁正之（2008）从拉美地区石油投资的政治风险角度，分析了拉美石油国家资源国有化和国家能源政策不稳定两个主要方面，并提出了拉美油气资源投资的政治风险规避建议。

3）在石油投资风险的模型研究方面。张跃军（2013）围绕国际石油市场的复杂系统风险管理问题，从石油市场内部风险和外部风险两个方面探讨了油价波动与溢出规律以及各种风险因素对油价的影响机制，总结了计量经济、能源经济、能源金融等一系列石油风险分析模型和方法，这在一定程度上对我国海外石油投资风险的相关研究提供了理论支持。孙琳（2008）基于 VaR-Garch 模型构建了国际石油市场风险模型，并从石油市场的金融属性、油价风险的定量分析、油价风险的产生以及控制手段等方面入手，对石油市场的风险进行研究，从而为海外石油投资风险管理提供一定的借鉴作用。曹华锋（2009）基于 EaR 模型对我国石油市场风险管理进行了分析，进一步提出了有利于投资者对石油投资风险做出及时的防范措施，规避石油投资环境变动所带来的风险。张艳和朱列虹（2005）通过分析海外石油投资的特殊性及其风险特征，构建了集合风险因素分析识别、风险评估、风险管理对策选择和风险的保障实施与促进四个组成部分的海外石油投资风险动态管理系统，对投资的全过程、全要素进行了覆盖。

朱伟和刘益超（2000）在建立了海外石油建设项目投资风险系统的基础上，应用财务现金流量模型与蒙特卡洛仿真方法模型，探讨了如何在海外石油建设项目前期工作中进行风险分析评价。刘存柱（2004）从全球原油供需态势出发对世界石油市场建立了宏观的认识，从全球石油市场供给、市场需求、政治因素等方面系统分析了影响石油风险的主要因素，为石油风险管理提供了基础，并引入 VaR-Garch 方法，在考虑石油价格波动特点的基础上建立了基于 Garch-M 的 VaR-Garch 模型。该评价模型充分考虑了石油风险的极端性，运用极值理论建立了度量石油风险的极值模型。

还有一部分研究成果，是在充分考虑海外石油投资环境要素不确定性的基础上，应用运筹学方法理论，如决策树分析方法、环境变量的敏感性分析等，同时利用计算机随机模拟对未来不确定性过程进行蒙特卡洛模拟等建立系统分析模型，并据此进行海外石油投资案例研究（林敏，2006）。相比于前述研究方法，这一类研究方法充分考虑了投资环境本身的不确定性，在具体构建决策树模型以及环境变量的敏感性分析时，充分考虑了未来诸多的不确定性因素，并进行系统模拟分析。

4）在海外石油投资的风险管理方面。张艳（2004）从风险管理的概念、内容及其管理程序入手，针对石油工业投资的特殊性及其投资风险特征，对中国石油天然气集团公司（简称中国石油）海外石油投资的风险识别、风险衡量、风险对策选择和风险管理实施进行了全面分析，将中国石油海外石油投资的风险管理上升到全过程、全要素的动态控制的高度，构建了一整套针对中国石油海外投资的管理体系。

钟桂东（2008）分析了国际石油勘探开发的各种合同模式，对海外石油勘探开发项目可能风险进行了梳理，并结合我国石油企业自身的特点从决策层面和执行层面对海外石油项目的投资风险进行分析，从而为我国海外石油勘探开发项目的投资风险分析提供借鉴。刘广生和陈明（2014）针对海外石油投资投入高、回收期长、不确定性大的基本特征，通过对比国内外石油公司的风险策略，构建了海外油气投资风险管理体系。税成志（2009）从中非两国资源互补的角度出发，对中国在非能源投资面临的主要问题、不确定因素以及投资风险进行了分析，并提出了针对性的建议。杜云星等（2012）以阿尔及利亚为例分析中国油气工业在非投资风险，包括阿尔及利亚的政策不连贯性、特权阶层、自然条件恶劣、贸易壁垒和恐怖活动等几个方面。

管清友（2007）通过分析全球石油市场特征及其供需平衡格局，从金融资产流动性过剩的角度阐述了全球石油工业发展态势，深入探究了国际石油市场演化及相关风险要素特征及其中国应对性策略性建议。从全球石油供需格局角度，针对2008年以来世界能源经济形势演化及主要原油出口国的投资情况，Cherif 和 Hasanov（2012）从全球石油市场的供给端角度，系统分析了原油出口国的自身发展战略对当事国石油投资环境乃至全球原油供给影响以及可能产生的风险。

国外也有一些研究成果从投资项目期权价值评估和能源投资风险管理角度开展研究。例如，Chorn 和 Shokhor（2006）讨论了用实物期权价值评估理论研究石油投资项目风险的可行性问题，Osmundsen 等（2007）针对全球不同区域油气产业投资不确定性开展了计量经济要素分析，Swallow（1990）运用单变量的贝塔计量经济模型，对投资可再生能源的公司的风险架构进行了系统衡量，Blyth 等（2007）运用国际能源署（IEA）开发的系统评估模型，对不确定的气候变化政策下的能源投资问题进行了实物期权理论的模型分析，并得到关于投资风险与决策等5个结论①。Prelipcean 等（2010）综合海外能源投资区域特点，应用实物期

---

① Blyth 等（2007）关于不确定性风险的研究取得的5个结论包括：第一，企业投资的时机越临近政策变更的时点，该项投资的政策风险越大；第二，政策风险的增加意味着项目投入的增加；第三，对于应对不确定风险造成的损失，需要提高一定比例的市场支付价格进行补偿，以煤电为例，这个数字在5% ~ 10%，具体数字取决于不确定政策发生的时间；第四，政策的不确定提高了投资项目对于补偿的依赖，以煤电厂改造为例，政策不确定导致对碳价补偿需提高16% ~37%；第五，政策以及市场的不确定风险对于投资项目的实施和新技术的普及可能存在一定的正面推动作用。

权评估和人工神经网络方法构建模型，以分析能源投资风险和决策问题，Guo Q 和 Guo X（2010）对国际能源投资的风险管理问题进行了综合分析，提出了相关评价指标和建议。

5）针对国内石油企业海外投资问题方面。国内外一些学者除了运用以上的视角和方法之外，还从其他的研究视角并运用其他方法做了尝试。例如，Blackman 和 Wu（1999）对中国的外国直接投资中的趋势、利益和障碍问题进行了系统研究，宋勇（2008）首先对海外油气投资项目的投资风险进行分类，其后构建了多因素递阶模糊体系的综合评价模型对海外石油投资风险进行了量化分析，最后运用蒙特卡洛模型对国际石油勘探开发项目进行风险管理研究。汪东进和李秀生（2012）基于中国石油企业海外石油投资特点，总结出5种关键性战略风险，为克服传统风险评价模型对风险随机选择与评价的不足，引入情景规划方法构建跨国油气投资战略性风险评价模型，具有一定的战略意义。

国外学者也有从中国能源企业"走出去"角度开展的系列研究工作，如 Kone（2010）通过 SWOT 分析，系统阐述了中国企业在非洲能源投资的风险有石油霸权的威胁、基础设施的薄弱、与新兴国家企业的竞争、政局环境的不确定性和不安全性、对国际环境不熟悉等因素，并针对性地提出了相应的战略措施和对策建议。赛格和门名（2010）分析了中国能源企业在非洲大陆投资的政治风险，认为传统的资源国有化与财产征用没收风险已逐渐被蚕食式征用或政府回购的方式所取代，战争或内乱风险转化为政治暴力风险，双赢原则的缺少而导致的东道国违约风险。

（5）海外石油投资环境系统的复杂性分析

系统要素及要素关联的复杂性决定了海外石油投资环境本身就是一个典型的复杂大系统，其根本特征在于整体行为难以通过构成单元的行为进行推断。尽管目前对于"复杂性"的描述尚没有统一的理论内涵（任佩瑜等，2001），但从系统学角度，"复杂性"一般理解为混沌（系统内在随机性）的一种边缘表现（Santafe Institute）。这是由于高度有序的稳定系统以及完全混沌的或非周期的系统都不可能诞生新的事物，新生事物往往诞生于恰好的严格有序和完全无序之间（约翰·霍根，1997）。

传统系统科学理论认为，系统各单元的行为主体为实现自身的目标，并通过相互作用而最终实现各方面力量的均衡，即稳态，并以此来判断系统发展的态势。系统复杂性理论认为，稳态均衡实际上只是系统运动的某一"瞬态"，即系统适应环境在某一瞬间达到的各方面力量短期平衡的状态，只是一般系统问题的特解。而系统不断运动的、非平衡的状态才是系统的一般状态。

目前来说复杂性理论及其研究方法论已经相对丰富，但在海外石油投资环境系统的分析中，相关的研究工作还并不多见。尽管如此，在相当数量的海外石油投资研究中已经或多或少地体现出了复杂性的思想。张建华（2009）分析了美国和伊朗的关系，以及伊朗的能源投资和贸易环境，认为伊朗能源投资和贸易环境或将改善，伊朗能源出口和投资需求转向亚洲。潘继平等（2009）分析了中国石油企业的境外油气勘探开发面临新的机遇和挑战，提出了促进境外油气合作的建议措施。何波等（2012）在对亚太地区16个主要资源国的油气投资环境进行对比研究和系统评价的基础上，综合分析了亚太地区油气资源大国的宏观投资环境及其发展趋势。

Mendes 等（2011）以挪威、英国、美国成功经验和研究案例为借鉴，分析了巴西海上油气安全法律制度，并提出了值得借鉴的英国、挪威和美国的油气产业政策。Rubio 和 Folchi（2012）的研究发现对拉美地区国家，规模小的油气资源国投资环境更灵活多变，也更能应对油价、经济危机等外界影响，并积极做出相应的对策。Zamora（2014）的研究表明，对拉美资源国，市场化的石油策略与恰当的政府管制有利于改善石油投资环境，吸引国外投资。

Ngoasong（2014）针对拉美地区部分国家石油资源"国有化"现象，系统阐述了拉美地区油气资源"国有化"政策产生的时代背景、演变趋势，探讨了部分跨国石油公司在拉美投资策略及应对措施等。Recalde（2011）以阿根廷为例，分析了阿根廷的能源经济政策、能源市场体系及演变趋势，认为阿根廷合理的国家能源政策体系以及其政府执政效率是影响其石油投资环境"优、劣"的关键因素。刘宏杰和马如静（2008）经过研究认为，中国跨国能源对外直接投资的各类风险，亟须在一个系统的框架下进行综合分析，从而科学有效地评价投资的风险和收益均衡问题。

在上述这些研究工作中，尽管没有明确地提出复杂性理论或复杂系统内涵，而且运用的研究方法也与传统的系统结构分析没有太大的差异，但其已经明确地意识到海外石油投资环境的系统要素对于其整体的影响，而不是简单地、独立地累加，更应从相互叠加、相互抵消的复杂关联效应角度去认知。

另外，国内外也有一部分专家学者开始尝试运用复杂系统理论和方法对海外石油投资环境和投资项目决策进行研究。例如，Fontana（2010）基于复杂巨系统理论对油气资源的不同方面以及国际石油经济的总体态势进行分析，研究得出影响国际石油经济的10个潜在影响因素，即油气资源开发、公司自身竞争力、油气供需态势、宏观经济走势、金融及期货市场、科技研发实力、能源政策导向、国际地缘政治及局部军事较量结果等，并进一步提出了国际石油经济的四个新特征及相应"发展观"理论，而现代石油经济包括四个方面的新特征，即油价泡沫化（套头投机基金操纵石油期货市场，冲击油价）、石油金融化（能源危机与金融危机双重发作）、多重风险化（产业风险、科技风险、股市风险、期货风险）、地缘政治化（石油危机–金融危机–政治遏制–军事战争）。穆献中和胡广文（2016）基于管理熵理论对于委内瑞拉的石油经济模式进行了分析，找出了导致当前环境下委内瑞拉石油经济系统失衡的系统内熵增，并基于管理耗散结构针对性地引入了负熵流，缓解委内瑞拉当前的经济窘境。胡广文（2016）基于复杂性理论对区域石油经济系统进行了分析，对区域石油经济系统的复杂结构进行了解析，获得了一定的认识。

刘大伟（2009）应用复杂网络理论构建了国际石油贸易复杂网络，从节点度、聚类系数、中介性和角色等角度对国际石油贸易复杂网络拓扑结构进行了分析，并从网络拓扑结构的角度解析了国际石油贸易复杂网络的"小世界"特性，在此基础上构建国际石油贸易加权复杂网络，并对其权度、边的权重差异度以及聚类系数等进行分析。张海颖（2014）从国家能源安全的视角，对全球石油贸易格局的拓扑结构、驱动因素、竞合关系的动态演化运用复杂网络理论和空间计量模型进行了研究，并针对当前的石油贸易格局，石油进口安全的动态评估以及进口供应链上的潜在风险源进行了识别。葛家理等（2002）运用复杂性理论分析石油经济安全系统，提出了"机遇控制论"，建立了石油经济安全的主指标体系，确定了海外石油经济安全系统的安全边界，并在此基础上编制了实用的石油经济安全数据库系统和预警监测系统软件，节约了安全决策的时间和成本。柴立和等（2011）将跨国石油投资系统定义为复杂系统，按照子系统间复杂信息作用重新定义了海外石油投资系统的广义信息熵，建立了结构演化模型，并进行了分析，研究结果对企业战略决策和优化有重要的指导意义。

申炼（1998）早期以"开放的复杂巨系统"理论为指导思想，构建了石油经济系统分析的理论基础和方法论体系，并在分析和检验了石油经济系统与复杂性科学的关联性基础上，提出了石油复杂系统"智慧学"的基本理论框架，同时在现代石油战略复杂系统研究、石油"生产–科技生产力–效益"一体化规划复杂系统研究以及油气藏开发地面地下一体化复杂系统设计三个不同学科领域进行了应用实践。石油复杂系统"智慧学"，从理论到实践规划了石油复杂系统"智慧学"的蓝图，为建立石油复杂系统"智慧学"这门新兴的石油边缘学科奠定了理论依据和应用基础。

郭祎（2011）从特征和机制等方面探讨了复杂适应系统研究石油市场的可行性。在复杂适应系统理论的基础上结合了石油市场政策，定义了系统主体，通过模拟政策变化石油市场以及其中各主体属性的变化，验证了模型的可用性。最后，结合多个方面实验得出研究结论，为实际中政府政策的调整提供了参考和依据。张葵叶（2007）基于协同理论对石油企业的国际竞争力进行了探析，以石油企业国际竞争理论和协同理论为依据，结合石油产业的特征以及石油企业面临的激烈的国际市场竞争，分析了石油企业国际竞争力系统，运用数据包络模型（DEA）和协同方法进行了石油企业国际竞争力系统的有序度和协调度测算，构建了基于复杂系统的整体协调度研究框架，对于中国石油企业通过注重各子系统的协同作用，提高企业国际竞争力具有一定的参考价值。

何凌云（2007）在复杂系统与复杂性理论框架内，采用混沌和分形的分析方法，对国际石油市场复杂性问题进行了系统的实证分析和模拟仿真研究。在对国际石油价格安全和相应的石油市场金融化改革等问题进行政策研究的基础上，得出了相应的分析结论和系列政策建议，为中国石油战略的制定提供了理论参考和实证分析依据。王小马（2008）立足于当代石油经济基本特征，对国际石油经济消费市场的复杂关系进行了梳理，在分析其基本特征和局限性的基础上，指出了深入研究国际石油市场的有效途径。

张跃军（2008）针对当前对石油市场风险定量研究不充分问题，如研究方法过多依赖于正态分布、线性回归和最小二乘法等传统计量经济研究范式，认为其在反映石油市场复杂性方面具有较大局限性，进一步构建了石油市场复杂系统风险管理模型，定量描述了国际石油市场风险信息的传递规律，分析了国际油价变动的主要风险因素及其影响机制，在此基础上系统地揭示了国际石油市场复杂系统风险管理的主要特征。吴刚（2006）综合考量了我国石油供应安全领域面临的主要问题，基于复杂系统方法论，构建了区域石油动态规划模型，并对我国石油安全风险要素进行了定量分析，在此基础上针对不同发展阶段、不同情景下提出了最优石油战略储备规模，为我国石油进口策略的优化和储备政策的制定提供了科学的信息支持和决策参考。

从目前来看，海外石油投资环境系统的复杂性理论基础和方法论体系可能还不够成熟，所取得的研究结论对实际应用提供的参考价值还有待检验，但其对于拓展海外石油投资环境研究理论发展和方法论探索提供了宝贵的思路。而且复杂性理论研究本身相较于传统投资环境评价有着绝对的理论先进性，随着理论架构和方法论体系的完善，基于复杂性理论的海外石油投资环境分析将真正有助于跨国石油投资活动的系统模拟和战略决策。

在此需要特别说明，本书只是作者及其研究团队成员在海外石油投资环境综合评价和系统集成领域涉足的几个研究方向，并对公开发表的国内外部分研究工作进行了归纳和整理，而对该领域更多研究成果和文献资料，尤其很多跨国石油公司因为没有公开发表其研究成果，再加上没有了解和查阅的渠道，故没有归纳在内。

1.3 本书研究内容和技术路线

1.3.1 研究空间

总体来看，不论是从全球石油产业总体发展布局到还是具体到一个海外石油项目的投资环境评价等不同问题的覆盖广度上，或者是从针对性和深度上，国外研究工作都可以为中国海外石油产业发展做参考，但远不能满足当前海外石油产业投资所面临的各种挑战需要，更不能为国家能源战略决策提供足够的理论和技术支撑。

从国内外现有文献资料分析，目前海外石油投资环境的系统研究主要集中在实证分析和企业应用两个方面，所使用的研究方法以层次分析法、灰色/模糊综合评价、熵权法、净现值法等常见的要素分析或静态评价方法为主。随着国际石油投资大环境的变化，海外石油投资环境研究对于动态化、复杂化、不确定等需求不断增加，现有评价方法和计算模型对于海外石油投资环境，尤其是海外石油投资环境系统研究的理论基础还过于薄弱，研究方法适用性也有待加强。值得注意的是，该领域不少专家学者已经意识到这一问题，开始不断尝试将复杂性、系统科学等新的理论以及模型应用到海外石油投资环境的专业领域中，并取得了颇具现实意义的研究结论。

近年来，随着国内外学者针对海外石油投资环境系统化研究理论和方法技术的不断丰富、演进以及自我创新，作者认为有必要对这一理论和方法体系进行系统性的梳理，以便于理清研究脉络和技术路线，并进一步明确研究方法体系和工作流程。这也是本书的研究切入点及研究空间，大致可从以下5个方面展开。

（1）实证分析较多，理论创新较少

目前海外石油投资环境分析以应用类别研究为主，各研究类别间除了分析对象不同以外，其主体的研究内容从理论依据到评价指标选取，再到模型方法构建相似程度都比较接近。而诸多不同研究类别间的对比往往过于强调系统共性，而疏于对差异性的分析。例如，对于海外石油投资的热点地区——非洲和拉丁美洲，大量的分析采用了主成分分析、聚类分析等原理近似的评价方法进行研究，尽管取得的结论对于决策参考具有较大的实际意义，但对于非洲地区易发生要素突变、拉美地区强调整体性的区域特色没有采取应有的重视。同时，有相当数量的石油投资环境研究的套路过于"公式化"，严格遵循传统理论方法，而进行理论、方法创新的研究则相对少见。

(2) 企业和项目层面的研究较多，区域性、系统性、多企业协同等研究较少

目前，国内介入海外常规能源产业投资的企业不仅是传统能源企业，还有很多非传统能源企业，如金融银行业以及不同行业背景的民营企业等，这些非传统能源企业一般无法独立开展海外能源产业投资和项目运营，而需要开展企业间的协同发展。由于国内传统能源企业固有的发展模式以及能源产业"门槛"本身的局限性，开展海外能源产业的实际研究工作大多集中于单一企业、单一能源类型、单一区域的能源合作和资源开发研究，尤其偏重于投资项目的可行性研究。本书将弥补这一缺陷，从区域性、系统性、多企业协整角度，开展海外石油投资环境理论探索和方法体系构建。

(3) 静态分析和战略决策研究较多，动态博弈研究较少

尽管国内外诸多专家学者以及相关企业，从不同研究角度针对中国海外石油投资环境、资源可得性以及勘探开发生产技术问题开展了系列的系统研究工作，但一般是围绕海外石油战略布局以及具体项目的投资决策等。在当前不断变化的国际经济新形势下，中国海外石油投资环境和资源可得性存在着多方动态博弈和潜在的投资风险，因此其应对之策仍有待深入研究和综合分析，如海外石油开发中的深层次战略合作、国际政治变幻、跨国企业动态博弈、风险管理和对策以及配套政策体系等。本书将结合海外石油区域经济特征，应用现代系统经济学、复杂性理论、动态博弈期权价值评估等理论，开展石油企业在拉美、非洲地区石油投资环境和油气产业发展的实证分析。

(4) 以"我"为主的研究工作较多，前瞻性和全局性研究较少

综合梳理国内外公开发表的相关研究成果，作者认为其大都是针对中国石油企业海外发展的具体领域和项目层次的投资历史（或当前）问题，而且只考虑相对重要的几个关键因素，如油气资源、开发生产模式以及具体合作模式等，缺乏对投资环境系统的动态模拟和综合分析。其次，国内大多研究工作几乎全部是"站在国内看国外"，对海外石油投资问题没有一个全面的、前瞻性的科学统筹和战略布局。再者，当前对海外石油投资环境综合评价和潜在风险研究主要局限在某几个方面，而不是从中国海外能源发展战略布局的总体态势和发展趋势来研究。为此，本书应用现代系统经济学理论，结合耗散结构、物元模型以及灰色预测等方法技术，多视角构建"评价区域"的系统自组织模型，以期对海外石油战略有一个前瞻性、全局性的认知。

（5）数据支持和决策评价系统研究有待加强

当今时代，信息化和大数据已遍布世界各发展领域，大多跨国石油公司以及相关国际组织也都拥有了全球石油产业数据库和综合评价系统，而国内主要石油企业获得相关数据资料大多还依赖美国 IHS 公司和英国石油公司（BP）的数据支撑体系。尽管国内少数高校和能源研究机构基于不同视角开展了海外矿产和石油投资决策以及数据支持研究，但与当前快速发展的海外能源产业布局还很难适应，尤其是不能做到对复杂多变的国际能源投资环境做出准确、系统的动态跟踪和风险测度研究。为此，中国海外矿产能源产业的定量分析和软件支持平台研究还有待进一步加强，尤其是涉及海外石油产业数据库、投资环境动态模拟、综合投资决策以及风险博弈等问题，这也是本书第 7 章将要探讨的问题。

1.3.2 研究内容

本书共分 8 章内容。首先系统地梳理了国内外关于海外石油投资环境研究进展、存在的问题以及本书的研究切入点。在此基础上，围绕理论体系–方法模型–技术路径–具体应用这一主线，系统阐述海外石油投资环境基础理论体系和方法模型，针对非洲和美洲地区等主要国家油气投资环境的系统特点、风险特征以及期权价值进行了探讨，最后系统介绍"海外石油投资环境评价系统"框架结构。

第 1 章为绪论，介绍了海外石油投资环境系统分析的研究背景、研究目标以及研究意义，并在总结近年来国家、相关部委以及国内石油企业已开展的相关重点研究工作的基础上，梳理出了一套相对完整的海外石油投资环境系统分析的研究构架。通过基于能源系统理论、方法体系对石油投资环境研究的再认识，将海外石油投资环境的研究细分为系统分析指标、理论框架和方法论支撑、经济分析和价值评估、系统风险识别以及系统复杂性 5 个角度，并梳理总结出本书研究的主要切入点，提出研究框架和技术路线图。

第 2 章为海外石油投资环境研究理论体系，梳理了目前海外石油投资的相关概念和理论基础。从不同角度归纳总结了海外石油投资环境内涵，提出了海外石油投资环境研究的基础理论体系，在资源优化配置国际直接投资理论、区位理论、能源经济理论等海外石油投资固有理论框架基础上，结合海外石油投资的具体特征引入了复杂性理论、系统经济学等新的理论，拓展了海外石油投资环境的研究思路。

第 3 章主要是构建了海外石油投资环境系统分析方法和模型。主要包括"四步走"工作流程和三类评价指标体系（国家类评价指标体系、金融类评价指标体系、企业类评价指标体系），其研究方法和计算模型包括因子分析、熵增（减）方法、物元分析模型、灰色预测模型、"全生命周期"评价方法以及期权价值评估等。

第4章为拉美地区石油经济系统分析，引入管理熵来描述区域石油经济系统的功能性和有序性，基于区域石油经济系统的活动过程中熵增是必然且不可逆的这一前提，分析了影响系统管理熵的要素。就当前美洲大陆"自成一体"的油气产业系统失衡，对拉美石油经济系统的耗散结构和演化特征进行深层探究，并选取委内瑞拉进行了分析，基于负熵流分析揭示委内瑞拉石油经济系统的自适应行为。

第5章为非洲地区石油投资系统分析，分析了非洲投资环境的概况，基于其特点综合运用投资环境理论、熵权法、物元分析理论和耗散结构理论，对非洲主要产油国的石油投资环境进行了系统探究。基于物元模型分析非洲投资环境的极端指标，运用耗散结构对非洲典型国家（苏丹–南苏丹、安哥拉）石油投资环境进行探究。

第6章针对海外石油投资风险识别、分析和测度进行了系统的介绍。首先梳理了海外石油投资风险的定义、来源、分类以及特征，系统阐述了基于风险树分析的海外石油投资风险识别的方法论，并按其来源将海外石油投资风险区分为制度约束性风险和现实性风险。在此基础上，总结出两类海外石油投资风险评估模型——要素分析模型和期权模型，并选取非洲进行应用。

第7章基于本书之前章节提出的理论方法体系，设计编写海外石油投资环境评价系统软件。软件采用了标准化设计流程，集成了海外石油数据信息管理模块、海外石油投资环境评价算法模块、输入/输出模块、图形显示模块，在满足基本的功能需求和性能需求的基础上，尽可能满足用户可视、易用要求。在对实际操作步骤进行实例演示的基础上，以附录形式给出了部分程序代码。

第8章归纳、梳理了海外石油投资环境系统分析及风险测度所涉及的理论、方法体系，总结了作者及其团队在编写本书过程中取得的观点认识，并针对目前存在的问题提出了后续研究工作的方向以及未来研究工作的展望。

1.3.3 技术路线

本书首先对海外石油投资的基础理论和海外石油投资环境评价的一般流程进行了梳理，结合海外石油投资环境多变、复杂以及地区差异大等特点选择适当的理论和方法进行分析，最后，针对海外石油投资风险进行研究。

本书详细的技术路线如图1-4所示。

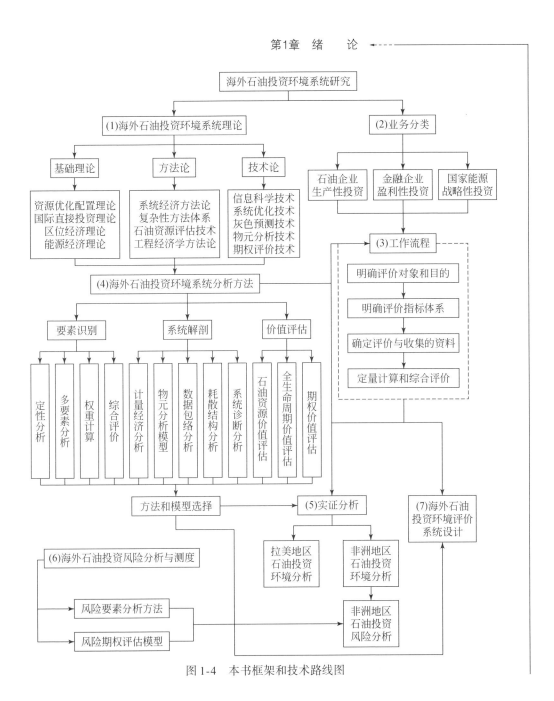

图1-4 本书框架和技术路线图

1.3.4 拟解决的关键问题

在系统阐述海外石油投资环境理论架构的基础上，本书关键技术环节依次是标准化的投资环境评价工作流程、多目标的评价指标体系、系统化的分析方法和模型、拉美和非洲区域石油投资系统分析和风险测度实证以及海外石油投资环境系统分析软件平台等，其中拟解决的关键问题包括以下 6 个方面。

（1）海外石油投资环境系统分析理论

海外石油投资环境系统的基本内涵可以表述为"围绕海外石油国家石油资源的，与投资主体利益相关的，并足以影响或制约石油投资活动及其投资决策结果的一切外部条件的总和"。海外石油投资环境系统具有区域性、系统性、复杂性、动态性四个基本特征，其核心思想是石油资源"优化配置"，立体体系可表述为"四层塔形"理论架构，从系统建模研究看，海外石油投资环境的研究理论可分为"人-机-交互"组合架构，包括人智、机智和人机交互 3 个系统模块。

（2）海外石油投资环境系统分析方法和模型

海外石油投资环境分析由"人-机-交互"构架的"机智模型"和"人机交互模型"两个模块组成。"机智模型"按照"系统解剖"、"要素识别"和"系统维护"进行梳理，其中，"系统解剖"包括计量经济分析方法、物元分析模型等，"要素识别"包括冷热国法、等级尺度法、道氏公司评估法、相似度评价法以及权重计算模型等，"系统维护"方法包括数据包络模型、耗散结构分析以及系统诊断分析等。"人机交互"部分，按照资源价值（石油资源价值）评估和经济价值（全生命周期价值和期权价值）评估进行梳理，其中"石油资源价值"评估包括 Top-Down 模型、井控网格法模型、井控积分法模型等；"全生命周期价值"评估方法是对海外石油投资和生产活动的全过程价值进行经济价值的评估；"期权价值"评估主要是依据海外投资不同阶段的实物期权模型进行评估。

（3）海外石油投资环境的评价指标体系及评价流程[1]

标准化的工作程序及相应评价指标体系是海外石油投资环境系统分析的基础和工作前提。本书初步把其工作流程细化为分析基础资料、开展地质研究、构建指标体系、研究输入输出、系统结构分析、系统风险测度以及群体目标优化 7 个步骤，每个步骤又有其具体的工作内容。根据研究对象以及评价角度的不同，评价指标体系又划分为国家类评价指标体系、金融类评价指标体系以及企业类评价指标体系，并进一步细化为二级指标体系，对指标要素的权重及赋值标准应当综合考虑投资者需求、资源国特点以及海外具体项目特色。

---

[1] 海外石油投资环境系统分析的三类评价指标，即国家类评价指标体系、金融类评价指标体系、企业类评价指标体系的系统阐述，是本书原创性成果之一。

（4）海外石油投资环境系统实证分析

对拉丁美洲和非洲两个典型地区进行实证分析。拉丁美洲石油投资环境系统性较强，因此以系统经济学为基本框架，复杂性理论为理论支撑，灰色系统理论为分析工具的研究体系，基于熵的视角对拉美地区以及典型国家委内瑞拉石油投资环境的系统行为和演化特征进行评价、分析和系统诊断。非洲石油投资环境系统具有典型的区域性、系统结构完整性、内部要素不确定性较强的基本特征。因此运用物元分析耗散结构分析，在建立具有非洲特色评价指标体系的基础上，研究非洲石油环境系统演变特征和系统自组织现象。

（5）海外石油投资风险的识别、分析和评估

海外石油投资风险主要来自于石油投资的投入大、周期长、油价易波动、地区差异大以及经济政治的关联复杂等因素，这些信息大多模糊程度大且很难量化，导致海外石油投资存在很大的不确定性和主观性。海外石油投资风险的研究主要包括对风险要素进行识别，对风险来源进行分析，对风险可能造成的影响进行评估。基于海外石油投资风险的识别结果，按照风险来源进一步将其区分为制度约束性投资风险和现实性投资风险。对海外石油投资风险的评估，风险要素分析模型和实物期权模型具有较好的适用性。

（6）海外石油投资环境评价系统设计

海外石油投资环境评价系统是基于海外石油投资环境评价系统的理论方法体系设计研发的软件平台。遵循海外石油投资环境分析流程，整合海外石油投资环境评价的模型和方法，运用可视化手段，实现分析结果的直观展示，满足用户对功能、性能以及操作的需求。主要流程包括需求分析、系统框架设计、数据库设计、算法模块编程以及分析结果呈现等。核心模块包括读写模块、数据模块、算法模块、图形模块等。

第2章　海外石油投资环境研究理论体系

海外石油投资环境研究是一个复杂的大系统，其本身涉及系统科学、国际直接投资、区域经济、复杂性等诸多学科理论。近年来，国内外专家学者从不同角度开展海外石油投资环境评价研究工作，但所依据的评价理论、评价指标、评价方法甚至由此所得出的研究结果都有较大的差异，因此有必要对海外石油投资环境的理论内涵、方法体系、计算模型以及数据支撑等方面进行系统的研究。

本章首先对海外石油投资环境系统学认知的相关术语、理论内涵、基因属性以及基本特征等进行系统阐述。在此基础上，以系统科学理论为研究脉络，以国际直接投资理论、区域经济以及能源经济学为理论支撑，以复杂性、灰色预测、期权博弈以及石油资源评价为方法论体系，以现代信息科学、灰色预测、期权评价为技术工具，构建海外石油投资环境的理论支撑体系。基于后续研究考虑，本章也对海外石油投资环境理论架构进行了"人–机–交互"结构化分解，以期为后续方法模型的构建提供理论研究依据。

2.1　海外石油投资环境基本内涵及研究特征

2.1.1　海外石油投资的基本概念

顾名思义，投资是投资主体为取得更大的经济、社会、生态环境等效益，在尽可能降低各类风险的情况下投入必要的资金或其他经济要素从而获得收益的有意识的经济活动。换句话说，投资就是通过投入一定的资源获得更大收益的活动，这种投资活动一般伴有诸多的风险要素和不确定性特征，而不确定性和风险特征则是在这个过程中难以预计的、有害于最终受益的不可控因素。

与一般投资的基本理论内涵相似，海外石油投资则是指跨国石油公司或国家石油公司为获得优质的海外石油资源或经济利益而在石油资源国或地区（非本土）开展的投资活动。由于石油投资本身具有"投入大、成本高、回收周期长且风险高"的特点，加上石油在国民经济中的特殊地位以及国际原油价格波动频繁、剧烈且难以预测，在海外石油投资过程中风险要素和不确定性特征更加明显，因此对其风险要素和不确定性特征进行分析、监测与评估就成为事关投资最终结果甚至成败的关键。

从本质上讲，海外石油投资本身仍然是跨国石油企业的海外经营行为，也许不同时期或在不同区域所呈现的投资方式有所不同，如风险石油勘探、开发生产经营、石油产品分成、工程技术服务、贷款换石油等，但这种跨国投资行为并没有脱离一般企业投资理论的研究范畴，其理论支撑和研究思路仍然来自于国际直接投资理论，常规的投资理论研究体系和框架同样也适用于海外石油投资的研究。

然而，由于石油自身特殊的行业背景及其战略地位，海外石油投资相较于一般投资又存在很大的不同。具体来说，海外石油勘探开发的高成本、国际原油价格的高波动、石油国家法律政策的高风险以及国际石油市场多方博弈的高度不确定性等决定了完全照搬一般的投资研究体系对海外石油投资进行研究，极易造成分析过程出现偏差而得出具有误导性的研究结论。

2.1.2　海外石油投资环境系统的研究认知

所谓投资环境，国外的文献资料一般称为投资气候（investment climate）或商业环境（business environment），其研究内容往往是和跨国直接投资国家所面临的社会环境、生产环境、经济环境等各类环境条件紧密联系在一起的。对于投资环境的具体概念，国内外文献有不少界定，但我国经济界和实际工作部门对于投资环境的内涵与外延却还有较大的分歧，在学术界也并未形成统一的定义（王庆金，2008）。

综合国内外有关文献资料，基于不同视角和研究目标的"投资环境"内涵有很大差别，其内涵界定也至少有数十个之多。本书初步从以下 7 个方面进行归纳分析，即物质属性、区域特征、工程建设、资本运营、企业发展、资本安全以及投资目的，尽管这 7 个方面的出发点和侧重点各有不同。

1）根据投资者进行投资活动所具备外部条件的物质性，投资环境可以定义为硬环境和软环境的结合。硬环境一般具有较强的物质性，如自然条件、基础设施、地理环境等；软环境是相对硬环境的概念，指物质条件以外的诸如政策、文化、制度、法律、思想观念等。"硬"环境都是先天的，大部分都难以改变；而"软"环境都是都是后天的，改变的难度相对"硬"环境要小。

2）从投资者考虑的投资区域来看，投资与投资地点客观条件的好坏直接相关，尤其是国际间的投资效果。对投资者来说，必须考察各国、各地区不同的投资环境，把资金投向有利的环境中。对投资区域来说，投资者必须努力认清投资区域所处的自然环境、资源条件等区域内蕴要素。

3）从工程建设流程的角度分析，投资环境可定义为工程项目建设和生产运营所必需的各项条件的综合。不同的建设方式和工作流程对投资本身所产生的主要影响因素不尽相同，因此投资环境研究的侧重点也不尽相同。通常工程建设的过程中主要突出技术要素的影响，而生产运营则突出法律政策以及市场要素的影响。

4）从资本运营的角度分析，投资环境可定义为对投资目标区资本增值产生影响的所有因素的综合体。这里的资本增值不仅包括投资目标区对外部资本的吸引力，还包括自身对资本的消化和增长能力，而根据其企业资本运营方式不同，又包括企业投资环境和项目投资环境两个类别。

5）从企业发展的角度分析，投资环境是相对于企业投资主体而言的，投资方对投资环境的趋向性，起因于对经济利益的追逐。为此，投资环境就可定义为能够促使企业资本增值的一系列投资要素和生产条件的有机集合，这也是投资企业本身存在和发展的自然、社会、经济的有机"土壤"。

6）从资本安全的角度分析，投资环境可定义为投资者进行投资的安全及获取利益保证，是资本流入国影响国际资本投放动机和行为的因素总和，这种研究视角突出了接受投资地区对资本的使用效率以及保护措施。

7）从投资目的与结果角度分析，投资环境可定义为在一定时间周期和界定范围内，其特定区域或行业所拥有的影响和决定投资运行系统健康成长并取得最优预期效益的各种主客观影响因素的有机复合体。

综上所述，从不同角度所定义的投资环境内涵及其侧重点尽管有所不同，但其在实际应用中都需要结合相关投资主体的投资目的以及投资方式的具体情况进行科学的选择和恰当的定义。从系统科学①的角度分析，海外石油投资环境是一个典型的复杂大系统，其基本理解是指由诸多海外石油投资"硬环境"要素、"软环境"要素以及它们之间的复杂关系共同构成的有机整体。这一概念是运用系统科学思想研究海外石油投资环境问题时提出的，也是本书理论架构的主要脉络。

海外石油投资环境系统的基本内涵解析如下：

海外石油投资环境系统的基本内涵可以表述为"海外石油投资环境是围绕海外石油国家石油资源的，与投资主体利益相关的，并足以影响或制约石油投资活动及其投资决策结果的一切外部条件的总和"。这其中包括诸多与石油产业投资

---

① 系统科学是以系统为研究和应用对象的一门科学，其着重考察各类系统关系和属性，揭示其活动规律，探讨有关系统的各种理论和方法。系统科学包括系统论、信息论、控制论、耗散结构论、协同学、突变论、运筹学、模糊数学、物元分析、系统动力学、灰色系统论、系统工程学以及计算机科学等学科在内，是 20 世纪中叶以来发展最快的一门综合性科学。

项目相关的政治、经济、自然、社会等"硬环境"和"软环境"系统元素，而这些系统元素之间相互交织、相互作用、相互影响、相互制约而形成海外石油的投资环境系统。

(1) "硬环境"系统元素

在海外石油投资环境系统认知过程中，由于石油资源的区域分布、储量品质、开发设计、自然地理以及配套基础设施条件等"硬环境"要素指标相对透明，其系统要素刚性特征明显，也比较容易把握，因此称其为"硬环境"系统元素。

(2) "软环境"系统元素

所有从事海外石油投资活动的跨国石油公司，与所投资目标国家本身诸多复杂的政治制度、经济水平、法律体系、外交政策以及合作模式等方面的"软环境"系统元素关系密切且规避不开，其中海外石油投资诸多不确定因素主要来自于油价、资源国政策等"软环境"要素，因此称为"软环境"系统元素。

2.1.3　海外石油投资环境系统的基因属性和基本特征

需要特别注意的是，海外石油投资环境系统有"海外"和"石油"两个关键词，其潜台词是与国家主权、外交博弈以及石油产业自身属性密切关联的，这也是海外石油投资环境系统分析有别于其他一般投资环境研究的根本所在。

从海外石油投资环境系统分析内蕴来看，"石油"本身自然是海外石油投资环境系统中最根本的内在"基因"属性，换句话说石油是评价海外石油投资环境系统"好"与"坏"的严格界限，缺乏足够石油资源量和可开采技术支撑的石油评价目标区对于石油投资者来说没有任何价值，也更没有进一步评价的必要。而"海外"则意味着国内石油企业或相关投资者必须走出国门，放眼全球看待中国石油资源的可获得、供需平衡以及相应的勘探开发生产投资项目，也就是中国石油产业的全球化发展。

从学术认知角度分析，除了"海外"和"石油"这两个最基本的基因属性以外，开展海外石油投资环境系统分析还必须重视其理论架构和方法论特征，主要包括系统性、复杂性、动态性、区域性等方面，这四个方面的理论和方法论特征是开展海外石油投资环境系统理论分析和方法论探索的重要切入点（图2-1）。

(1) 系统性

从系统科学认知，围绕"石油"内在基因属性和"海外"外部结构特征所

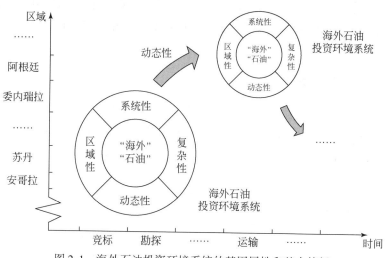

图 2-1　海外石油投资环境系统的基因属性和基本特征

构建的海外石油投资环境系统本身是一个超级复杂大系统。首先，从系统结构上看，该超级大系统包括单纯资源输出国、输入型消费国、生产型消费国以及自给自足国等不同类别的研究主体，各研究主体之间又由诸多错综复杂的子系统构成；其次，从系统要素分析，油气资源、开发技术、政治制度、区域经济、法律法规以及对外合作政策等系统内部要素之间不仅存在着错综复杂的逻辑关系，同时也受到系统外部环境要素的强力制约，诸如地缘政治、区域外交、经济走势以及外部石油供需等；最后，基于产业特色分析，海外石油投资本身不仅具有系统科学研究的基本属性，如整体性、综合性、动态性等，同时又有资源普查、风险勘探、开发生产、区域传递以及加工销售转移等产业链递解和信息传递属性，这也是系统科学的本质属性和研究原则。

在这样复杂的系统内部结构和外部诸多要素强力制约时代背景下，对海外石油投资环境系统认识应该摆脱其与高深"数理模型"和现代信息技术无关的传统思维，有必要借鉴现代系统辨识、系统解剖等当代学科理论，充分利用大数据集成，构建相应的方法和模型，开展系统研究。

（2）复杂性

前述"海外"和"石油"这两个最基本的基因属性，使得海外石油投资环境系统分析本身必然与全球经济走势、能源科技发展、地缘政治局势演变以及大国外交博弈等国际"热点"问题关系密切。然而，在150多年世界石油工业发展历史进程中，与石油有关的这几个全球"热点"问题一直如影相随，甚至由此而引发的油气战略博弈、地缘政治纷争、大国外交纵横、美国"页岩技术"革命以及"最龌龊"的石油战争一度左右着世界经济发展格局和能源战略走向。从学术研究角度来看，近年来国内外石油经济专家学者也一直围绕这诸多的全球"热点"问题展开研究，这些"热点"问题几乎都与当今非常时髦的"复杂性"理论或多或少地联系在一起。

为此，对海外石油投资环境研究的"复杂性"特征有必要得到高度重视，并进行深入的理论探究和学术认知，而"复杂性"研究本身所蕴含的学术内涵、理论背景以及技术工具也需要有选择地借鉴和应用。

（3）动态性

自19世纪50年代末，世界石油工业在美国诞生，石油供需就一直与国际油价持续炒作和政治博弈关联在一起，而且呈现出不停的波动变化，用"捉摸不定"来形容可以说最恰当不过了。20世纪70年代以后，历经三次石油经济危机，国际油价一直是"跌宕起伏"的状态。在这种多重的复杂要素联动作用下，世界主要石油资源国投资环境"动态性"特征也就毋庸置疑了，但以往这种"动态性"特征尽管变幻不定，但经过世界石油大国尤其是OPEC的"出招"后往往是在一定时期内就会出现剧情反转。

2013年以来，伴随着错综复杂的能源地缘政治、国际经济形势的演变，尤其是美国非常规油气开发"页岩技术"革命的影响，全球石油供需结构平衡、国际石油价格发生了"结构性"的逆转。这种"结构性"供需平衡逆转使中东、俄罗斯（含部分中亚国家）、非洲以及拉美等主要油气资源潜力和生产国的经济形势快速恶化，区域石油投资环境诸要素也发生了结构性变化，这种结构性变化使得海外石油投资环境研究的"动态性"特征更加突出，尽管这种"动态性"特征短期内还会更加动荡和变化莫测，但如以往产生结构性"逆转"的趋势并不明显。

（4）区域性

区域性是海外石油投资环境系统研究的基本特征之一，也是海外石油投资环境系统有别于一般系统研究的基本属性。截至2016年，全世界由232个不同类别的主权国家或行政区组成，其中主权国家195个，地区经济体37个。这232个不同类别的国家和地区都有各自不同的国家主权架构、法律制度体系、经济发展水平、语言文化宗教、民族习俗特色以及对外合作政策等，然而世界石油资源国和消费国就蕴藏在这区域特征各异的国家或地区中。这些石油资源国和消费国（或地区）按照对石油供需的定位不同，又可分为石油资源单纯输出型生产国（或地区）、单纯输入型消费国、生产型消费国以及自给自足型消费国等不同类别，再加上鲜明的地域发展特色，构成了世界石油产业和区域石油经济格局。仅从中国石油海外投资及资源可得性角度分析，石油资源富集区就分为非洲、中东、美洲以及俄罗斯-中亚等战略合作区，从区域竞争角度看，欧盟国家、美国、日本、印度等石油消费大国也与中国展开了区域性经济博弈和战略竞争。

有基于此，研究这些具有不同区域特征的海外石油投资环境，就需要借鉴现代区域科学理论和信息技术手段，如区位经济理论、战略学思想以及大数据手段，系统构建海外石油投资环境理论架构和方法论体系。

需要着重说明的是，从系统科学角度认知，海外石油投资环境作为一个内部结构和外部关联极其复杂的大系统，系统学的整体性、开放性、层次性、突变性、稳定性、自组织、相似性等研究方法论都已在海外石油投资环境研究过程中有所体现，甚至表现更加突出。然而，作者认为一定程度上，海外石油投资环境的系统性和复杂性的理论内涵已经包含了上述研究方法论，在此就不再重复赘述。

2.2 海外石油投资环境系统分析的理论架构

2.2.1 理论架构解析

海外石油投资环境系统分析是与海外石油投资活动相关的一系列分析评价工作的有机组成部分，包括系统结构认知和外部要素解析。这其中不仅涉及与投资活动直接相关的投资主体、投资目标等，更重要的是在海外石油投资活动开展的过程中与最终结果相关联的要素集合。而对其研究的难点在于不仅要搞清这些要素"是什么、为什么"的问题，还要搞清这些要素的复杂变化规律，这是因为海外石油投资环境系统影响要素的波动形态和速率通常要远大于与其他投资环境系统的影响要素。

某种程度上看，海外石油投资环境系统分析应该是诸多投资环境研究①的一个新兴研究分支，与国内区域性常规招商引资投资环境评价的理论架构和具体研究方法体系没有太大差别，只不过更加强调其"海外石油"这个"洋气"背景而已，尽管这个"洋气"研究背景使得其显得有点复杂。但究其理论内涵，其

---

① 从不同的角度出发，投资环境具有不同的研究分类。按投资环境研究层次不同，可分为宏观投资环境、中观投资环境和微观投资环境三种；按投资的国别不同分为国内投资环境和国际投资环境，其中国内投资环境又有国家、省、市、县等不同地域范围的投资环境；按照组成要素的不同，分为政治环境、基础设施环境、金融环境、科技环境、法律环境、自然地理环境等。

研究目的无非就是依据国际合理"游戏规则"①，获取海外（而非本土）石油资源或获得合法利益，其前期基础性工作还是投资环境系统分析和综合评价。

根据投资环境的研究对象层级划分，海外石油投资环境属于区域、产业投资环境的综合类型，其研究目的是保证石油资源评价区域勘探开发投资活动的有效运营，因此，从投资评价角度讲，海外石油投资环境属于海外石油投资可行性研究的一部分，具体包括对投资当事国（或地区）的自然地理、区位特征、资源禀赋、政治环境、政策环境以及石油产业基础设施条件的系统调研和客观表述。

从产业发展角度看，海外石油投资环境评价是跨国石油企业在海外石油资源勘探开发投资和生产作业工程实施前期的一个基本工作程序，因此其特别强调资源国的区域经济特征和油气资源评估（含资源潜力），在此基础上针对相关石油企业对资源国石油产业发展、对外合作政策进行综合评价。

从系统科学角度看，由于石油产业本身具有区域差异性、时效性、复杂性的基本特征，因此海外石油投资活动本身是一个系统的动态发展和要素博弈过程，因此海外石油投资环境需要在现代系统科学理论指导下，运用区域经济、资源经济和能源经济等多学科理论去进行系统研究。

在上述多角度、多学科研究视角下，海外石油投资环境研究很难凭借单一的理论体系进行一个完整的系统评价，而需要根据投资目的和现实背景采用多学科理论相互结合、相互补充的研究思路。

2.2.2 "四层塔形"理论体系

作者认为海外石油投资环境研究可从系统科学的角度去把握，也可以从区域经济学、能源经济学、工程经济学甚至石油科学等不同学科和理论视角去认知。然而，从学科内在属性来看，其本质上是属于国际投资理论的一个学术范畴，其核心思想及研究目标就是全球范围内石油资源的"优化配置"②。具体来说，资源的优化配置属于资源经济学优化配置的研究范畴，同时海外石油投资环境研究又具有非常明显的跨国投资关联性、石油供需的稀缺性以及区域分布不均衡性等学科属性，这些学科属性与国际直接投资理论、区域经济学、能源经济学等相关学科直接相关。在海外石油投资环境系统理论框架构建时又体现了系统经济学、

---

① 国际合理"游戏规则"除了包括业已成文的国际通用法律法规之外，还必须遵守或尊重当事主权国家的相关法律主权、对外合作政策、民族宗教文化以及"互惠互利"的合作方式等，而不是"强买强卖"或武断终止合作契约。

② 所谓全球范围内石油资源的"优化配置"与资源经济学的优化配置理论有较大差别，因为这里的优化配置内涵有地缘政治、资源稀缺、供需不平衡以及区域分布不均衡等多方面"内因"和"外因"的交错影响，需要从深层次、多角度去探究和认知。

复杂性理论、工程经济学以及石油技术科学等相关学科理论及研究方法论。

基于不同理论视角和研究背景，本书在针对海外石油投资环境模型构建及区域实证分析时，又应用了当代信息科学技术、系统优化技术、灰色预测技术、物元分析技术、"全生命周期"评价、期权价值评估以及风险博弈等诸多新兴学科工具和手段，这些现代学科方法和技术手段的应用不仅使海外石油投资环境的信息化、定量化、平台化研究成为可能，也极大地提高了研究本身的实效性和科学性，这在一定程度上也丰富了海外石油投资环境系统研究的学科内涵和理论边界。

综上所述，海外石油投资环境系统的理论认知和学科架构可表述为"四层塔形"理论架构（图2-2），其中：

第一层（研究目标），以全球石油资源的"优化配置"为研究目标。

第二层（理论基础），以资源优化配置理论为脉络，以区域经济理论、能源经济学、国际直接投资理论为理论支撑。

第三层（研究方法），以系统经济学、复杂性理论、工程经济学、石油储量评估技术等相关学科为方法论体系。

第四层（技术工具），应用信息科学、系统优化、灰色预测、物元分析、期权评价以及风险博弈等新兴学科技术手段。

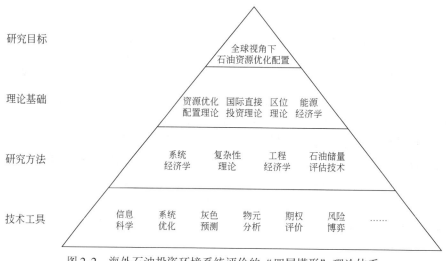

图2-2 海外石油投资环境系统评价的"四层塔形"理论体系

2.2.3 "人–机–交互"理论架构

从系统建模研究角度来看，依据上述"四层塔形"理论开展研究方法和系统建模好像有点复杂，也许让广大读者有点"无所适从"的感觉。为此，我们把"四层塔形"理论体系细分为"人–机–交互"组合架构理论，即"人智–机智"各负其责理论。所谓"人智–机智"各负其责理论就是海外石油投资环境系统评价理论部分由"人智"完成，而由"人智"衍生"技术识别"工作"模型"由计算机完成，而涉及海外石油投资环境系统目标区"资源度量"和"经济价值"部分由人机交互完成（图2-3）。

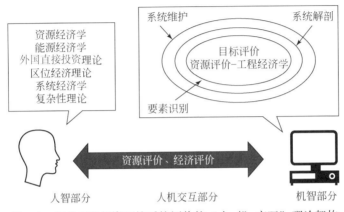

图2-3　海外石油投资环境系统评价的"人–机–交互"理论架构

海外石油投资环境系统评价"人–机–交互"组合架构理论具体解释如下。

（1）人智部分（理论模块）

在海外石油区块投资评价理论体系中，涉及大量交叉学科理论和方法论，如资源经济学、能源经济学、国际直接投资理论、区位理论、系统经济学以及复杂性理论等，当然这些学科知识没必要也很难由"人脑认知"转化成"机智识别"。因此，在系统建模时，这部分任务仍然由"人脑消化"后形成"指导代码"指导计算机完成"技术流程"和"系统模拟"。

（2）机智部分（技术流程和系统模型）

海外石油投资环境系统研究关键部分就是应用相关学科知识，通过一定的技术流程和计算机模拟计算，对海外石油投资环境研究目标的全貌进行"窥探"、识别和研判，而这种"窥探"、识别和研判技术必须由"系统模型"构建来完成。

海外石油投资环境评价"系统模型"可大致划分为"系统解剖"、"要素识别"和"系统维护"三个系统评价模块。具体解释如下。

1）系统解剖。在对海外石油评价区进行核心"目标认识"过程中，从外围对其全貌进行有效窥探和系统解剖是非常必要的，这样的外围诊断方法包括系统经济学、复杂性理论、能源经济学等，具体技术手段有多种选择，如灰色预测、物元分析、系统优化等。

2）要素识别。对海外石油投资环境的系统结构解剖和要素综合评价是一件非常复杂的系统工程，需要诸多学科理论和技术工具有效配合。在日常研究工作中，可采用"递阶性"的研究工作思路，即根据具体研究对象，采用适当研究方法和工作程序。

第一在研究初期，考虑数据资料、研究手段的局限性，可适当简化程序，应用要素评价方法对海外石油投资评价系统"灰箱"要素进行诊断分析，比较常用的方法包括冷热国法、等级尺度法、道氏公司评估法、相似度评价法以及多因素综合评价等。

第二对于投资数额很大，基础数据信息量相对完整，特别是实际投资方和受资方特别强调的石油投资项目，也可以采用指标优化和系统化评价模型，如多元回归、人工神经网络、准数分析、数据包络以及灰色关联度分析等。

3）系统维护。海外石油投资是长周期的投资活动，具有很强的动态性和随机性，因而需要对海外石油投资环境的分析结果进行持续性的维护与修正。这其中不仅涉及对政策、技术等不确定因素的评估，还包括对市场、潜在竞争者等外部风险的预测。海外石油投资环境评价模型的系统维护的目的在于保证模型对投资风险高度不确定性和动态性的灵活反应，常用的手段包括时间序列分析、GM（1，1）（灰色预测模型）等基于历史数据的预测方法，还包括实物期权等基于不确定性价值评估的方法。

（3）人机交互部分

对海外石油投资环境目标区开展系统研究的最终目标是相关要素进行有效认识和科学评价，而其中的"资源规模"和"经济价值"是海外石油投资环境评价的"核心目标"，可以说其他所有研究工作和目标识别都是围绕这个"核心目标"展开的，而这个"核心目标"最直接的研究方法就是石油资源评价技术和工程经济学方法论。

基于系统建模角度，对海外石油投资环境系统研究"人–机–交互"理论架构表述尽管有点晦涩，但毕竟对以系统解剖为核心的"四层塔形"理论架构进行了细化处理，为后续工作流程的划分和工作任务分解提供了便利，这也是第3章阐述海外石油投资环境方法体系和系统建模的研究脉络所在。

本书对海外石油投资环境研究的系统内涵界定以及本部分构建的"四层塔形"理论体系和"人–机–交互"理论架构，只是作者对海外石油投资环境基础理论的学术认知，仅供广大读者参考。

2.3　海外石油投资环境基础理论

2.3.1　资源优化配置理论

石油作为"上帝"赋予人类的一种高度稀缺且不可再生的矿产资源，具有无可替代的战略属性，在当代人类发展历史中具有无可替代战略价值，尽管存在着区域石油资源分布和消费供给地区的严重不均衡性，对世界地缘政治、国际贸易甚至军事外交也都产生了极其深远的影响。然而，追根溯源，从其理论基础和研究目标来看，海外石油投资本身具有较复杂的内涵"要件"和外延"影响"[①]，海外石油投资环境研究目标本身无非是为全球范围内石油资源优化配置做一个重要铺垫。

在经济学中，资源有狭义和广义之分。狭义资源只是指自然资源，广义资源是指经济资源或生产要素，包括自然资源、劳动力和资本等。可以说，资源是指社会经济活动中人力、物力和财力的总和，是社会经济发展的基本物质条件。在任何社会，人的需求作为一种欲望都是无止境的，而用来满足人们需求的资源却是有限的。从本体论角度，经济学研究的目的是提高国民和社会福利，而实现这一目的有两个主要途径：一是在既定资源情况下如何最大化使用问题，强调的是稀缺性资源配置问题；二是在使用效率不变的情况下如何增加财富或资源问题，关心的是国民财富如何增长问题。

基于以上认知，经济学研究目标映射到海外石油投资这个具体问题，其主要发展途径也是如此，即通过国际直接投资方式，以国际经贸合作、工程技术转移等"双赢"或"多赢"目标，也就是既实现石油供应国资源在一定时期内通过资源合理有效的开发，改善本国和社会福利，进一步实现国内石油的有效配置和利益最大化，同时也能使投资方（或投资国）获得稀缺石油资源，在投资国获得能源安全供应发展前提下，提高了国民社会福利，进一步实现了自身的可持续发展。

资源优化配置是指资源的稀缺性决定了任何一个社会都必须通过一定的"有效"经济方式把有限的资源合理分配到社会的各个领域中去，以实现资源的合理配置和最佳利用，即用最少的资源耗费，生产出最适用的商品和劳务，获取最佳

---

① 作者认为海外石油投资环境研究的内涵"要件"包括资源条件、区位特征、法律法规、经济发展等，而外延"影响"包括地缘政治、政府效率、合作政策、人文宗教等。

的经济效益。在一定的时期和特定范围内，社会对其所拥有的各种资源在其不同用途之间进行分配，其实质就是社会总劳动时间在各个部门之间的分配。资源配置合理与否，对一个国家或地区的经济发展成败有着极其重要的影响①。

资源配置的方式包括以下两种方式。

(1) 计划配置方式

计划部门根据社会需要，以计划配额、行政命令来统管资源和分配资源。计划配置方式是按照马克思主义创始人的设想，在社会主义社会，生产资料将由全社会占有，商品货币关系将不再存在，因而资源配置的方式主要是计划，即通过社会的统一计划来决定资源的配置。在苏联和东欧国家，正是按照这一理论来实践的，把计划作为资源配置的主要方式。我国改革开放以前的一段时间里，计划也曾经是资源配置的主要方式，而市场的作用受到很大的限制。在计划资源配置方式中，在一定条件下，这种方式有可能从整体利益上协调经济发展，集中力量完成重点工程项目。但是计划手段难以反映复杂多变的社会需求，信息传递容易失真、扭曲，容易造成市场主体缺乏动力与活力。配额排斥选择，统管取代竞争，市场处于消极被动的地位，从而易于出现资源闲置或浪费的现象。基于此，现代各国纷纷采用市场作为资源配置的基础性机制。

(2) 市场配置方式

依靠市场运行机制进行资源配置的方式。市场成为资源配置的主要方式是从资本主义制度的确立开始的。在资本主义制度下，社会生产力有了较大的发展，所有产品、资源都变成了可以交换的商品，市场范围不断扩大，进入市场的产品种类和数量越来越多，从而使市场对资源的配置作用越来越大，市场成为资本主义制度下资源配置的主要方式。这种方式可以使企业与市场发生直接的联系，企业根据市场上供求关系的变化状况，根据市场上产品价格的信息，在竞争中实现生产要素的合理配置。但这种方式也存在着一些不足之处，如由于市场机制作用的盲目性和滞后性，有可能产生社会总供给和社会总需求的失衡，产业结构不合理，以及市场秩序混乱等现象。

国际石油企业以利润最大化为目标从事海外石油生产经营活动，因此必须使自身产品的个别价值低于社会必要劳动时间即社会价值。在竞争的作用下，劳动

---

① 对于全球范围内的石油资源来说，在一定时期内的"理想"社会状态和"理论"假设条件下，实现全球范围内石油资源合理开发、有效利用及优化配置也是可以成立的，尽管某种程度上也只能停留在该领域专家学者理论研究工作中。

生产率较高、个别价值较低的其他油企，能够获得较高的石油利润，保证在竞争中处于主动地位。因此，国际石油企业在市场机制的调节下，从自身利益出发，会主动地采用先进的科学技术，改进经营管理，以提高劳动生产率，进而带动石油企业的迅速发展。

国际石油公司必然为争夺市场份额展开竞争。竞争以外部的强制力，迫使油企在生产经营中强化管理，降低成本，提高效益；激励面向市场自主经营、自负盈亏、自我积累和自我发展；促使企业增强创新意识和锐意进取的活力。而海外石油投资也是国际石油公司降低成本，提高效益的具体表现。

2.3.2　国际直接投资理论

从研究内涵来看，由于海外石油投资环境研究本身有"海外"和"投资"这两个关键词，因此必然与跨国石油公司海外投资项目相关，相应也就与石油资源国自身的石油产业对外合作密不可分。近年来，研究跨国石油公司海外投资和石油资源国对外合作的理论依据主要来自国际直接投资理论，因此海外石油投资环境理论研究就必然涉及国际直接投资理论的一些理论内涵和名词术语。

一般地，国际直接投资（international direct investment）是指一国的自然人、法人或其他经济组织单独或共同出资，在其他国家的境内创立新企业，或增加资本扩展原有企业，或收购现有企业，并且拥有有效管理控制权的投资行为。根据投资者对外投资的参与方式的不同，国际直接投资有合资企业、合作企业、独资企业三种形式。国际直接投资理论强调与传统国际资本流动的两个不同：一是国际直接投资企业可以获得较大的利益；二是国际直接投资企业可以节省交易成本。

与一般的国际直接投资相比，海外石油投资有以下两个重要的特征[①]。

a. 高资本密集度和高风险

石油工业的高资本密集度在海外石油投资过程中得到了更大的体现：一方面，因为海外石油投资竞标和谈判都是以区块为单位的，因此勘探开发活动必须以区块整体为考虑；另一方面，石油行业在炼油、运输等生产环节上存在显著的规模效应，这两方面都是导致海外石油投资高资本密度的集中体现。

海外石油投资的高风险体现在三个方面：一是勘探开发活动的高风险；二是资源国投资环境的难以预测；三是国际石油市场的高度不确定性。

b. 产业链衔接脆弱

石油产业链包括勘探、开采、原油运输、炼化、成品油运输、分销等多个环

---

① 参见王小马. 2008. 石油经济复杂性的初步分析. 中国矿业, 17（4）：1-4.

节，这些环节衔接密切但脆弱。在短期内各部分价格弹性很低，一旦衔接出现差错，便会出现很大的价格波动。因此海外石油投资活动必须协调上下游部门信息交互的时效性与准确性。

基于石油产业链脆弱这一特性，一种普遍的解决方案是通过上下游一体化实现产业链的信息共享，具体表现为"纵向一体化程度深"。由于海外石油投资活动过程中，资源国不会完全开放本国的整个石油产业链，只是开放勘探开发的部分环节，加上信息交互的障碍，因此衔接脆弱的特性在海外石油投资生产过程中仍存在较为明显的特征。

国际直接投资代表性的理论包括垄断优势理论、比较优势理论以及国际生产折衷理论，这三种理论在海外石油投资过程中，都存在一定的应用和指导意义。

(1) 垄断优势理论[①]

垄断优势理论认为企业的垄断优势和国内、国际市场的不完全性是企业对外直接投资的决定性因素（Hymer and Stephen，1971）。该理论认为，市场的不完全竞争是跨国公司进行国际直接投资的根本原因所在。但由于国际投资市场本身的不完全竞争，包括产品和生产要素市场的不完全竞争，以及由于规模经济、政府干预和税收制度等引起的市场不完全竞争的存在，导致市场机制不能充分发挥和有效运行，才使国际直接投资成为可能，并且成为市场机制不完善的重要补充。

垄断优势理论反映了国际石油公司从事海外石油投资活动的主观原因。根据垄断优势理论，海外石油投资是国际石油公司为发挥规模经济优势而进行的投资活动。在投资的过程中，国际石油公司会进一步强化自身优势以取得更多的垄断利润。国际石油公司拥有的优势包括先进的勘探开发技术、丰富的项目管理经验、雄厚的资金支持、完备的信息数据库、良好的市场信誉以及最关键的内部规模经济和外部规模经济优势。内部规模经济是深化横向一体化的优势，国际石油公司通过控制石油的上下游生产取得内部规模经济的优势。外部规模经济是强化纵向一体化的优势，主要是指国际石油公司利用纵向一体化所取得的，并使之转化为垄断利润的优势。

---

① 垄断优势理论在海外石油投资研究具有一定的实际意义。这是由于在全球范围内，石油就带有一定的垄断属性，首先石油是国家发展必需的工业原料，而只有石油储量丰富的国家才有资格成为国际原油市场的供给方；其次一部分石油国家为了控制市场供需，保持一定的定价权而达成一致协议控制产量并形成一定的组织，如 OPEC；最后，油品、技术等差异决定了部分国家存在一定的竞争优势。

（2）比较优势理论[①]

比较优势论又称边际产业扩张论（小岛清，1987），其基本内容是对外直接投资应从本国（投资国）已经处于或即将处于比较劣势的产业（可称为边际产业）依次进行。该理论认为国际贸易和对外直接投资的综合理论应建立在"比较优势原则"的基础上。在国际贸易方面，根据比较成本，一国应大力发展拥有比较优势的产业，并出口该产业生产的商品；缩小拥有比较劣势的产业，并进口该产业生产的产品，就可以获得贸易利益。在对外直接投资方面，投资国应从处于或即将处于比较劣势的边际产业依次进行，以将东道国因缺少资本、技术和管理经验而没有发挥的潜在比较优势挖掘出来。因此扩大两国间的比较成本差距能够为双方进行更大规模的进出口贸易创造条件。

比较优势理论以国际分工为首要原则，以比较成本、比较利润率为基础（刑建国，2003）。具有比较优势的企业可以通过出口贸易的发展保持其海外市场的占有份额，而失去比较优势的企业则应当利用其标准化技术和雄厚的资金来开拓对外直接投资，从而使投资国可以集中精力发展其具有比较优势的企业。

就跨国投资自身来说，国际石油公司往往具有技术、资金、管理经验等方面的优势，而石油资源国虽然石油资源相对丰富，但技术、资金、管理经验方面相对匮乏。因此比较优势理论从一定程度上揭示了国际石油公司从事海外石油投资活动的本质是与石油资源国家间实现优势互补的行为。

（3）国际生产折衷理论

国际生产折衷理论又称国际生产综合理论（Dunning，1993）。国际生产折衷理论认跨国公司进行对外直接投资是由所有权优势、内部化优势以及区位优势这三个基本因素决定的。

所有权优势（ownership advantage），又称厂商优势（firm advantage），是指某企业拥有的其他企业所没有或无法获得的资产、技术、规模和市场等方面的优势，主要包括生产要素禀赋（自然资源、资金和技术以及劳动力）、生产工艺的技术密集程度、发明创造的能力、企业生产和市场的多样化等。

内部化优势（inneralization advantage），是指跨国公司将其所拥有的资产加以内部化使用而带来的优势。跨国公司对其拥有的所有权优势一般有两条利用途径：一是将其拥有的资产或资产的使用权出售给别的企业，也就是将资产的使用

---

① 各产油国、国际石油公司在成本、技术上的差异决定了海外石油投资过程中存在的比较优势。

外部化；二是由跨国公司自己使用这些资产，也就是将资产的使用内部化。内部化的条件包括：签订和执行合同需要较高的费用；买者对技术出售价值的不确定性；需要控制产品的使用。内部化优势的大小决定着跨国公司将如何选择利用其所拥有的资产参与国际经济的形式。

区位优势（regional advantage），是指跨国公司在投资区位上具有的先天选择优势。具体来说，拥有所有权优势和内部化优势的跨国公司在进行直接投资时，首先面临的是区位选择，即是在国内投资生产还是在国外投资生产。如果在国外生产比在国内生产能使跨国公司获得更大的利润，那么就会直接导致对外直接投资。所以，对外直接投资的流向取决于区位禀赋的吸引力。

根据国际生产折衷理论，国际石油公司进行海外石油投资活动是由三个因素决定的。国际石油公司拥有的技术、资金、经验优势是国际石油公司进行海外石油投资的根本，但单凭这一优势不足以促使国际石油公司进行海外石油投资（可以进行技术转让、设备租借等）。真正促使其进行海外石油投资活动的原因在于石油行业巨大的利润，而在这一过程中不可避免地伴随由于石油投资巨大风险导致的区位经济选择。

2.3.3　区位经济理论①

在全球范围内，由于石油资源分布的高度不均衡特征，尤其石油资源主要富集区、消费区以及跨国投资者本身具有不同地域和所有权归属的特点，从而海外石油投资环境理论研究就需要考虑诸多复杂的区位经济特征和开发主权属性，主要包括土地主权归属、石油资源区位特征、石油运输区位、开发区矿业权、人力资源区域属性以及产量集散区位特征等，这些基本研究术语和理论内涵都属于区位理论的研究范畴。

所谓区位经济理论，是关于人类经济活动的空间分布及其空间中的相互关系的应用经济学科。具体来讲，区位经济学科是研究人类经济行为的空间区位选择及空间区内经济活动优化组合的理论，目的在于解释和解决由于资源、人力、基础设施等关键生产要素的空间差异而导致的区域经济发展差异这一现象和问题。而在海外石油投资环境的研究中，由于石油资源这一核心生产要素的完全不可流动性，所有的其他生产要素和生产活动必须围绕石油资源所在地展开，因此必须对目标区位的经济发展水平进行分析，包括自然要素、成本要素、市场要素、集

---

① 区位经济理论在海外石油投资环境的研究中主要体现在石油资源国家的区位优势上，石油在勘探开发过程中由于其不可移动的属性决定了海外石油投资环境的分析不能仅停留在宏观层面，还需要对勘探开发生产的微观环境进行研究，包括交通、水电灯基础设施、社会治安等。

聚要素、社会制度要素、资源配置效率要素等。这些要素的评估表面上看似是投资环境评价的例行流程，但这一过程的背后是基于完整的区位经济理论支撑的。因此，区位经济理论在海外石油投资环境的研究中具有十分重要的理论指导意义。

从区位经济理论的发展阶段来看，区位经济理论大致经历了 3 个阶段，即古典区位理论、近代区位理论和现代区位理论。其中古典区位理论主要指农业区位论和工业区位论；近代区位理论包括以中心地理论为代表的一系列理论；现代区位理论则是以空间经济为特征，立足国民经济，着眼整体发展的区位经济科学，主要理论有市场区位理论等。

从研究的角度来看，古典区位理论关注的是围绕农业地带或企业工厂展开的成本最低、运费最省的研究，因此根据古典区位理论形成的经济发展空间分布都是以农业或工业区位中心的同心圆。随着交通的发展，近代区位理论开始着眼于对外经济扩张和市场垄断，因此出现了企业工厂高度集聚的城市中心地带，有力资源不断流向中心地，出现区域发展的两极化，中心地理论由此产生。第二次世界大战以后，全球经济开始高速发展，区位经济理论的研究范围已不再局限于孤立地研究区位生产、贸易，而是从单位区位的研究扩展到区域整体的研究，对于市场机制的探索也逐渐由自由市场向政府干预、计划调节的机制转变，由此诞生了以市场区位理论为主要代表的一系列理论。

区位经济理论经过近 200 年的发展[1]，实际上是由于技术进步而推动的研究视角的不断提升，其核心观点一直都没有发生太大的变化，即基于资源空间分配不均为前提、以利益最大化为目标的有效空间布局。这对于海外石油投资环境研究具有非常重要的指导意义。首先，海外石油投资活动的开展正是基于全球石油资源分布的空间不均这一前提的；其次，从理性人角度出发，无论海外石油投资活动是企业行为还是国家行为，其根本目标是获得利益，包括经济利益、战略利益，也包括短期利益、长期利益；最后，海外石油投资环境评价正是对于目标投资地区进行有效空间布局的可行性进行评估。

需要特别指出的是，由于石油资源这一核心要素的完全不可流动性以及国际原油市场的市场完全性较高，因此区位经济理论在海外石油投资环境研究的应用不仅局限于现代或近代区位经济理论的观点，还涉及古典区位经济理论的观点。这些观点主要包括：

---

① 最早的比较成熟完善的区位经济理论是农业区位理论，由杜能于 1826 年提出。

(1) 工业区位选择

工业区位选择是基于目标地区的地理环境、生产要素配置、基础设施建设等选择合理的位置，以实现生产活动的利益最大化。工业区位应该选择在能够获得最大利润的市场地域，利润最大化原则应同产品的销售范围联系在一起，一个经济个体的区位选择不仅受其他相关经济个体的影响，而且也受消费者、供给者的影响。

在海外石油投资环境的研究中，考虑到地下石油资源的不可移动性，勘探开发技术水平的限制，石油勘探开发过程中大型钻探设备运输、搭建，水、电需求，以及水、空气、噪声污染，石油运输管线排布等，因此地质勘探工作会选取远离城市城市的区域，油井的作业区也会在探明储量地区附近就近选择。因此，海外石油投资的区位选择需要更多地考虑运输成本、生产要素带来的集聚效益、规模效益等。

(2) 古典区位观点

根据古典区位理论，区位是指厂商经营生产活动的位置，如何确定最佳位置就是古典区位理论所关心的问题，其三条基本法则包括运输区位法则、劳动区位法则以及集聚或分散法则。一般理论上认为，运输费用决定着工业区位的基本方向，理想的工业区位是运距和运量最低的地点。同时由于劳动力费用因素与集聚因素的存在，原有根据运输费用所选择的区位将发生变化。

而在石油投资环境的评估中，除了要对石油储量、地貌特征、技术可行性进行评估，还需要对运输问题进行考虑，如大型设备的运输问题、原油运输管道及相关设施的安装问题等。尽管在古典区位理论中这些问题的形成是由于当时交通技术的不发达造成的，但在石油投资环境评价研究中，由于在当前技术条件下石油资源被认为是不可移动的，因此二者在原理上是相同的。

(3) "中心地"观点

中心地理论认为组织物质财富生产和流通的最有效的空间结构是一个以中心城市为中心的、由相应的多级市场区组成的网络体系。受古典区位论影响，中心地理论认为，区域中的每一点均有接受一个中心地的同等机会，一点与其他任一点的相对通达性只与距离成正比，而不管方向如何，均有一个统一的交通面。再引入新古典经济学的假设条件，即生产者和消费者都属于经济行为合理的人的概念。这一概念表示生产者为谋取最大利润，寻求掌握尽可能大的市场区，致使生产者之间的间隔距离尽可能地大；消费者为尽可能地减少旅行费用，都自觉地到最近的中心地购买货物或取得服务。生产者和消费者都具备完成上述行为的完整知识。经济人假设条件的补充对中心地六边形网络图形的形成是十分重要的。

海外石油投资活动产生的影响往往是双向的，一方面会为投资方带来利润，另一方面也会带动投资地区的发展。石油开发活动离不开当地基础建设的支撑，除了水、电、交通，还包括工作人员的生活保障，这必然会促进当地就业，吸引投资，带动经济发展，从而产生有利生产要素在当地的集聚效应，从而形成"中心地"。

2.3.4 能源经济理论

当今人类社会，石油一直是具有全球重要战略地位且在短时间内无法被完全替代的能源资源，但伴随石油勘探开发规模和开发量的持续增加，全球石油剩余可采储量日趋减少，其高度稀缺性和地缘分布不均衡性特征将会变得更加突出，在全球范围内石油资源争夺战也变得愈加激烈。面对这种石油资源短缺且无法替代的发展趋势，石油产业全球化发展趋势不仅会愈加快速，也将进一步推动油气产业全球化发展理论探究和应用研究，自然也将成为当代能源经济学的重要拓展，海外石油投资环境系统分析作为油气产业全球化发展重要组成部分自然也不例外[①]。

在传统经济学理论中，能源通常被看做是原材料的一部分，能源经济问题也长期没有受到主流经济学家关注，其研究本身也只是作为资源经济学或能源工程领域的专业研究方向而已。国际上能源经济学真正作为一门学科进行单独研究还是始于 20 世纪 70 年代的第一次石油冲击。在中国，能源经济学的兴起主要是在 21 世纪初期，伴随中国进入工业化中期阶段，能源资源对工业化和经济发展的制约效果逐渐显现，不同门类研究工作者纷纷开展能源经济问题的研究，极大地推动了中国能源经济学的发展。

近年来，国内外学者对能源经济学的理论研究和实证分析研究成果颇丰，但对其本身的认知仍存在不同的理解，甚至国家学科门类目录正式发布前还存在归属资源经济学和能源科学技术学科的争议[②]。有基于此，本书仅就海外石油投资环境系统研究与能源经济学关联及应用，做一简要归纳梳理。

---

① 作者在《中国油气产业全球化发展研究》（经济管理出版社，2010）著作中，对该问题已有比较系统的阐述，在此不再赘述。另外，就海外石油投资环境理论研究自身来说，能源经济学中系统分析、信息系统数据分析等研究方法在海外石油投资环境研究中也有具体的应用，具体参见第 3 章。

② 具体参见中华人民共和国学科分类与代码简表（国家标准 GBT 13745—2009）。

（1）能源和经济增长（增长率和增长结构）、社会发展的关系

国际上存在着两种不同的意见，一种认为经济增长与能源供应有着固定的联系，另一种意见则相反。一般来说，对于发展中国家，能源供应和经济增长是正相关的。较发达的国家可以通过技术进步，调整经济结构等方法来减少对能源的依赖。中国是经济高速增长的发展中国家，能源和经济增长的关系对于我国能源"走出去"的战略研究是十分必要的。

在海外石油投资环境的研究中，能源经济理论中关于能源和经济增长关系的部分主要有两个方面的应用。

1）石油在我国能源结构中占有重要的地位，高达60%的石油对外依存度说明我国石油必须"走出去"才能保证经济的持续发展。但海外石油投资环境的研究不是无限制、不计成本地获取石油资源，因此必须依靠能源经济理论阐明能源消费与经济发展间的关系，从而科学、高效地获取石油资源，利用石油资源推动我国经济的发展。

2）石油资源国不仅对外输出石油资源，而且内部经济发展也消耗石油资源。探究经济发展与石油消费间的关系，摸清石油投资国在国际石油市场中的供给潜力，是我国在对外石油投资博弈中的重要筹码。

（2）能源价格和税收

能源价格应该成为最有活力、最有效的能源供需平衡调节杠杆，而能源消费方面的税收则是一种行政性的调节手段。两者是有根本区别的，固然是不可相互替代的，但一定程度上又是可以相互补充的。另外，除了使能源价格和消费税收起到价值尺度的作用之外，还应起到提高能源效率，引导能源投资走向、传播信息载体、调整分配手段以及优化产业结构的作用。

石油价格是国际石油市场中最大的不确定因素，在海外石油投资环境研究中，为减少投资风险，需要对石油价格进行分析和预测。另外，政治风险是海外石油投资环境及投资风险中最重要的因素，而税收体系则是其中关键的一环，因此在海外石油投资环境及投资风险的研究中，不能忽略对税收的分析和研究。

（3）能源的国际贸易和石油作为金融产品

对外贸易一般应遵守比较优势原则，即出口具有比较优势的物品。这和国内产业结构的调整、农业劳动力向工业和服务行业转移有着密切的联系。具体到能源经济研究领域而言，应根据能源和经济增长的关系、能源的供需和价格等来确

定合理产业结构和外贸数额，以及石油战略储备规模等。

石油贸易是石油在国际间流通的主要形式，而石油作为国家发展必需的工业原料已经成为国际贸易流通的"硬通货"，国际上已经形成了Brent、WTI等原油期货交易市场。而国际油价的高频、高幅波动也使得石油成为重要的金融产品。而海外石油投资环境和投资风险的变动都会在国际能源金融市场的供需关系、价格变动中得到一定的反映和体现。

(4) 能源的内部替代和外部替代

商品能源的最优内部结构、非商品能源的合理比重、电能与一次能源的合理比例、新能源与可再生能源的地位和发展前景等都属于能源的内部替代问题。传统能源与新兴能源。传统能源包括石油、天然气、煤炭、电能，新兴能源包括核能、太阳能、生物质能等。能源与资金、能源与劳动力之间属于外部替代性关系。需要研究这种替代的客观规律和在什么范围什么程度上是合理的。

随着技术进步，新能源开始在能源系统中推广，以石油为代表的传统能源被逐渐替代，石油需求开始出现一定程度的降低，如新能源汽车的推广对汽油需求造成了一定的影响。在海外石油投资过程中，需要考虑能源替代带来的石油需求减少以及油价波动等问题，以及一系列由此引发的投资环境变动问题（如政策变更、经济环境变化等）。

(5) 节能与循环经济

能源资源不同于其他自然资源。首先是对其需要的普遍性，几乎所有的生产和服务都需要能源。其次是难以替代，除了在不同种类的能源之间实行替代。最后是不可重复使用和不可再生性。这三个特点都加强了节能的重要性。从经济学角度看节能，能源价格的合理化是节能和推进循环经济的首要条件和动力。

与此同时，随着全球环境持续恶化和环境保护意识的提高，石油在勘探开发、炼化、使用甚至运输的"全生命周期"过程中造成的资源/能源浪费、环境污染等外部性问题开始逐渐受到重视，尤其在环境要求较高的国家对循环经济、绿色经济的普遍重视导致高污染、高耗能的石油生产活动一度因此而被终止，因此在海外石油投资环境评价过程中不能忽视节能与循环经济等问题。

海外石油投资实际上是全球石油资源配置的过程，是石油资源供需不匹配导致的必然结果。一方面，需求方通过进口石油满足国内经济发展的需求；另一方面，供给方通过出口石油实现自身经济的发展。而在这其中，国际石油公司通过投资活动获取了利益，也带动了当地就业和其他一系列的经济效益。因此从能源经济的角度来看海外石油投资活动能够实现宏观层面的多方共赢。

2.4　海外石油投资环境方法论

从传统石油业界投资者本身认知来看，海外石油投资环境作为海外石油投资前期的一个定性分析和经验"判断"，甚至仅仅是投资可行性分析一个章节内容而已，其本身应该没有什么特别高深的研究方法论。然而，伴随全球范围内石油资源"稀缺性""战略性"增加，加之海外石油投资本身特有的政治、外交甚至军事属性，使得海外石油投资环境研究本身更加具有"结构复杂性""系统完整性""评价时效性"①。

综合有关学术认知，作者认为海外石油投资环境方法论体系可从系统科学、工程经济学、复杂性理论以及当代石油储量评价方法体系中梳理出部分端倪。

2.4.1　系统经济方法论

近年来，随着海外石油投资规模日益扩大、产业领域不断拓展、投资方式日趋灵活完善，不仅使海外石油投资难度、投资风险快速递增，也给海外石油投资环境研究带来了诸多挑战和困难，传统的定性分析、要素分析以及加权求和评价方法已无法满足海外石油投资环境评价的理论认知和方法论需求。

随着国际石油经济专家学者以及从业者对海外石油投资环境认识的不断深化和重视，其相应的理论方法和信息科学技术也在逐渐完善和创新。有基于此，本书尝试从系统经济学角度对海外石油投资环境进行分析探究，以期为后续理论探究和综合评价提供一个新的理论视角和切入点。

如前所述，海外石油投资环境本身就是一个具有完整系统结构与外在传输功能的复杂巨系统②。但要探究该复杂系统，不仅要从其系统要素、结构功能、基本特征等视角去剖析，也需要基于外部经济性、区域关联性以及产业链延伸角度来认知，同时也要考虑海外石油产业链条自身的层次性和可衔接性。

作者认为海外石油投资环境研究与系统经济学有一定的关联性，有必要运用涉及系统科学与经济学的交叉分析理论——系统经济学（system economics）来认知海外石油投资环境这个巨系统。系统经济学是我国学者昝廷全于20世纪80年代提出的一种跨学科的方法论。其基本理论依据是在当代经济系统的复杂性问题

---

①　这种研究趋势近年来在海外石油投资环境的学术研究成果中非常明显，在第1章研究综述及研究空间部分已有系统阐述。

②　之所以认为海外石油投资环境是一个复杂巨系统，是因为海外石油投资系统由石油资源系统（地学领域学名是含油气系统）、区域经济系统、开发生产系统、运输路径系统、下游消费系统等诸多复杂系统构成，各个系统内部诸要素以及各系统之间存在错综复杂的逻辑关系。

难以依靠现有经济学理论解释这一背景下提出的，运用系统分析方法对经济系统的结构、功能进行分析，并通过建立稳定有序的非平衡动态结构，以保证经济系统的良性循环。

系统经济学研究的关键在于理清经济系统的基本性能，包括目的性、整体性、层次性、支配性、协同性、规范性、循环性等，同时处理好经济系统与外部环境、系统整体与局部、结构与功能、短期与长期的关系。在系统结构认知方面，应该符合非平衡发展规律、整体发展规律、协同发展规律、竞争规律、自组织规律等，并充分考察系统自身的适应性、整体性以及方案的可行性。

具体来说，系统经济学的分析方法必须遵循以下原理（昝廷全，1997）。

(1) 系统原理

经济系统是一个多要素相互作用的，有目标、有序的整体。经济系统的整体功能大于各要素功能的总和（金吾伦和郭元林，2004）。经济系统运行过程中，最重要的一环是根据要素间的信息反馈对系统整体目标进行调控。

(2) 开放原理

经济系统是典型的开放系统，其运行过程中能够不断与外部环境持续不断地进行物质、能量和信息的交换。而封闭的经济系统由于缺乏外部环境的影响而只能处于低水平、退化的"停滞"状态。而开放的系统可以通过与外部环境的交流建立适宜的发展目标并提高经济系统对外部环境风险的应变能力。

(3) 协同原理

经济系统根据不同层级可以划分为不同的子系统，必须要求各子系统围绕系统的整体目标具有协同作用，才能保证经济系统的整体性和适应性，提高经济系统的外部竞争性。因此经济系统的协同性是稳定发展的先决条件。

(4) 非平衡原理

从经济系统的内部组成来看，非平衡系统由于内部结构的互补性、非线性和差异性而使得经济系统不断处于发展的状态。而无差异的均匀分布的线性系统，由于缺乏相互间的竞争机制，而只能处于静止的平衡态。

(5) 良性循环原理

经济系统相互作用的外部表现和内部反应都是通过循环的形式体现出来的。在循环的过程中，物流、能流、信息流的流量和速率反映出经济系统运行的状态。因而可以通过其长期的变化趋势而判断出经济系统是处于不断增长相互促进的良性循环或是不断衰减相互约束的恶性循环。不断发展的经济系统必须保证微观与宏观、短期与长期利益的一致性才能处于良性循环的功能态。

(6) 自组织原理

经济系统的内部结构必须紧密地联系起来，而这种结合的形式是经济系统功能性和生命力的来源。自组织原理要求经济系统的组织形式必须具有自适应、自调节、自繁殖的功能（任佩瑜，1998）。因此自组织的观点必须引入系统经济学的分析方法，才能保证经济系统更具生命力。

(7) 动力学原理

系统科学认为，系统发展的动力来自于外部的竞争与内部的协同，因而系统经济学的分析方法必须强调开放环境下提高经济系统的外部竞争力，并以此触发内部的自组织行为，增强要素间的协同动力。

目前来看，当代经济系统结构的多元化、复杂化、系统化的发展趋势已经与传统经济理论模式化、原理化、相对固化的研究范式相背离，使得传统经济理论和方法在解释当代经济行为时容易造成微观利益损害宏观利益、局部最优损害全局最优等现象（昝廷全，2003；昝廷全等，2003）。由此，相较于传统经济理论，系统经济学更加注重系统整体的经济活动、系统中经济要素的配置，以及非经济要素对系统的影响（胡传机，1987）。而多元、复杂、高敏感的区域石油经济系统具有典型的当代经济系统特征，因而系统经济学在分析其系统结构和行为时具有较好的适用性。

从一定程度上来说，很多系统科学与经济学结合的研究方法技术都可以归结到系统经济学的方法体系中，2.5 节的系统优化技术、物元分析技术，第 3 章构建的海外石油投资环境系统评价系统评价方法以及将要涉及的复杂性方法体系都应该与此重要关联甚至包含在内。

2.4.2　复杂性方法体系[①]

复杂性理论是解释系统复杂性的理论，强调以整体论与还原论相结合的方法

---

① 海外石油投资环境的研究涉及资源储量、开发技术、管道设施、经济环境、法律体系、社会氛围、国际市场等一系列要素，这些要素不仅能够具体到非常微观的各个细节，而且这些要素相互影响、相互制约，不断变化。因此传统的静态结构分析对于海外石油投资环境的研究局限性很大，同时现代投资环境的需求也不再满足孤立个体的综合分析，而是拓展到个体与环境之间的反馈、互动乃至行为分析上，因此运用复杂性理论对石油投资环境进行分析具有较好的针对性和适用性。

分析系统。复杂性理论体现的是动态的、非平衡的思维，静态的、可逆的过程只适用于简单的有限的情况，而随机的、动态的、不可逆的过程才是系统运动的常态。复杂性理论认为，系统不是被动地接受环境的影响，而是主动地对环境做出回应，因此复杂性的焦点（熊学兵，2010）在于系统自身的适应行为和复杂结构。

海外石油投资环境本身具有明显的递阶性①、产业链条衔接脆弱性、市场结构复杂性等内在要素特征，而海外石油投资环境系统分析更加具有地缘政治不稳定性、合作政策不确定性、行业参与者的特殊性等诸多复杂特征，这种诸多复杂系统特征、内在和外在影响要素及其关联性就构成了海外石油投资环境复杂大系统。而研究这种复杂大系统需要采用相应的复杂性理论基础及方法支撑体系，因此在一定程度上复杂性理论构成了海外石油投资环境研究的方法论支撑。

海外石油投资环境系统是复杂的多元大系统，涉及组织形式、产业结构、政策体制、技术水平等多种要素。这些要素相互关联，形成十分复杂的网络结构，任何一个要素的波动都可能引起整个系统的变化，进而形成新的结构，而且这种平衡结构往往是动态的。这意味着传统的静态结构和要素分析方法对于这种复杂多元结构仅在短期内是有意义的，而在长期预测或评估时，由于石油经济系统的要素高敏感性因而具有很大的局限性。基于这一事实，本书尝试从系统层面对海外石油投资环境进行综合分析，运用复杂系统理论剖析海外石油投资环境的结构和行为。

复杂系统理论适用于海外石油投资环境的研究主要体现在四个方面。

(1) 非均匀性

非均匀性体现了系统要素的分布不在同一平面内，因此很难在统一的维度下进行测量，即要素的分维。同时，由于系统要素分布的个体特征往往非常明显，造成同一维度下，尺度不同分析的结果也存在较大的差异。在海外石油投资环境的研究中，由于其本身包含了大量的不同维度要素，涵盖区域特征、资源信息、经济政策、人文宗教等多个方面，首先多方面的要素不仅侧重的角度不同，而且测度的单位也不同，几乎不存在可比性，因此将所有指标要素化到同一尺度下进行比较很难完整地体现评价目标的投资环境属性。其次，海外石油投资环境的评价不仅需要体现评价要素的整体表现对投资活动的影响，还需要考虑个体要素对

---

① 所谓资源评价递阶性是指石油资源作为地下深处自然资源，对其资源属性、资源规模、生产周期以及相关物性参数有一个较长时期的递阶认知过程，其资源认知程度包括预测储量、控制储量以及探明储量等，在这一递阶认知过程中，往往伴随庞大的投资规模和生产风险。

投资活动的影响，因此对系统要素进行均匀化的加权求和处理方式很难体现出投资环境评价对要素复杂性的要求。

（2）非线性

海外石油投资环境的非线性体现在微观要素和宏观系统两个层面，其中微观要素特征相对容易理解，即要素表现形式的非线性这不仅体现在对投资环境影响较大的油价、资源国 GDP、政策稳定程度等要素自身的影响程度，还包括系统要素间的影响关系以及不同要素的叠加程度等。这种动态、时变、非线性的要素数据信息表征和数量关系对海外石油投资环境系统解析的数学工具提出了很高的要求，同时也暴露出传统静态结构化、线性分析方法的局限性。

相较于易于理解的微观要素的非线性表现形式，海外石油投资环境系统的非线性要比较费解一些。基于系统学角度分析海外石油投资环境时，海外石油投资环境系统被视为一个完整的整体，而不是孤立要素的集合，这是因为运用线性的、还原的分析方法难以解释系统在功能上表现出的涌现性。此外，石油投资环境系统在时间维度上表现出的混沌性以及在空间维度上表现出的分形、分维都是复杂系统微观要素的非线性宏观表现。简单来说，海外石油投资环境系统的非线性具体体现在投资环境的长期准确预测的不可能性（混沌）、投资环境的开放性（耗散）、时间不可逆与资源稀缺（时空有限）等。

（3）自适应性

海外石油投资环境系统的自组织行为是系统对外部环境变化自我完善、自我适应的一种行为现象。具体表现为投资环境系统在不受外界指令指导下自发重新形成新的有序结构，以适应外界环境的变化。

海外石油投资环境系统的自组织行为实际上是系统中微观个体应激行为的宏观表现，这种表现是系统应对外界变化的本能反应。其反应的过程是外界扰动导致一些与处于系统边界附近且与外部环境联系相对紧密的个体最先受到影响，然后以受影响的范围以该个体为中心向外辐射，以此类推。在影响向外传播的同时，受影响单位会向上一级影响单位传播反馈，如果这个反馈是正的，则加强这个影响；如果是负的，则减弱这个影响。最后，各个影响单位会根据自身影响能力的大小形成一个局部相对最优解，这个状态通常在当前环境下是稳定的，即局部最优促成宏观最稳定。

在海外石油投资环境系统中，这种局部扰动通常始于外部环境变化敏感的要素，如油价等。通常表现为系统内要素结构的自行演替，技术的自主进步等。更具体地，海外石油投资环境系统的自组织行为不仅表现为由市场供需和企业逐利引导的"看不见的手",以及政策引导、政府管控等"看得见的手",还包括由于投资目标国独特的历史文化、地缘政治等因素塑造出的鲜明的"民族个性"。

(4)网络性

海外石油投资环境系统的复杂性不仅体现在关键节点的数量上,还体现在不同关键节点间关联的空间结构上,甚至还包括网络结构节点的能量和信息传播。

海外石油投资环境系统不是孤立要素的集合,而是诸多内部要素及外部关联要素的组合体。如果单纯地对投资环境的要素进行研究,难点仅仅在于要素的筛选和变化趋势的分析,但这样便导致一个问题:如果要素间不是完全独立、互不关联的,①如何处理部分要素的影响效应被重复计算的问题;②在进行要素时间维度的分析时,单一要素的变化对全局产生的影响如何计量等。

而当把要素间的关联纳入到研究的范围内后,海外石油投资环境系统的复杂性便体现出来了。首先,海外石油投资环境的要素数量本身就十分庞大,而要素间的关联数量则更为庞大,增加了研究的工作量;其次,这些要素关联构成了复杂的网络结构,要素的微观扰动会引起关联要素的状态发生一定的变化,并通过正向/负向反馈增强/减弱波动的影响,并最终形成动态稳定的网络结构。

通过要素间的这种网络结构,海外石油投资环境系统的每一次演进都是打破原有的结构建立新的动态平衡的过程,这个过程的产生是由于要素连续不断地自发对原始状态的偏离,即涨落(图2-4)。通常微观变量的涨落是客观的、不可避免的而且是随机的、不可预测的。因此尽管要素总是在波动,但总体是趋于一定的稳定水平(平均值)。但是当由于环境因素或其他因素扰动(如突变)造成一定范围内的要素共同作用,相互加强形成一定规模的协同(共振),就会引起原有的稳定结构失稳,在分岔点出现对称选择破缺,出现新的结构。

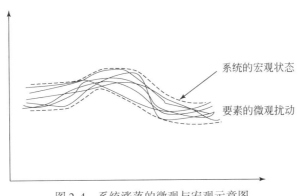

图2-4 系统涨落的微观与宏观示意图

2.4.3　石油资源评估技术①

　　海外石油作为地下一种看不见、摸不着但有特大经济收益潜力的矿产能源资源，采用科学可靠的研究方法对其区域环境、资源属性、储量规模、地面条件、开发生产技术以及相关储层物性参数，即"硬环境"指标要素，进行科学有效评估，是石油资源评价、储量价值、工程设计以及投资估算最基础的研究工作之一，也是海外石油投资环境系统化研究和综合评价的重要工作内容。

　　就石油工业本身来说，石油"资源量"和"储量"的概念有本质的差别，相应地，石油"资源评价"②和"储量评估"③也有其本质的区别，其中前者强调对评价目标区从石油地质基础认知开始，到工业化开采的动态研究过程，后者是综合运用已有的勘探开发生产数据信息以及相应储层物性评价参数，计算评价目标区在不同勘探开发阶段、不同级别石油的可采储量及其经济价值，进而为勘探开发工程设计、产能建设方案提供可靠的参考依据。当然，不同国家、不同时期甚至不同评价者所得出的石油储量分类、计算方法以及评估结果都有一定程度的区别，在此不过多赘述。

　　在海外石油投资环境系统评价过程中，尽管对评价目标区的科学认知也很重要，但似乎更加重视投资评价目标区的经济价值和盈亏判断。为此，本部分将重点介绍海外目标区的石油"储量评估"方法论④，当然这并不是说石油"资源评价"的方法理论对海外石油投资环境系统评价无关紧要。

　　自1993年以来，我国石油企业在海外投资或者参股了众多的石油项目，而海外石油项目评价为海外石油资产收购提供了重要的决策依据，其中储量是石油项目价值的核心，对储量的评价是决策海外石油项目价值的关键。但受海外油田资料的限制和所处的勘探开发阶段不同，计算不同勘探开发阶段石油储量方法有

――――――――

　　①　就本书架构看，海外石油投资目标区的资源评价内容其实应归属到第3章，但考虑石油资源评价在海外石油投资环境系统评价的核心作用，我们还是把该部分作为海外石油投资环境系统评价的方法论部分，特此说明。

　　②　石油资源评价是指在现代技术条件下，运用多学科、多手段、多方面资料成果和信息，在系统工程分析条件下，以石油地质研究内容为主线，对油气的过去、现在和将来状况的综合研究，具体包括地质分析、工程评价和经济评价三方面内容。

　　③　石油储量评估是指根据油气性质产能、丰度、规模、埋藏深度等进行石油储量综合评价，以衡量勘探经济效果和指导合理开发利用储量。在预探、评价、开发等不同勘探开发阶段，对应预测可采、控制可采以及探明可采等不同级别的石油储量。

　　④　本部分主要根据"李朝魁等.2006.如何评估海外油气储量？http：//sanwen8.cn/p/2864jTO.html［2016-7-9］"和"陈伟山等.2014.海外上游项目：如何客观综合评价？.http：//www.oilobserver.com/case/article/750［2014-06-12］改写而成。

多种。各种方法均有其特定的适用条件，只有计算方法得当，估算的石油储量才能反映真实的资源状况，在此基础上进行的储量价值和经济性评估才能客观地反映油气资产价值，从而降低海外石油项目投资风险。

1. 储量评价基础

海外石油储量评价首先面临的问题是油气储量管理体系，不同地区或石油公司可以根据实际情况采用适合于本地区或本公司的储量管理体系，这就导致不同地区、不同石油公司计算油气储量的标准也是不统一的[①]。尽管目前世界各国关于油气储量管理还没有完全统一的标准，但世界上主流的油气储量定义和分级是美国石油工程师协会（SPE）和世界石油大会（WPC）所建议的。对于多数欧洲和北美的石油公司，当前使用最多的储量标准是 SPE 标准。通过各种储量标准的归类研究，已形成了各种石油储量与 SPE 储量的量化对应关系，便于国际石油公司海外储量的统计和汇总。

按照 SPE 标准，石油可采储量/剩余可采储量分为证实储量、概算储量及可能储量。根据勘探、开发各个阶段对油藏的认识程度，我国将石油储量划分为探明储量、控制储量和预测储量三级。我国的探明储量与 SPE 标准的证实储量在地质落实程度上大体相当，控制储量与概算储量相当，预测储量相当于可能储量。

在海外油田储量评价过程中，首先要分析解读石油资产出售方的储量计算方法、储量标准、储量级别和计算参数的取值。按照不同类型油田、不同的开发阶段及获得的地震、测井、钻井、测试及历史生产数据，重新核实售方的储量计算参数，如地质储量计算中的含油面积、储层的有效厚度、分析孔隙度、含油饱和度和体积系数等参数取值的可靠性和合理性，将计算结果与售方提供的储量进行对比，分析各参数取值的差异及原因。

2. 海外石油储量评价方法

（1）地质储量估算

地质储量计算主要用于油田未开发或开发初期，此时静态资料相对较多，而动态资料少，一般采用容积法，也是国内外最常用的方法；当储量计算参数存在

---

① 中亚-俄罗斯地区主要采用俄罗斯的 A、B、C 级储量标准，在加拿大上市的石油公司执行加拿大的油气储量评估与报告标准（NI51-101），著名的国际石油公司多采用美国石油工程师协会（Sociefy of Petroleum Engineers，SPE）储量标准，在美国、香港和伦敦上市的国际石油公司执行 SEC 标准等。我国海外石油项目主要执行 SPE 储量标准。我国国内新储量管理体系参考了 SPE 分类标准，可采储量分技术可采储量和经济可采储量，体现了项目的经济效益。

较大的不确定性时，也采用概率法，用量化方法描述这种不确定性，国外应用较多。对于国内生产历史长，产量与压力资料齐全的油田，动态法估算石油地质储量应用较多。

1）容积法

对于油藏，其地质储量按不同的油藏类型划分计算单元，一般是分层、分块单独计算；溶解气具有可利用的商业价值时，也要计算地质储量。对于凝析气藏，当凝析气藏中凝析油含量大于等于 $100cm^3/m^3$ 或凝析油地质储量大于等于 10^4m^3 时，应分别计算干气和凝析油的地质储量。

2）概率法

概率法适用于动态和静态资料较少，储量计算参数不确定性较大的油田。国际石油公司为了经济效益最大化，在油田获取资料方面花费少，如海上油田、无生产设施的待开发油田或环保要求高的项目，一般测试时间短至几小时。探边井往往侧钻数个井眼探测油–水界面，评价深层也是采用小尺寸导眼井。为了合同期内产量最大化，油田往往无试采期，此时为量化该阶段估算储量的不确定性，常用概率法估算油气田的储量。

3）动态法

动态法通常用于估算已开发油田的技术剩余可采储量。但在长期油田开发实践中，利用油田生产历史连续，井控程度较高，生产资料齐全规范的特点，研究分析出不同驱动类型与开发方式下，石油产量、地层压力与储量间的规律性关系，为动态法估算地质储量提供了理论基础。

根据单井产量、压力数据的可靠程度，进一步划分证实地质储量和概算地质储量。对于油藏，其地质储量可根据驱动类型和开发方式等选择合理的计算方法，计算石油可采储量/剩余可采储量，通过选取采收率，求得油藏地质储量。

（2）可采储量估算

1）新油田

新油田指待开发或开发早期油田，一般这类油田动态资料少，反映油藏特征的静态资料相对较多，根据计算的地质储量和确定的采收率，计算可采储量。根据油田所处的开发阶段和拥有资料的情况以及《石油天然气储量计算规范》规定要求，可以选用不同的方法进行油田原始可采储量的计算。新油田的油藏采收率确定方法很多，一般根据油藏类型、驱动类型、储层特性、流体性质和开发方式、井网等情况，选择经验公式法、经验取值法、类比法和数值模拟法求取。

2）老油田

老油田指生产历史长且连续的在产油田。油田投入开发生产一段时间后，随着开发时间的延长，动态资料积累较多，老油田可采储量一般直接用开发井、井组或区块的生产数据统计计算。主要计算方法有水驱特征曲线法、产量递减法、物质平衡法和数值模拟法等；也可用探边测试法和其他经验统计法计算。

3. 储量评价

海外石油储量对石油项目价值的贡献取决于诸多因素，如合同类型、资源国财税条款、开发阶段、投资、成本及油价等，不同地区相同的油气储量规模，其储量价值相差几倍，甚至十几倍，因此国外对储量的评价并无相应的标准。国内对储量的评估更多地局限于技术层面，如利用储量规模、丰度、储层物性、千米井深稳定产能等指标描述，说明了储量在技术层面上的品位和质量，在经济性层面并无定量指标表征。

海外石油储量评估以单位剩余可采储量经济价值作为储量综合评价的唯一指标，需要对海外项目整体价值评估后推算到单位储量经济价值。国内侧重于技术层面，国外则落脚于经济，这是两者根本上的不同。

对于海外石油目标区块储量的技术评估，可以借鉴国内已有的储量计算标准计算储量，但对于为海外石油投资环境系统分析提供参考依据的经济价值评估，须依据储量计算和工程经济评价后的结果为准，这也是后续工程经济评价要做的研究工作。

2.4.4 工程经济学方法论[①]

追根溯源，工程经济学（engineering economics）是属于工程与经济的一门交叉学科，主要研究工程技术实践活动及其经济效果。其基本原理是以工程项目为主体，以技术-经济复合系统为研究对象，研究如何有效利用资源[②]，提高工程经济效益。具体而言，工程经济学研究的是各种工程技术方案的经济效益，研究各种技术在使用过程中如何以最小的投入获得预期产出或者说如何以等量的投入获得最大产出，即如何用最低的寿命周期成本实现产品、作业以及服务的必要功能。

石油工业本身涉及勘探、开发、储运、加工和销售等产业链条环节，而且具有资源约束性、风险性、国际性、规模经济性、范围经济性及战略性的特点。从学科门类而言，海外石油投资环境评价本身属于工程经济学科或技术经济学的理

---

① 本部分只是从工程经济角度阐述"全生命周期"投资环境影响评价的必要性及大致研究思路，具体工作流程和方法论体系参见本书 3.5.2 小节的有关内容。

② 这里的资源涵义包括自然资源、人力资源以及技术资源等。

论范畴，因此运用工程经济学技术方法对海外石油投资进行分析具有较好的针对性。一定程度来看，海外石油投资环境研究可理解为海外石油工程建设项目投资机会研究或投资可行性研究的一个前期必要工作环节①。基于狭义学术归属认知，海外石油投资环境研究本身可认为是海外石油项目可行性研究的一个有机组成部分，其相应的基础理论体系、研究方法论以及名词术语也就自然是海外石油投资环境研究的具体来源之一②。

广义上理解，海外石油投资环境研究方法可适度借鉴工程经济学的市场分析理论，同时也可采用投资机会研究的方法论和评价指标体系，甚至可认为海外石油投资环境研究本身与投资机会研究是一脉相承的。投资机会研究也称投资机会鉴别，是指为寻求有价值的投资机会对项目的有关背景、资源条件、市场状况等进行的初步调查研究和分析预测，它包括一般机会研究和特定项目机会研究，一般机会研究可以分为地区机会研究、部门机会研究、资源开发机会研究三类。

从工程经济学视角来看，海外石油投资研究切入点主要集中在海外石油投资价值评估、投资决策敏感性分析以及海外石油市场的不确定性分析等几个方面，其中：①净现值法和期权价值法是海外石油价值评估最常用的方法，但伴随海外石油投资项目的复杂性以及合作方式的多样性，近些年海外石油投资期权价值评估方法应用日趋频繁，本书第3章将介绍期权价值评估模型的具体应用；②投资决策敏感性分析方法相对比较简单，但对于多要素、多层次尤其复杂关联性要素的投资敏感性分析，就要采取稍微复杂的指标优化技术和相应的经济数学模型；③至于海外石油市场的不确定性分析，其工作流程及研究方法与工程经济学常用分析方法大同小异，但其不确定性要素的层次性和关联性更趋复杂且难以确定，尤其是受资国的地缘政治、经济发展、对外合作政策等各类"软环境"要素指标复杂多变，给海外石油投资环境系统分析和方法选择带来了诸多困难和不确定性，需要根据具体情况进行深入的研究探索。

近年来，中国石油企业在海外的部分油气投资项目，尤其是非常规石油的"上游"勘探开发以及"中、下游"长距离集输和加工利用项目等，因为诸多不同以往的自然环境保护、矿区使用费等外在因素变化，造成工程投资、开发生产成本剧增，使得正常的工程设计和开发方案无法正常实施。

针对上述海外石油投资环境评价系统，主要影响因素有以下几个方面。

---

① 单纯从工程评估认知，作者认为工程经济学主要包括企业投资环境评价、投资项目机会研究、投资项目初步可行性分析、投资项目可行性分析、工程后评价等具体工作环节。

② 参见王庆金等，马浩，王磊.2008.投资环境评价（技术经济评价论丛）.北京：中国标准出版社。

（1）环境保护政策变化的影响

国内石油企业在海外的部分国家油气投资项目，如中-俄长距离输送项目，加拿大非常规油砂勘探开发项目以及部分中东、非洲、拉美国家的海外石油投资项目，因为受到其国内生态环境保护、资源综合利用等非传统工程经济评价要素指标制约，进而影响投资环境评价本身的可靠性。

（2）低油价背景下的非常规油气投资项目

在全球经济发展速度减缓、国际油价"低位蹒跚"的时代大背景下，北美地区油砂和致密油、南美地区的重油以及非洲地区深海石油等非常规油气勘探开发投资项目，由于其石油产出率较低、全产业链剩余物质产出较高不仅造成环境污染，同时也严重影响海外石油评价项目的有效开发利用。

（3）海外"中、下游"产业链条延伸的项目

近年来，中国石油企业在非洲、拉美等部分国家的长期海外石油战略实施过程中，从单纯的上游勘探开发项目逐渐向"上、中、下游"工业一体化投资项目转变，尤其是长距离的油气储运和加工利用投资项目，但由于缺乏"中、下游"产业链条延伸经济评价方法论支撑而无法进行科学的经济评估。

（4）海外"互利互惠"发展战略的时代需要

在国家"走出去"和"一带一路"能源战略由单纯"攫取"短期资源效益向互利互惠发展战略转变的大环境下，构建全产业链条的海外石油投资项目群体和园区化工业联动发展模式已是大势所趋和时代必然，这就有必要从全新理论视角下打造可持续发展海外石油发展模式，并构建其相应的海外石油投资环境系统研究方法论。

基于以上研究认知，本书结合传统工程经济和现代循环经济理论架构，提出了基于"全生命周期"的海外石油工程经济分析理论架构及其方法模型。其主要研究思路是紧密围绕海外石油高效经济开发及生产需求，应用资源经济和工程经济等多学科研究方法论，从"全生命周期"角度考虑海外石油勘探开发的物质产出率及环境承载力，在兼顾资源综合利用和环境友好的基础上，注重具体工艺流程优化和"全生命周期"条件下的综合经济效益，界定其开发生产的经济分析理论和经济极限内涵，构建海外石油开发生产的"全生命周期"评价、工程经济分析以及经济极限测算的方法模型，并进行开发方案的优选与优化设计。

2.5 海外石油投资环境技术论

在作者及其研究团队的研究工作尤其是后续计算模型及软件研制过程中，还不同程度地应用了信息科学、系统优化、灰色预测、物元分析、风险分析以及期权博弈价值评估等新学科技术和手段。基于后续系统分析和数学建模需要，对系统优化、灰色预测、物元分析、风险分析以及实物期权等相关技术层面的基本知识及关键技术作一简单介绍。

2.5.1 信息科学技术

近年来，伴随着海外石油投资环境理论和技术应用的日趋复杂，以大数据为代表的现代信息科学技术和计算机工具进入了海外石油投资环境和投资决策的诸多研究领域。在实际工作层面，现代信息科学技术已贯穿于海外石油勘探开发以及生产管理的全过程，主要体现在海外石油资源综合评价和石油储量评估、勘探开发生产数据管理以及海外石油多目标投资决策智能化处理等工作领域。

（1）资源评价和储量评估技术

借鉴国内石油勘探开发已有经验，在海外石油资源评价和各级别储量估算的不同生产阶段，可运用地震、测井、录井等现代信息科学技术，将会采集到大量的地球物理原始数据、开发试验"样品"以及"井点"生产计量数据，以便准确地分析待评价区石油资源分布、探明储量特征以及剩余石油可采储量等。

在使用地震、试验"样品"以及"井点"海量数据时，一般都需要对这些海量数据进行预处理，并勾绘出海量"数据场"的等值线和预测值，然后再由专业人士进行分析哪里有油，有多少油，但这样的分析处理办法是会受到一定限制的，由于等值线是二维的，不能形成一个直观的、清晰的概念，就会浪费大量的数据信息。如果利用现代信息技术和三维数据可视化技术手段，就可以从大量的地震勘探数据中构造出三维实体模型，并显示相关评价参数，以及非常直观地再现油藏的地质构造和油藏参数在石油勘探开发过程中的变化，使专业人员可以对原始数据做出正确的解释。这样的分析会更准确，定位也会更加科学，将减少石油勘探开发的成本。

（2）勘探开发和生产管理大数据处理技术

大数据技术在当今很多石油工程技术领域都得到了发展和应用，尤其是比较完善和成熟的大数据管理技术，在当前海外石油勘探开发评价的应用中越来越广泛。在海外石油勘探评价领域，大数据技术在信息系统构建中起到信息系统开发和数据展示、数据存储以及数据分析的作用，能够更好地实现动态性、准确性存储大量数据的作用，并且能够提供数据共享和数据处理服务。

就目前来看，海外石油开发所涉及的区域地质、油藏构造、勘探评价、钻井资料等专业的信息系统都要大数据技术支持才能正常工作。通过计算机技术的快速发展和创新，石油勘探数据库技术也日益完善，数据存储和数据分析也更加准确，进而为石油地下勘探提供了重要的技术依据。

(3) 海外石油投资决策智能化处理

在海外能源投资决策分析支持系统方面，国外一些研究机构已经建立了旨在辅助决策能源系统，如国际能源署（International Energy Agency，IEA）、国际应用系统分析研究所（International Institute for Applied Systems Analysis，IIASA）、美国能源信息署（Energy Information Administration，EIA）等，其中最具代表性的能源模型是美国能源信息署开发的国家能源模型系统（NEMS）和国际应用系统分析研究所与世界能源委员会（World Energy Council，WEC）合作开发的IIASA-WECE3 模型。当今，我们国内有部分研究单位引进学习并研制了海外石油投资决策智能化处理技术，但相关数据支撑系统还有待进一步完善。

作者及其研究团队在集成上述石油资源、生产大数据以及关联数据信息的基础上，初步构建了一个海外石油投资环境基础数据处理和技术应用平台。该数据信息和技术应用平台集成了包括石油投资目标国"硬投资环境"和"软投资环境"的数据结构，并与外部海外石油"关联环境信息"建立了数据接口，可快速介入海外投资区块的石油资源信息和相关投资环境数据资料，实时显示并计算相关预测数据和成图信息。在此基础上，根据工程经济学和优化处理技术，研制了海外石油投资环境综合评价和多目标优化模型，可及时分类优选海外石油多目标评价区块。

2.5.2 系统优化技术

优化是在一定约束条件下求最优解集的过程，这也是运筹学的主要研究内容。其主要的研究分支包括线性/非线性规划、动态规划、多目标规划、图论、决策论等。优化技术具有很强的实践性，目前投资环境评价的很多评价方法和模型构建为了提高精度和准确性都运用了一定的优化方法和技术手段，因此在海外石油投资环境的评价中引入优化技术具有十分必要的现实意义。

具体到海外石油投资环境研究领域，海外石油投资活动本身是相互关联的诸多因素组成的集合体，不仅涉及具体区域的石油资源量、储量规模、储层特征、自然地理条件、基础设施等诸多"硬环境"要素，也涉及资源国的政治、经济、外交、文化、宗教等诸多"软环境"要素。随着对投资环境研究的不断深入，无论是构建的优化模型还是求解的过程都很难使不同利益方或项目群一次性达到满意，这就需要对其进行系统优化处理以实现投资决策的利益最大化。

针对这一情况，海外石油投资环境优化的系统研制和模型构建需要设置多目标规划和综合评价技术模块。在对不同地区，对不同类别评价目标进行部分指标无量纲化和标准化处理后，可以进行系统评价排序和综合评价。

在实际工作过程中，系统优化技术主要包括以下几个方面的内容。

(1) 决策论

海外石油投资本质上是一种大型风险型的不确定投资决策，这是由于资源潜力、法律法规、国际油价以及当事国对外合作政策等是不确定性很高同时对投资收益具有很大影响的内外在因素，在实际评价和投资决策过程中，很难对其进行准确的判断并制定出针对性的策略。在实际情况中，具体投资者往往会通过构建损益矩阵或决策树（图 2-5）等方式辅助海外石油投资的决策过程。

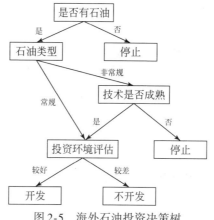

图 2-5　海外石油投资决策树

(2) 多目标规划

海外石油投资环境是多要素构成的复杂巨系统，在其评价中很难通过一个或多个指标来作出判断，一般需要建立多个目标评价模型来进行综合比较分析。在实际操作过程中，往往与存在某些目标不协调甚至矛盾的情况，如在海外石油投资环境的评价中石油资源储量与社会治安、税率等往往是矛盾的，如何调解这些目标也是海外石油投资环境评价的难点和重点。

在海外石油投资环境评价的研究中，比较常用的思路是将多目标规划问题转化为单目标规划，通过为各目标增加一组权重来平衡各目标间的关系。而通常，这组权重的确定需要依赖于专家的经验和决策者的目标。除此之外，多目标规划还提供了其他的解决思路，如罚款模型、约束模型等。

需要注意的是，多目标规划中的目标函数以及常规约束条件一般是"硬"条件，而在海外石油投资环境评价的实际问题中，约束条件可能通过交涉、博弈等行为出现让步；另外，实际决策评价中往往存在目标以及约束间不重要程度不同级的情况，不同的决策者会产生不同的重要程度排序，可能引起最终结果的不一致，在海外石油投资环境的评价中需要格外注意这一点。

(3) 线性/非线性规划

这一类优化的基本思路是构建目标效益函数（多目标规划），以投资者自身实力（如资金、技术水平、基础设施等）以及一些客观因素（如油价、法律等）为约束条件进行求解。

$$\max z = \sum_{i=1}^{n} c_i x_i$$

$$\sum_{i=1}^{n} a_{ik} x_i \leqslant b_k, \ (i = 1, 2, 3, \cdots, n; k = 1, 2, 3, \cdots, m)$$

$$L_i \leqslant x_i \leqslant U_i$$

其中，z 表示目标收益；$\max z$ 即为目标收益最大；c_i 表示要素 i 的权重；x_i 表示要素 i 的取值；a_{ik}、b_k 为 x_i 的约束条件；L_i、U_i 为 x_i 的取值上、下限。

约束条件可以是线性也可以是非线性，不同投资方案或评价目标的特征变量构成一组可行解，通过比较目标效益函数的大小来确定评价方案或目标的好坏。

2.5.3　灰色预测技术[①]

海外石油投资环境的研究中，尤其是部分欠发达地区往往存在数据不完整或不准确的情况，导致依赖数据较高的分析方法受到一定程度的限制，而基于灰色系统理论的灰色预测技术正是针对这一情况提出的，因此在海外石油投资环境评价及风险分析中取得了较为广泛的应用。

灰色预测技术是由中国学者邓聚龙（1990）提出并推广应用的，这是一种研究贫信息、少数据的不确定性问题的有效方法手段。灰色系统预测技术的基本预

---

① 海外石油投资研究过程中不可避免的是资料数据的缺失、错误，造成这种情况的原因是多方面的，如石油本身的重要地位使得某些资料和数据是涉密的、其他原因导致某些数据是不易获得的等，这就需要运用某些理论或方法进行针对性的分析。灰色系统理论就是针对这种"小样本"、"贫信息"的不确定性系统为研究对象的，因此在海外石油投资环境的研究中灰色系统理论就有一定的适用性。

测原理是以"部分信息已知，部分信息未知"的"小样本"、"贫信息"不确定性系统为研究对象，通过对"部分"已知信息的生成、开发，提取有价值的信息，实现对系统运行行为、演化规律的正确描述和有效监控（Liu and Lin，1998）。

灰色系统的名称来源于控制论中人们常以颜色的深浅形容信息的明确程度，如内部信息未知的对象成为黑箱，即"黑"表示信息未知，而"白"则表示信息完全明确，则"灰"表示部分信息明确、部分信息不明确。因此，信息完全明确的系统成为白色系统，信息未知的系统成为黑色系统，部分信息明确、部分信息不明确的系统成为灰色系统。

灰色预测技术与同样是研究不确定性系统问题的概率统计和模糊数学最大的区别在于，模糊数学着重研究"内涵明确、外延不明确"的问题，概率统计着重研究"随机不确定"问题，而灰色预测技术着重研究"外延明确、内涵不明确"的问题。

灰色预测技术的基本原理包括如下。

（1）差异性原理

"差异"即信息，凡信息必有差异。信息在传播和转换中必产生差异，传播的路径越长、转换的次数越多，与原始信息的差异便越大。

（2）非唯一性原理

信息的不完全和不确定决定了解的非唯一性。在决策上体现的是灰靶思想。灰靶是目标非唯一与目标可约束的统一。"非唯一性"的习惯性解决途径是定性分析与定量分析相结合。

（3）最少信息原理

灰色预测理论的特点是研究"小样本"、"贫信息"的不确定性问题，其立足点是"有限信息空间"，"最少信息"是灰色系统的基本原则。

（4）认知原理

信息是认知的依据。

（5）新信息有限原理

新信息对认知的作用优先于老信息。

（6）"灰不灭"原理

"信息不完全"（灰）是绝对的。

灰色预测理论和方法突出的特点就是对样本的数量和分布特征不太苛刻，不盲目追求大量样本和典型分布。其核心思想是通过对已掌握的信息进行合理的处理，得出对系统动态的科学描述和正确预测。针对信息不完全系统，遵循实时信息优先原则，在处理历史信息与现实信息时更加注重现实信息的价值，这是因为历史信息中反映客观事物发展规律的信息会以同样的方式为现实信息所载有。

2.5.4　物元分析技术

物元分析理论及其相关技术是中国学者蔡文研究员 20 世纪 80 年代所创立的一个新兴交叉学科体系。30 多年来，物元分析技术已在能源安全、环境科学、军事决策、经济计划、企业管理、过程控制等诸多领域得到了推广应用。在石油工业领域具体应用中，有改进灰色物元分析（徐凯和常军乾，2010）和模糊物元分析（邹慧霞，2009）两种研究尝试，本书首次把物元分析理论应用到了海外石油投资环境综合评价应用领域。

物元分析技术是研究解决不相容问题的规律和方法的新兴手段，是思维科学、系统科学、数学三者的交叉边缘学科。其中心思想是研究"出点子、想办法"的规律、理论和方法。它的数学工具是基于可拓集合基础上的可拓数学。物元分析技术本身不是数学的一个分支领域，而且在它的数学描述系统中还需要保留一定的开放环节。在这些开放环节中，人脑思维与客观实际要在这里发挥作用。它是在经典数学、模糊数学基础上发展起来而又别于它们的新学科。

经典数学的逻辑基础是形式逻辑，模糊数学的逻辑基础是模糊逻辑，而物元分析技术的逻辑基础则是把形式逻辑与辩证逻辑进行了有机的结合。由于经典数学主要是描述人脑思维，按形式逻辑处理问题的工具，模糊数学是描述人脑思维处理模糊性信息的工具，而物元分析技术则是描述人脑思维出点子、想办法解决不相容问题的工具，它带有很浓的人工智能色彩。物元分析技术是一门着重应用的学科，它既可以用在"硬"科学方面，又可以用在"软"科学方面。

物元分析技术的最突出特点是它创立了"物元"这一新概念，并建立了物元变换理论。因为求解不相容问题，如果只从抽象的量和形的侧面考虑，是无法解决问题的，而必须同时考虑质和量，对质和量进行变换，才可以使问题获得解决。所以有必要引进能够表征质和量有机结合的新概念。

物元分析技术涉及了系统科学、思维科学以及应用数学三门学科，是基于可拓集合基础之上的可拓数学，是在经典数学与模糊数学的基础上发展而来并与两者有明显区别的新兴技术方法体系。

在物元理论的理论研究中，有专家学者把物理分析理论运用于系统的研究，得到了研究系统的物元分析方法。因为在系统研究中，也存在着大量的不相容问题，为了解决这些问题，相关专家学者建立了系统物元、相容系统和不相容系统等概念，并提出了化不相容系统为相容系统的有关方法，通过系统物元变换，可以处理不相容系统中的问题。另外，也有相关专家学者把物元分析理论运用于决策理论的研究，建立了"可拓决策"方法。决策过程往往是要处理好系统内部的不相容性以及系统之间的不相容问题。由于可拓决策方法，不是单纯考虑数量关系的迭代，而是采用最大限度地满足主系统、主条件，其他系统则采取系统物元变换、结构变换等方法，化不相容问题为相容问题，使问题得到合理解决。

在具体的工程技术领域，物元模型最多是用在环境质量的综合评判上，其次是用在产品质量、岩土工程、医学、农业资源等方面。物元模型是在投资环境评价方面的应用，因此，物元模型适用于石油产业投资环境评价。物元分析技术应用到投资环境评价时，主要根据所评价主体的具体数据信息，将投资环境分为不同的等级，使其评价结果更为直观。

针对非洲石油投资环境评价的具体研究工作中，我们首次尝试应用了物元分析技术，并构建了物元分析模型，在本书第5章将进行系统的阐述。

2.5.5 期权评价技术①

单就学科方法体系来看，期权评价技术的核心方法体系是改进的净现值法，因此一定程度上期权评价技术可以归属到工程经济学的研究范畴。然而，作为一种新兴的价值评估技术，期权评价技术方法体系还有一定的学科应用和拓展空间，为此暂且不讨论期权评价技术的学科归类，仅阐述该技术在海外石油投资综合评价中的实际应用。

与国内石油勘探开发项目不同，石油企业在投资海外项目时将面临复杂的政治经济环境，信息资料的不完善性和资源条件的不确定性将使投资决策具有更大的风险性，而竞争企业的参与也将会使投资价值受到一定程度的减损，并影响企业最佳投资时机的选择。传统的石油企业项目投资决策方法忽略了对不确定性灵活反应的能力和投资创造后续机会的战略价值，但期权评价技术由此切入，并基于此提出了其核心思想和分析方法。而且更进一步地，由实物期权思维和博弈论的思想融合而成的期权博弈理论，同时考虑了不确定性期权价值和策略互动博弈价值，是项目投资策略研究的最新发展（张耀龙，2012）。

---

① 海外石油投资的过程中最重要的就是不确定因素的分析，传统理论认为不确定性越高，投资环境越差，这种过于稳健的投资策略在目前多变的环境下越来越难以适用。实物期权理论基于期权定价的灵活投资策略使得海外石油投资的不确定性转为一种潜在收益，充分体现了投资者行动过程中的主观能动性。而与博弈理论相结合，一方面体现了实际操作中投资者、资源国以及竞争者间策略的互动，另一方面通过均衡的思想引导海外石油投资的决策行为。

就国内石油企业海外投资本身来看，所谓海外石油投资很多是风险石油勘探、合作开发产品分成以及工程技术服务等项目类别。这样的投资项目大多具有较强的战略性和投资不可逆性特征，而且近年来在快速变化的外部环境条件下，它们受不确定因素影响而出现失误的风险也越来越大，因此保持海外投资的灵活性已成为跨国石油企业必须遵循的重要投资决策原则。

目前，中国石油企业海外投资项目经济评价一般还是使用传统净现值法[①]，而这种净现值法经济评价方法得到的评价结果往往认为投资项目的成本可以在投资后以某种方式收回，而不使投资企业蒙受经济损失，而且这种评价方法未能考虑到投资的灵活性问题，忽略了与投资项目相关的各种风险和不确定性因素影响，但正是这些复杂投资风险和不确定性因素形成了投资项目的投资机会价值，因此使用传统的投资分析方法可能会造成企业项目投资价值的低估和投资不足。

基于此，海外石油投资评价就需要一种有别于传统经济评价方法的理论和技术创新，从而就产生了基于期权博弈理论的石油期权定价和不确定性价值评估技术，这种基于期权博弈价值评估思想的灵活投资理论正是一种能够有效地处理不确定性的方法。

期权博弈价值评估技术首先是将海外石油投资与金融期权定价的概念相对应，在决策中将投资看作是一个受诸多不确定因素影响的随机过程，根据不同阶段的最新信息更为灵活地分析、量化评价投资项目的当前价值；另外，博弈论的主要理念在于关注他人的价值，即将自己置于对手的位置上来考虑问题，由于竞争对手的行为对于本企业来说是一个不确定的变量，因此，博弈论的主要目的也是为了解决博弈参与人在博弈过程中遇到的不确定性，并指导参与者针对博弈对方的行为而相应地调整自身行为，充分体现了参与者在行动过程中的灵活性。因此对于海外石油投资企业来说，将期权理论与博弈论引入投资评价方法中可以有效地避免投资决策中的失误。

期权博弈分析的实质需要围绕最佳投资时机和投资价值函数的最大化进行展开。期权博弈分析的流程主要包含实物期权定价、投资项目价值的估计、市场竞争结构分析、项目不确定性的数学表述、竞争者博弈分析和模型选择、项目投资决策假设及变量设置和最终决策等方面。

本 章 小 结

本章主要介绍了海外石油投资环境系统的相关术语的基本内涵和学术认知，

---

① 海外石油投资项目依据常规经济评价评价方法进行参数选取，有时也会因缺乏足够信息资料失去可参照性，使常规投资项目可行性评估无法满足新形势下投资经济评价的需要。

系统阐述了其理论基础、研究方法论以及相应的现代科学技术工具，其中现代科学技术工具是作者及其研究团队自主尝试应用的建模技术和手段。

本章主要研究内容及结论要点如下。

1）海外石油投资环境系统是"海外石油投资环境是围绕海外石油国家石油资源的，与投资主体利益相关的，并足以影响或制约石油投资活动及其结果的一切外部条件的总和"。石油是海外石油投资环境系统的内在基因，是评价海外石油投资环境"好"与"坏"严格界限，海外是从全球角度看待中国石油资源获得、供需平衡以及勘探开发利用。除了海外和石油两个基本属性，海外石油投资环境系统还有系统性、复杂性、动态性、区域性四个基本特征。

2）海外石油投资环境研究是国际投资理论的研究分支，核心思想及研究目标是全球范围内石油资源的"优化配置"，立体体系可表述为"四层塔形"理论架构，即第1层以全球石油资源的"优化配置"为研究目标，第2层以区域经济学、能源经济学、国际直接投资理论为理论支撑，第3层以系统经济学、复杂性理论、工程经济学、石油储量评估技术等相关学科为方法论，第4层是应用当代信息科学技术、系统优化、灰色预测、物元分析、期权评估以及风险博弈等技术手段。

3）从系统建模研究看，海外石油投资环境研究理论可分为"人–机–交互"组合架构，包括人智、机智和人机交互3个系统模块，其中：①人智模块包括资源经济、能源经济、国际直接投资理论、系统经济、复杂性等理论；②机智模块包括"系统解剖"、"要素识别"和"系统维护"，系统解剖包括系统经济学、复杂性理论、能源经济学、物元分析、系统优化等，要素识别包括冷热国法、等级尺度、道氏公司评估、人工神经网络、数据包络等，系统维护包括时间序列分析、实物期权评估；③人机交互是应用资源评价和工程经济学方法对资源规模和经济价值评估。

第3章 海外石油投资环境系统分析方法和模型

尽管国内外有关海外石油投资环境评价方法和模型构建方面的文献不是很多，但也有诸多专家学者从不同角度对海外石油投资环境进行过系统分析和研究归纳。作者也曾就海外石油投资环境的研究方法和评价工作流程进行过初步研究，但这些研究工作都没有从系统科学的角度进行深入的理论解析和方法论研究。

基于此，本章将从国家战略、金融企业以及石油企业生产等不同的研究视角出发，介绍海外石油投资环境系统分析所必需的评价指标体系及其相应的工作流程。在此基础上，阐述海外石油投资环境评价系统研究方法体系和模型，主要包括定性分析、要素识别、系统解剖及价值评估等。

3.1 海外石油投资业务分类及评价指标体系

3.1.1 海外石油投资业务分类及系统分析特色

近年来，国内在海外的石油投资不仅包括传统石油企业，还有越来越多的金融银行、投资公司以及诸多非传统石油企业开始涉足海外石油投资，投资方式更加多元，投资规模也呈现快速发展态势。为后续章节阐述方便起见，本书把国内有关部门在海外开展的石油投资划分为三个类别，即国内石油企业生产类投资、金融企业盈利性投资及国家能源战略类投资。针对上述三类海外石油投资类别，其主要研究特色及研究重点如下。

(1) 国内石油企业生产类投资

国内石油企业生产类投资包括海外石油勘探开发投资、工程技术服务及租让服务等[1]，其中海外石油勘探开发投资属于石油企业类产业链在海外的自然延

---

① 近年来，伴随国家"一带一路"及"全球治理"战略的有效实施，国内石油企业的海外投资在石油勘探开发、产能建设以及工程服务基础上，有向集输储运、石油化工甚至工业园区建设等全产业链发展的投资态势。

伸，且一般具有长周期性特色，其投资环境评价工作流程相对比较侧重资源可靠性、技术可行性、生产稳定性及企业盈利性等几个方面。

海外石油勘探开发投资对资源国的政治形势、经济发展及合作政策变化特别敏感，因此海外石油投资环境评价更加强调其方法的科学性和数据的可靠性，而海外石油工程技术服务投资和租让服务模式一般是单纯工程服务，其投资目标和赢利方式与金融类企业赢利投资评价类似。

（2）金融企业盈利性投资

金融企业盈利性投资一般以国内金融银行、投资公司以及相关非传统石油企业为主，其投资目标是获得投资利润，以资金回报或利润油的方式体现，投资方式包括海外石油贸易、"贷款换石油"等。海外石油贸易和"贷款换石油"一般周期较短，特别重视其投资本身稳定回收和投资风险规避，其投资环境评价工作流程、评价指标体系以及评价方法要求相对比较简单，但对关键数据具有较高的要求。

（3）国家能源战略类投资

国家能源战略类投资一般与国家外交中长期战略、宏观经济发展、战略层面的能源供需等密切关联，投资目标强调国家长远利益，投资范围一般强调全产业链和多元化集成，投资方式一般以上述两种投资方式的综合体为主。

近年来，有不少海外石油投资是基于国家能源战略和国家外交布局而开展的，这类石油投资大多从国家利益考虑，其评价指标体系和工作流程一般牵扯多部门、多角度，研究方法体系更加强调复杂系统特色。这三种类别的海外石油业务，在国家不同发展时期和战略目标情景下，因为所面临的投资对象、业务领域、考虑角度的不同，其海外石油投资环境评价指标体系、评价工作流程以及研究方法体系有较大的不同。

关于海外石油投资环境系统评价的评价指标体系，也许很多人认为这不是一个非常困难的学术问题，而大多海外石油投资者以及该领域研究工作者似乎也都有一套自己的综合评价工作"套路"和方法体系，但细究起来，这些工作"套路"又好像都缺乏一定的"针对性"和"系统性"。基于以上不同情况，作者认为无论是面对海外石油投资环境复杂研究对象，还是石油企业生产者实际工作内容，都有必要在系统评价和项目实施过程中必须形成一个完整科学的工作流程和相对"合身"的评价指标体系[①]，以供中国企业海外石油投资环境评价、投资战

---

① 针对不同研究视角和工作目标，对海外石油投资环境系统评价还没有形成一种规范的工作流程和指标体系，这也仅是作者自身的认知。

略决策的规范化管理做一参考。

3.1.2　系统评价指标体系构建

针对海外石油投资环境评价指标体系的研究，国内外涉及海外石油投资的投资者和研究工作者应该都有研究和各自评判指标。就国外来看，很多发达国家、跨国石油公司和国际组织以及知名研究机构早在多年前就构建了全球性资源开发利用数据库和决策系统，其海外石油投资评价指标自然是其最基础的工作之一，如国际能源署、标准普尔公司、高盛银行以及美国 IHS 公司等著名咨询和投资公司从石油资产管理和投资角度，埃克森美孚公司、BP 以及荷兰皇家壳牌集团等跨国石油公司从油气勘探开发投资以及风险管理系统角度分别构建了全球油气投资评价和风险管理评价指标体系，基于相关资料是其核心知识产权和商业机密角度考虑，一般不会与别的公司和国家共享。从国内来看，国土资源部、国家能源局、国家开发银行、国内四大石油企业①以及其他介入海外石油投资的企业（含部分民营企业和非传统石油企业）等都从不同角度展开了全球不同区域的石油投资环境理论研究和实践探索。

基于本节前述认知以及国内实际研究情况，针对海外石油投资的研究视角和研究目标略有差异，这些研究工作构建海外石油投资环境评价指标体系有些大同小异，大致也分为国家类指标评价体系（以国家能源局、国土资源部的评价指标体系为主）、金融类指标评价体系（以国家开发银行、国家投资公司以及中信银行等金融投融资企业为主）、企业类指标评价体系（以国内四大石油企业及相关生产类企业为主）。下面对上述三类评价指标体系及相关工作进行简单介绍，尤其是企业类评价指标体系②。

1. 国家类评价指标体系

2005 年，国家能源局组织中国石油经济技术研究院等相关单位开展了"全球石油投资环境"资料调研和系统研究工作，进一步编写了《全球石油天然气投资环境》（上册、中册、下册）研究成果报告，2013 年又以公开招标的

---

① 国内开展海外石油投资环境研究石油企业，除了中国石油天然气集团公司、中国石油化工集团公司、中国海洋石油总公司这三大石油企业（俗称"三桶油"）以外，还包括中化石油勘探开发有限公司，另外陕西延长（集团）有限责任公司、中国保利集团公司、振华石油控股有限公司以及其他中小企业也有海外石油投资，但没有看到海外石油投资环境方面的系统研究工作。

② 本书提及的三类评价指标体系，即国家类评价指标体系、金融类评价指标体系、企业类评价指标体系，是作者根据自己的研究工作认知而阐述的，其构建的具体评价指标及计算方法也是依据作者承担的相关研究课题内容，不一定具有权威性，仅供广大读者及相关领域专家学者参考。

方式开展了《"十三五"全球能源战略及规划布局研究》工作。近年来，国土资源部又组织了多轮次海外石油投资环境研究工作，比较具有代表性的研究工作有《全球油气地质综合研究与区域优选》（油气战略研究中心，2008 ~ 2011）、《2020 ~ 2030 年中国油气资源供应保障程度论证》（中国地质科学研究院，2013 ~ 2015）等[①]。

上述研究工作分别从国家能源战略和海外石油产业投资导向的角度，构建了几类海外石油投资环境评价指标体系，这几类评价指标体系特别强调国家能源战略和投资导向（简称国家类评价指标体系），包括石油资源基础和潜力、社会政治环境、投资政策环境、投资经济环境以及对外合作情况 5 个子类，这 5 个子类评价指标特征和二级指标含义如下。

1) 石油资源基础和潜力是石油产业发展的基础和保证，通过评价资源国油气资源状况及潜力来认知该国投资环境的"好与坏"，以确定该地区是否有继续评价的必要，主要评价指标包括石油的探明储量、产量和储产比等[②]。

2) 社会政治环境主要包括来自于石油资源国的政治制度、政府效率及其社会稳定性等，选取石油资源国家或地区政治制度类型、发生战争的可能性、国内动乱和暴力频率、制度稳定性、种族分裂主义状况、环境激进主义状况、能源国有化程度、能源供应稳定性、居民宗教信仰及政府工作效率等指标。

3) 投资政策环境主要指石油资源国家或者地区对投资起到影响作用的政治经济政策状况，主要包括被投资石油国家或地区的法律法规完善程度、产业经济政策、环境保护政策等几个方面。

4) 投资经济环境主要选取对石油资源国的经济发展体系先进性、法律政策架构有利性、对外合作政策稳定性、限制利润返回国内程度、合同更改难易程度以及生产环境安全型等相关指标。

5) 对外合作情况基于本研究工作的出发点，对外合作情况尤其是对华关系友好程度，同时兼顾石油资源所在国家的国内政策这两个方面进行综合考虑，根据调查取得的情况，进行各个项目的评分确认。

2. 金融类评价指标体系

金融类评价指标体系一般是指国内外金融机构以及国内外证券交易公司为评估跨国石油公司海外石油投资项目投融资风险和金融安全而构建的海外石油投资

---

① 中国石油勘探探开发研究院组织承担的国家"十二五"科技重大专项《全球油气资源评价与利用技术》也有部分相关研究工作。

② 探明储量反映了该地区石油资源潜力，产量反映了该地区的开采技术能力和开采难度，储产比反映了未来石油的开采潜力和投资前景。

环境评价和监控指标体系。这类评价指标体系一般特别强调资源的可靠性、生产的稳定性及财务金融的安全性等方面，一般不特别强调过于宏观的经济层面要素和实际工程技术的指标。近20多年来，国际上美国标准普尔公司、穆迪投资者服务公司以及英国《欧洲货币》杂志等比较知名的评价机构已有很权威的评价指标体系。在此仅系统介绍作者在承担国家开发银行《全球石油天然气资源规划》（2008~2010）研究课题中构建的指标体系①。

基于国内金融企业自身独有的"斤斤计较"经营特色，金融类评价指标体系比较严谨且特别强调精细化，其一级指标体系一般包括资源基础和潜力、国家政治制度、法律法规体系、外贸经济政策以及合作经营模式5个子类，每个子类又包括若干二级指标组成，这5个子类评价指标特征和二级指标含义如下。

1）资源基础和潜力也是金融类评价指标体系重点强调的指标，其二级指标与国家指标体系基本类似，在此不再重复。

2）国家政治制度主要强调国家政体类别、政府绩效、政治稳定性等，其中政体类别比较简单，政府绩效一般用政府工作效率、廉洁指数来表达，政治稳定性通过国体稳定性、政权稳定性以及战争可能性等来判别。

3）法律法规体系主要强调油气资源国的法律制度的完善程度以及对外来资金保障体系是否完整和健全。油气作为特殊生产行业，需要对油气资源勘探、开发利用以及运输储运等全产业链法律条文进行梳理和评述。

4）外贸经济政策主要包括当事国与石油投资环境相关的经济贸易、外汇政策、税收体系以及对外合作政策对外来石油投资的影响程度和赢利指数，特别强调金融制度、外汇政策以及金融诚信等。

5）金融企业参与海外石油投资一般与跨国石油企业合作经营，以投资和融资为切入，特别强调合作经营项目资金安全性、财务安全性等，一般金融类项目指标对海外石油的风险勘探、长期勘探开发投资项目比较慎重。具体到合作经营指标的二级指标不同企业有不同的二级判别指标，在此不再具体详述。

3. 企业类评价指标体系

多年来，我们参与最多的就是国内企业海外石油勘探开发类项目的投资环境评价，本书阐述的海外石油投资环境理论架构、方法模型以及实证分析也是以企业海外石油勘探开发投资环境系统评价为主，当然也包括企业类投资指标在后续

---

① 据作者所知，国内涉足海外石油产业的金融机构、投资公司还没有针对海外石油投资环境比较系统的监测和评价指标体系。

模型构建的具体应用，因此企业类投资指标将在本部分做重点阐述①。

企业类海外石油投资环境评价指标体系比较强调资源国的资源潜力、勘探开发、工程技术以及合作方式等方面，因此企业类海外石油投资环境评价的指标体系主要考虑石油资源所在国投资环境的基本构成要素，包括石油资源和潜力、具体作业、技术与基础设施、宏观环境以及油气政策 5 类评价指标，每一类评价指标又由一系列子类评价指标构成，这 5 个子类评价指标特征和二级指标含义如下。

(1) 石油资源和潜力

石油资源和潜力是石油产业发展的基础和保证。本书评价一个国家或地区的石油资源潜力主要是针对石油资源所在国家的石油资源类型、资源潜力以及资源丰度进行评价。目前研究比较常用的指标包括石油的探明储量、产量和储产比等基本参数，其中探明储量反映了该地区石油的资源潜力，产量反映了该地区石油的开采技术能力和开采难度，储产比反映了未来石油的开采潜力和投资前景。

(2) 具体作业

具体作业条件包括投资勘探开发油田的实际地理位置、地质条件、地形地貌条件，其中地理位置主要影响开发运输成本，其主要评分依据是距离"下游"炼厂、原油输送货港口的远近等，地质条件主要包括地下资源状况，包括实际埋深、油藏类型以及储层物性参数等，地形地貌条件主要包括地面勘探开发条件等。

(3) 技术与基础设施

技术与基础设施条件主要包括技术的经济适用性和基础设施条件，其中技术经济适用性主要指当前技术经济条件下能否有效开发油田，而基础设施是勘探开发生产过程中的交通运输、油气管网输送条件等。

(4) 宏观环境

宏观环境条件涵盖面比较广泛，主要指油气资源国的政治环境、经济环境、人文社会文化以及对华外交关系等诸多方面的"软环境"要素，其中：

----

① 企业类评价指标主要参考中国石油天然气集团公司咨询中心承担的"全球石油天然气资源规划"、"全球油气地质综合研究与区域优选"等系列研究课题成果，所构建的企业海外石油环境评价指标体系（即企业类评价指标体系）也仅代表作者自己的观点，因此不敢妄论其能代表国内四大石油企业海外石油投资环境评价的指标体系，特此说明。

1）政治环境，主要考查油气资源国的政局稳定性和外部政治势力干预程度等，而政局稳定性包括政治清明度、政府绩效指数、法律法规健全程度，外部势力干预程度包括政权稳定、治安状况以及外部冲突指数等。

2）经济环境，主要考查油气资源国的经济发展模式、产业经济结构以及对石油产业的依赖程度等，主要包括油气资源国的经济发展模式、部门产业结构、GDP、经济增长率、市场化开放程度等。

3）人文社会文化，主要考查油气资源国的语言文化、宗教信仰以及受教育水平等，主要包括劳动力受教育程度、劳动力成本以及宗教文化习俗等，这方面指标主要通过统计数据进行分析。

4）对华外交关系，主要强调对华外交关系和经贸关系的长期性和稳定性，对华经贸关系主要考虑双边经贸结构、经贸额以及贸易顺逆差指标等。

（5）油气政策

油气政策主要包括油气法律法规的完善程度、对外合作的合同类型及相应条款、税种及税负等，其中对外合作的合同类型包括租让合同、产品分成合同、技术服务合同以及回购合同等，税种及税负包括所得税、增值税、财产税、资源开发税、出口收益税、出口关税、超额利润税等相关税额。

3.1.3　系统评价要素指标权重及赋值

根据前述的三类海外石油投资环境系统分析指标体系，本部分仅以企业类指标评价体系为例，给出其相应的指标分类以及权重参考标准，其中石油资源和潜力（包括资源类型、资源潜力和资源丰度），具体作业（包括实际地理位置、地质条件、地形地貌条件等），技术与基础设施、宏观环境（政治环境、经济环境、人文社会文化和对华外交关系）、油气政策（包括油气法律法规的完善程度、对外合作的合同类型及相应条款、税种及税负），各项指标权重标准见表3-1。

需特别强调的是，在可持续发展已成为全球经济发展主轴的时代背景下，尤其伴随中国企业"走出去"和"一带一路"国家发展战略的深入实施，中国海外石油投资类别和投资方式以及主要目标也应该与时俱进，即摆脱以获得海外资源国的石油资源为唯一目标的合作模式，而应以实现当地石油资源产业的可持续发展为己任，这也是中国作为世界经济大国应尽的国际责任，因此在研究海外石油投资环境时，尤其要重视评价体系和模型的构建。本书第2章也已系统阐述海外石油投资环境的研究目标是探索石油这个高度稀缺自然资源的优化配置问题，从而实现"当事方"可持续发展和国民福利提高的"双赢"甚至"多赢"发展目标。

表3-1　油气资源国投资环境评价要素及评分标准

要素	详细要素等级指标范围或指标	分级赋分标准				
		好>85	较好(70,85]	中[50,70]	较差(50,35]	差<35
油气资源和潜力	资源类型	重油	致密油,致密气	油砂,页岩气,	煤层气	油页岩
	资源潜力(亿t/万亿m³)	>100/>10	(50,100]/(5,10]	(10,50]/(1,5]	[1,10]/[0.1,1]	<1/<0.1
	资源丰度(万t/km²)	>50	(30,50]	(20,30]	(10,20]	<10
具体作业条件	实际地理位置(距离炼厂货交易港口km)	<100	[100,300]	[300,500]	[500,1000]	>1000
	地质条件(埋深m)	<1000	[1000,1500]	[1500,2000]	[2000,3000]	>3000
	地形地貌条件	平原	盆地	平缓高原	戈壁,沙漠	山地,海洋
技术与基础设施	技术的经济适用性	经济适用	较经济适用	一般水平	较差	落后
	基础设施条件(油气管网,交通)	完善	比较完善	一般水平	不完善	落后
宏观环境	政治环境　政局稳定性(政权,治安,冲突)	稳定	较稳定	相对稳定	不稳定	时常冲突
	政治势力的干预	较弱	比较弱	有一定的干预	干预程度高	时常干预
	经济环境　经济总量(亿美元)	>50000	(10000,50000]	(5000,10000]	(1000,5000]	<1000
	GDP	>7%	(5%,7%]	(3%,5%]	[1%,3%]	<1%
	市场化程度	开放成熟	比较开放成熟	一般成熟	不成熟	市场化落后
	人文社会文化　劳动力受教育程度	高	比较高	一般	程度较低	教育落后
	劳动力成本	高	比较高	一般	较低	低层
	宗教习俗	有利	比较有利	一般	不太有利	不利
	对华外交关系	友好	比较友好	一般	不太友好	没有外交关系

续表

要素	详细要素等级指标		分级赋分标准				
			好>85	较好(70,85]	中[50,70]	较差(50,35]	差<35
油气政策	范围或完善程度	油气法律法规的完善程度	很完善	比较完善	一般	不太完善	不完善
		对外合作的合同类型及相应条款	租让	租让,分成	分成	技术服务	回购
	税种及税负	所得税(%)	<20	[20,30)	[30,40)	[40,50]	>50
		增值税(%)	<15	[15,25)	[25,35)	[35,45]	>45
		财产税(%)	<20	[20,30)	[30,40)	[40,50]	>50
		资源开发税(%)	<10	[10,15)	[15,20)	[20,30]	>30
		出口收益税(%)	<1	[1,5)	[5,10)	[10,15]	>15
		出口关税(%)	<10	[10,15)	[15,20)	[20,30]	>30
		超额利润税(%)	<20	[20,30)	[30,40)	[40,50]	>50

基于此，从国家、金融、企业任何角度构建海外石油投资环境评价指标体系时，必须把资源综合利用、生态环境保护、节能减排等可持续发展指标考虑其中，这是海外石油产业投资环境评价的薄弱理论环节。

3.2 海外石油投资环境系统评价方法体系及工作流程

3.2.1 系统评价方法体系

多年来，针对海外石油目标区（或区域目标群）进行投资环境综合评价一直是国土资源部、国家能源局等有关政府部门，尤其是国内四大石油企业开展"走出去"战略布局和投资规划而必须完成的重要工作任务。但在其研究过程中，所采用研究方法大多是比较简单的定性判断，而且一般以加权评分法判断为主，至于海外石油投资环境本身所蕴含的理论基础和方法体系一般很少进行探究，更鲜有专家学者在现有的投资环境综合评价理论和方法体系基础上进行创新。

基于多年的研究及认知，作者认为有必要对海外石油投资环境系统研究的方法体系进行梳理（穆献中和李凯，2015），并大致将海外石油投资环境评价方法划分为定性分析方法、定量分析方法以及其他方法，其中定量分析方法进一步划分为要素分析方法、结构分析方法、系统分析方法以及价值评估方法四类，其他方法主要是指没有明晰分类以及有待进一步深入研究的前沿性方法，主要包括地理信息系统（GIS）分析技术、人工神经网络模型、粗糙集分析方法以及组合评价方法等（图 3-1）。

需要说明的是，本书所谓的定性分析方法与一般常规定性分析方法的含义有很大的不同，这里特指联合国、世界银行、国际能源署等国际组织以及国内部分企事业单位公开发布且冠以"海外石油投资环境"定性研究工作的总称。

相较于本书界定的定性分析方法，定量分析方法相对复杂多样而且比较系统规范，这是因为在海外石油投资环境评价的过程中，不同研究视角、不同的侧重点、不同的评价目标所蕴含的基础理论和学科体系有很大不同，由此延伸出的系统分析方法和数学模型构建也会有很大差异，由此可从中梳理出很多的研究模型及其进一步改进的空间。

3.2.2 系统评价方法选择和模型构建

近年来，国内四大石油企业以及相关领域专家学者都对海外石油投资环境进

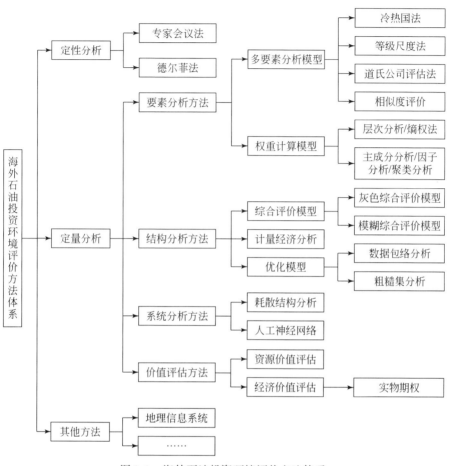

图 3-1　海外石油投资环境评价方法体系

行过系统的研究和投资项目的优化排序，但所采用的评价体系和研究方法不尽相同[1]。据初步文献检索，目前主流的海外石油投资环境评价方法大约有 9 种，即财务净现值法（FNPV）、计量经济分析法、层次分析法（AHP）、熵权法、实物期权法、人工神经网络法、模糊综合评价法、灰色系统预测法以及组合评价法等。

　　针对上述研究方法，对其基本原理和适用特征说明如下。

---

　　① 目前，国内部分石油企业开展海外投资石油环境综合评价思路是以多因素评价为基本框架，选取合适的指标处理方法和权重计算方法进行加权求和，最后根据计算结果进行排序，并进行综合评价。这类研究方法体系比较简单，但基本也能满足海外石油投资环境评价的需求。

1）财务净现值法是财务评价学科最基本的方法，其基本原理是通过投资所产生的未来现金流折现与项目投资成本之间的差值来评估投资收益的方法，也是最传统的方法，几乎所有的评价方法中都或多或少地包含其思想。

2）计量经济分析法是现代经济学研究中最有效的方法之一，其基本原理是分析多因素变量对因变量影响程度，通过考察各种因素组合对因变量线性拟合下的显著性水平，确定显著相关的因素组合作为投资环境评价的指标。

3）层次分析法相对比较简单，其基本原理是利用矩阵的思想，根据专家通过因素间重要性的两两对比结果，逐步分层地将众多复杂因素综合起来，使复杂问题从定性分析向定量转化，实现权重的主观重要性和客观逻辑性的统一，具体应用时一般是结合其他方法，如聚类-AHP法、模糊-AHP法等。

4）熵权法则是运用信息论中对熵的定义，以信息量的多寡分配权重，认为信息量越大则不确定性越小则可信度越高，因此权重越大。

5）模糊综合评价法是根据模糊数学的"隶属度"理论把定性评价转化为定量评价的方法，具有结果清晰，系统性强的特点，能较好地解决某些投资环境"软要素"模糊的、难以量化的问题。

6）灰色系统预测法是以部分已知信息、部分未知信息的不确定性系统为研究对象，通过对已知信息的生成开发，提取有价值的信息，实现对系统运行行为、演化规律的正确描述和有效监控，对于海外石油投资这种缺乏历史数据和同类比较对象的情况具有较强的针对性。

7）实物期权法的概念主要来自于金融市场，通过将投资项目的购买权和购买执行权分离，充分考虑了环境的不确定性，大大地提高了投资的灵活性。

8）神经网络法是通过模拟神经元信息处理过程，建立一定的学习规则，构建相应的非线性数学模型，并不断进行修正，使输出结果与实际结果之间差距不断缩小，具有较好的自适应性和客观性。

综上研究，海外石油环境系统评价方法可细化为三个拓展门类，即技术经济方法、多因素评价法以及其他研究方法。其中技术经济方法属于纵向的评价方法，其研究思路是按照投资的流程对海外石油投资环境进行评价；多因素评价法属于横向的评价方法，其研究思路是按照海外石油投资环境的影响要素进行综合评价；而其他研究方法一般是涉及海外石油投资环境系统行为的智能算法等。

尽管海外石油投资环境系统评价方法多样，既可以定性分析，也可以定量分析，当然也可以将几种方法进行有效的结合，但评价方法的适用性和有效性却是一个比较困难和棘手的问题，需要根据具体情况和实际需求进行合理选择，一般采取定性与定量相结合的分析方法。但考虑海外石油投资环境本身具有系统性、区域差异性、动态性、复杂性的基本特征，其科学评价和有效把握是一个非常复杂的系统工程，尤其还受到外部复杂政治、经济、外交甚至战争等无法预测和量化因素的影响。

需要注意的是，海外石油投资环境的系统评价不是简单的局限于某一层面、某一理论、某一方法的一次性评价研究，而是贯穿整个海外石油投资过程中的一系列理论解析与系统评估，这不仅包括初始阶段的简单定性估量，还包含后续的系统结构认知、定量模型计算、投资过程风险测度以及系统反馈诊断等一系列研究。这其中不仅涉及系统层面、结构层面、要素层面的评价与分析，还包括行为层面、时间维度等多方面的研究，因此在每一环节不是固定地套用某一方法或沿袭传统的研究思路，而是需要依据海外石油投资的具体特性与目的灵活地进行方法选择。

依据第2章构建的"人-机-交互"理论架构，按照"系统解剖"、"要素识别"和"系统维护"三个评价模块原理，初步勾绘出一个海外石油投资环境系统评价方法体系和模型架构（图3-2）。本章后续内容将围绕这个方法体系和模型架构进行系统阐述，尤以我们应用过的研究方法体系和模型为主。

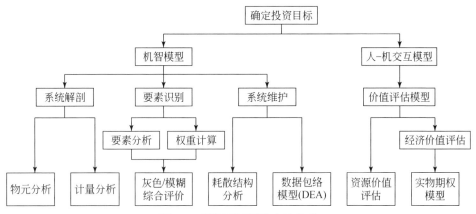

图 3-2　投资环境评价方法选择

3.2.3　系统分析工作流程

无论从学术研究或是国内涉外政府部门，抑或国内不同石油企业海外投资的具体工作的实践角度来看，在开展海外石油投资环境系统研究和综合评价之前，针对性"量身打造"其科学规范的工作流程是必要的，因为规范的工作流程是确定相应系统分析方法的基础，尽管这些程序性的工作流程往往不被重视。

从跨国石油公司及具体生产者的角度分析，海外石油投资环境本身也是海外石油勘探开发工程项目可行性分析的一个有机组成部分，其投资环境研究是指工程项目建设和勘探开发生产运营所必需的各项条件的综合，研究目标应该是技术经济可行性分析。因此海外石油投资环境就需要考虑涉及海外石油勘探开发和生产投资经营活动的全过程工作流程和评价指标体系，同时还有开发生产过程中诸多潜在要素变化和交错影响等，而其石油资源状况、法律法规、经济发展水平、对外合作政策以及具体合作模式等要素指标都是为投资估算、经济成本预测以及相关经济评价指标作准备的。作者在另外一部著作①中对其工作流程已有初步的阐述，在此不再重复。

海外石油投资环境本身是一个动态的复杂系统②，作者认为应在常规石油勘探开发工作实践基础上，依据系统工程工作原理构建海外石油投资环境系统分析工作流程，同时还应该充分考虑国家能源战略、金融盈利性投资以及国内石油企业生产类海外拓展等不同研究视角。基于以上工作认知，海外石油投资环境系统分析工作流程应该比跨国石油公司的工作流程更加具有学术规范性和系统科学性。

基于本书的理论架构和方法论体系，作者初步提出海外石油投资环境系统分析的"七步法"工作流程（图3-3）。

针对海外石油投资环境系统评价流程图，作者进行初步解析如下。

（1）分析基础资料，确定海外石油投资环境类型

根据海外石油投资对象与目的而搜集的基础资料，包括评价目标区现有的基础数据信息、已有项目类比资料、权威机构发布数据资料、已公开的内部文件以及实地考察报告等，其涉及的资料内容主要有石油及相关资源禀赋、经济状况、政治局势、政策体系、文化氛围等。上述数据资料信息的查询来源主要包括如下。

1）石油资源数据，主要包括海外石油投资的企业和实际投资者早期调研和实际工作数据信息，同时参考油气资源国自身已有的石油地质勘探或实际评价数据为主，相关领域研究工作者仍然无法获得足够的数据信息资料，亦可查阅相关公共信息资料，如美国IHS公司数据库、英国BP数据库以及全球油气信息库等。

2）动态跟踪资料，主要包括石油资源国家的经济发展、能源政策、经济政策和对外合作信息等，以资源国统计部门发布或提供的实际资料和数据为准，当然也可以参考联合国经发组织、世界银行等公开发布的数据。

---

① 具体参见穆献中．2010．中国油气产业全球化发展研究．北京：经济管理出版社。
② 该复杂系统既包括围绕投资主体（油气资源国）开展的与投资活动相关的各种条件（因素）的集合，也包括影响制约海外石油投资活动及其结果的一切外部条件的总和。

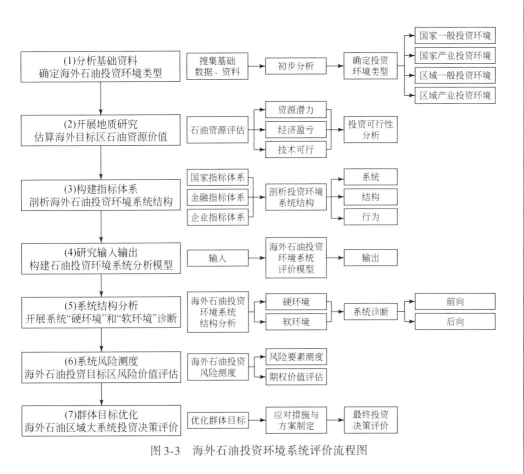

图 3-3 海外石油投资环境系统评价流程图

3）组织海外石油不同领域的业界专家进行座谈，交流文案资料，同时以各种专家会议和信息咨询为主要信息来源。

4）组织国内不同单位有意愿的员工去海外石油投资企事业单位进行实地考察，并对收集的石油数据资料和日常资料进行甄别。

5）当地有关研究部门，含第三方评估机构，已经取得的相关研究成果，主要参考国内外能源信息研究成果。

6）对于部分投资环境的基础信息资料，可以邀请不同领域的专家填写海外石油投资环境综合评价专家信息表，并进行初步的经验判断和打分。

通过对以上基础资料分析，对目标投资环境形成初步认识，按照投资目标、投资对象、投资规模确定海外石油投资环境的类型。具体的类型可以分为国家一般投资环境、国家产业投资环境、区域一般投资环境、区域产业投资环境。一般地，国家石油投资环境属于前两者，区域石油投资环境属于后两者。

（2）开展地质研究，估算海外目标区石油资源价值

"石油"是海外石油投资环境系统的最根本属性，对海外石油投资的根本取决于是否能开采出丰富的石油，因此针对海外石油评价目标区进行石油地质研究和资源价值评价是最核心工作之一。

1）海外目标区石油地质研究，与国内常规的石油地质研究没有什么本质不同，即根据区域地质、地球物理、钻采工程以及分析化验等相关数据资料，对海外石油投资目标区的"生烃、储层、盖层、运移、聚集、保存"6方面要素进行系统研究。然而，考虑海外石油目标区存在诸多"软环境"以及其他不可预知的外界因素影响，其石油地质研究的出发点应该是具体问题具体分析，而且精细化程度与国内同类目标区相比应该有较大折扣，在此不作过多阐述。

2）对海外石油投资目标区资源价值评价主要指对其新增探明储量或剩余经济可采储量进行估算，即运用石油资源价值评估技术，包括静态法和动态法两类，对海外石油投资目标区的资源价值以及"开发潜力"进行系统评估[①]。在此基础上，从石油资源价值以及储层地质特征，估算海外石油投资目标区的储量规模经济下限和最低技术可采储量规模，以判断海外石油投资的最低储量可行性。

（3）构建指标体系，剖析海外石油投资环境系统结构

在对评价对象和投资目标的设定基础上，需根据海外石油投资不同类别，构建相应的投资指标评价体系，进一步剖析其系统结构。需要说明的是，评价指标体系需与评价目标相一致，即以国家能源战略、企业投资金融和企业石油资源为投资目标，不同评价指标体系的构建详见本章3.1节的相关内容。

基于三个不同类别的评价目标，对海外石油投资环境的系统结构进行分解与剖析，以判断系统内部要素间关联特征的具体表现是否复杂，是否动态，是否存在反馈等。然后，根据评价指标体系所反映出的投资环境特性，确定海外石油投资环境的分析层面，对于整体性较强，系统行为和功能表现相对一致，系统结构与要素关联复杂的投资目标，可以从系统层面对其进行分析；对于结构相对稳定，要素关联简单，要素变化趋势比较容易预测的投资目标，可以从结构层面进行分析；对于个体独立性较强，局部特征较为明显，动态性和不确定性显著的投资目标，可以从行为层面对其分析。

---

① 至于海外石油目标区的资源价值评估方法选择和模型构建，在本书第2章2.4.3小节已有比较系统的阐述，在此不再过多赘述。

（4）研究输入输出，构建石油投资环境系统分析模型

根据现有资料和已形成的基本认识，进行海外石油投资的模型分析与计算。基于海外石油投资环境评价系统数据模块的具体技术要求，梳理当前资料可以形成的模型输入数据，确定具体的数据输入内容，规范输入数据的基本形式，并对数据进行数据清洗、无量纲化等预处理。对于输出数据的处理，需要明确希望得到的数据类型，并根据具体的计算模型规范输出结果、输出形式与输出类型。

结合海外石油投资环境目标区的关键要素指标及其系统结构特性确定其系统分析模型，进一步构建对应的海外石油投资环境系统评价模型。对于海外石油投资环境的系统结构剖析可以选择物元分析技术和计量分析模型等；对于要素识别可以选择灰色/模糊综合评价等；对于系统维护可以选择耗散结构、数据包络分析等；对于价值评估可以选择资源价值评估、实物期权模型等。完成模型构建后需要对模型参数进行估计，然后进行最终的模型计算。对于具体模型的选择方法、方法分类、方法特性以及模型计算原理与步骤在本章后续小节中有详细的介绍。

（5）系统结构分析，开展系统"硬环境"和"软环境"诊断

对于投资环境的系统结构进行分析，根据投资环境的系统特性与要素属性将海外石油投资环境系统区分为"硬环境"与"软环境"，并对系统要素进行诊断。首先对模型计算结果进行解读，从系统层面、结构层面以及行为层面对海外石油投资环境进行剖析，将模型计算获得的数值结果结合其具体含义转化为具有实际意义的决策参考信息，从中挖掘出具有价值的隐含信息。系统分析获得的结果一般偏向于宏观层面，结构分析获得的结果偏向于微观层面，而行为分析偏向于获得含有发展趋势的动态信息。

基于海外石油投资环境系统的"硬"与"软"重要特性，也需要对当前海外石油投资环境系统结构和诸关键要素指标进行审慎诊断，判断其是否符合投资环境分析结果描述的特征。一般地，投资环境的系统诊断分为前向系统诊断与后向系统诊断，这两种诊断方式的区别在于前向诊断偏向于预防，而后向诊断偏向于治疗。在实际海外石油投资环境研究中，往往需要"防"与"治"结合。

（6）系统风险测度，海外石油投资目标区风险价值评估

对投资的系统风险进行测度，形成海外石油投资风险的定量评估，并对投资目标区风险的经济价值进行分析。对于海外石油投资过程中不确定性因素的干扰，尤其是不利的不确定因素（风险）需要重点分析。根据投资环境的前向系

统诊断结果，逼近警戒阈值的要素往往是主要的风险来源。对于风险的评估与测度目前主要有两种方式，一种是基于关键风险要素的测度模型，另一种是基于风险期权价值的评估模型。

基于风险期权价值的评估模型主要应用于海外石油投资风险经济价值的评估，根据海外石油投资流程分解，期权评估模型能够对每一步投资流程的期权经济价值进行测算，最终得到投资目标区的期权经济价值①。

（7）群体目标优化，海外石油区域大系统投资决策评价

为提高海外石油投资环境评价的精度与准确性，需要对之前工作流程取得的计算结果与分析结论进行优化。主要是运用线性/非线性规划、动态规划、多目标规划等优化技术对海外石油投资目标区的国家群体进行排序和优选。结合多目标规划和综合评价技术，对优化模型进行求解实现最终投资决策的利益最大化。

根据海外石油投资环境的评价与系统诊断结果结合海外石油投资过程中风险的价值评估，以海外石油投资的具体目标为依据，制定投资环境评价与风险投资决策。针对海外石油投资环境中的评价结果，优选投资目标国家，对于目标投资环境的不利因素，制定应对措施，甚至酌情放弃投资；针对海外石油投资过程中的风险，建立预警方案、规避备案，尽可能地减少不确定风险对投资造成的影响。

3.3　定性分析及要素识别方法体系

在国内有关单位针对海外石油投资的相关研究工作中，定性分析方法很多时候贯穿于投资环境、工程实践直至生产经营的"产业全生命周期"发展过程中，而非专门针对某一环节强调定性或定量研究。基于此，本节首先介绍海外石油投资研究的"定性分析"方法，然后系统阐述"人-机-交互"理论构架中"机智"理论部分的要素识别技术模块和系统分析方法体系，包括多要素分析模型、权重计算模型以及综合评价模型。

3.3.1　定性分析方法

伴随世界经济全球化发展步伐加快，世界银行、国际能源署、BP 等有关国际组织在其网站以及各种新闻媒介上定期发布世界主要国家和地区有关投资环境的数据信息，以这些基础性资料信息为依据作出初步的分析评价和投资建议。商

---

① 期权模型的理论方法及计算步骤参见本章 3.5.3 小节，另外在本书第 6 章 6.4 节中有关于期权模型计算非洲石油投资风险经济价值的具体案例介绍。

务部、外交部、国家能源局、国土资源部等相关政府部门也定期通过政府网站和其他信息渠道公布海外投资环境信息资料，并给国内相关石油产业部门或企业投资者提供海外投资的相关政策信息，这在某种程度上也是海外投资环境研究必不可少的研究方式。

至于海外石油投资环境实际研究工作，国家能源局、国土资源部、国家开发银行尤其是国内四大石油企业也有诸多相关的研究工作，比较有代表性的研究工作如《全球油气投资环境》（国家能源局，2005）、《全球油气地质综合研究与区域优选》（国土资源部，2010）、《全球油气资源规划》（国家开发银行，2010）、《世界主要地区油气投资环境》（中国石化石油勘探开发研究院，2008～2010）、《中国石油海外非常规油气合作战略研究》（2013～2016）等系列研究工作。在上述系列研究工作中，其共同特点是系统梳理了全球或世界主要油气国的油气资源数据资料、开发生产动态信息、国家政治法律制度、宏观经济形势历史及变化趋势、对华外交和经贸合作状况、对外油气合作政策动态、跨国石油公司介入信息以及具体合作方式等多系列重要数据信息和资料，可以说这是相关领域投资者和专家学者从事海外石油投资环境研究必备的数据信息库和参考依据。考虑到上述冠以"海外石油投资环境"披露数据信息以及研究工作本身的权威性和重要性，本书对这类工作的研究方法进行一个系统的归纳介绍，这里把其研究方法统一称为"定性研究"。

按照过去对定性研究方法的基本认知，主要是以普遍承认的公理、一套演绎逻辑和大量的历史事实为分析基础，从事物的矛盾性出发，描述、阐释所研究的事物进行经验判断，而将同质性在数量上的差异暂时略去。定性研究大多是采用参与观察、深度访谈、抽样调查而获得第一手数据资料，具体研究方法是参与观察、行动研究、历史研究法等，主要研究方式包括专家会议法和德尔菲法，其中德尔菲法是最常用的方法，特别强调匿名提问、多次反馈以及小组统计回答等。

然而，在当前信息科技尤其是大数据快速发展的今天，传统定性研究方法也早已经跳脱常规专家访谈、现场调研的方式了，所采用常规的定性方法也会牵扯到很多先进的信息科学技术手段和统计技术，甚至是定性分析方法与诸多现代信息技术、统计手段、数学模型等多类别定量分析方法的有效结合。

在此需要强调的是，采用定性方法研究海外石油投资环境有两个重要工作环节需要特别强调，一是与海外石油环境评价相关基础统计数据和信息资料的准确性、时效性和完整性；二是专家调查问卷的科学设计，这牵扯到具体待评价目标的实际特点、打分专家的专业偏好以及专家经验判断的正确性等。

（1）基础统计数据和信息资料

多年来，以定性方法开展海外石油投资环境评价大多以信息发布的方式为主，其收集和统计的数据及信息资料，既包含区域分布、储量品质、开发设计、自然地理、基础设施条件等方面的"硬环境"系统信息，也包含政治制度、经济水平、法律体系、外交政策以及合作模式等方面的"软环境"系统信息。目前，开展海外石油投资环境研究的基础数据和信息资料有多种渠道，至于采用何种方式获取资料信息不可统一而语①。

（2）专家调查问卷的科学设计

至于海外石油投资环境评价的专家调查问卷的科学设计，一般需要注意语言尽可能简单明确、通俗易懂、表述客观，内容尽量单一等，尤其要照顾到石油地质、开发生产、工程技术、政治经济等不同专业领域专家的专业架构和业务范围，避免使用过于专业化的术语，表3-2为石油投资环境专家打分表。

表3-2　石油投资环境专家打分表

要素	细要		评分
资源和潜力	资源类型		
	资源潜力		
	资源丰度		
具体作业	地理位置		
	地质、地形地貌条件		
技术与基础设施	技术的经济适用性		
	基础设施条件		
宏观环境	政治环境	政局稳定性	
		政治势力的干预	
	经济环境	GDP	
		市场化程度	
	人文社会文化	劳动力受教育程度	
		劳动力成本	
		宗教习俗	
	对华外交关系		

① 从研究工作的角度看，作者认为油气资源和开发生产动态数据资料以资源国和相关生产企业为主要信息渠道，另外 BP、IHS 等数据资料也可作重要参考，国家政治法律制度、宏观经济形势数据以及对外油气合作政策以联合国、世界银行以及当事国信息资料为主，对华外交关系走向和经贸合作状况以中国外交部和商务部发布数据为主，跨国石油公司介入信息和具体合作方式需要关注相关跨国石油公司网站和当事国发布信息，以上只是作者主观认知而已，仅供广大读者参考。

要素	细要	评分
油气政策	油气法律法规的完善程度	
	对外合作的合同类型及相应条款	
	税种及税负	

3.3.2　多要素分析模型

所谓要素评价模型是指在对某一事物进行评价时常会遇到这样一类问题，由于评价事物是由多方面的因素决定的，因而要对每一因素进行评价，在每一因素作出一个单独评语的基础上，考虑如何概括所有因素而作出一个综合性评语，这就是一个要素综合评价的问题。

在常见的学术文献中，针对投资环境问题常用要素评建模型有冷热国法、等级尺度法、道氏公司评估法、相似度评价法以及多因素综合评价等，这些常见的要素评价模型在国内外投资环境评价中发挥了很重要的作用[①]。

(1) 冷热国法

冷热国法包含政治稳定性、市场机会、经济发展和成就、地区与文化差距、法令阻碍、实质性阻碍、地理及文化差距7类宏观因素，其中每一类因素又包含若干个子因素。每一个因素由专家进行冷、热、温三种等级的判断，最后进行综合判断。在上述7种因素制约下，东道国投资环境越好（即越热），外国投资者越倾向于在该国投资。在这7种因素中，前4种程度高称为"热"环境，后3种程度高称为"冷"环境，中等程度称为中等环境。

(2) 等级尺度法

该方法的基本思路是围绕着东道国政府对外国直接投资者的限制和鼓励政策，确定提出影响投资环境的7个因素，即资本回收限制、外商股权比例、对外商的管制制度、货币稳定性、给予关税保护的意愿、当地资本可供程度、近5年通货膨胀率等。根据每个因素对整体投资环境的重要程度，确定评分区间。同时，根据每个因素的完备程度分为若干层次，在各因素的评分区间内，确定各层次的分值。根据受评国的情况，分别评出各因素的分值，然后进行加总，即可得

---

① 由于海外石油投资环境的研究本身特有的复杂性，很少单独采用要素综合评价方法，但可以在系统分析的基础上，进行有选择的要素综合评价。

出投资环境的总分。总分越高，投资环境越好。

（3）道氏公司评估法

该方法主要包括竞争风险和环境风险两类风险，每类风险包括40项因素，通过对各类风险因素打分的方式进行综合评价。该方法以国家为单位，关注投资者投资的可能获利情况和风险，各因素之间的联系，影响投资效果的机制几乎不考虑。

（4）相似度评价法

该方法的基本思想是参照世界上公认的投资环境好的地区，对比考察投资环境的不足。相似度评价法用10项参数建立投资环境评价的衡量指标，然后运用模糊数学计算待评价区域的环境对应参数与衡量标准的相似程度。运用的模糊数学的评价方法，引入了矩阵的表达方式，更加重视因素间的权重关系。用向量 $A = (a_1, a_2, a_3, \cdots, a_m)$ 作为权重向量，$R = (r_{ij})_{m*n}$ 作为评价矩阵，则模糊评价的决策模型为 $B = A * R$，其中"$*$"为算子，给予不同的算子，就得到不同的评价模型。常用的两种算子有加权平均和主因素突出算子，主因素突出算子常用在所统计的模糊矩阵中的数据相差悬殊的情形下。这种方法对于权重向量的确定，依然通过主观判断得到。

3.3.3 权重计算模型

所谓评价指标权重计算模型只是多目标决策模型的一个重要环节而已，其基本思想是将多目标决策的结果值进行量化处理，也就是应用一定的方法、技术、规则将各目标的实际价值或效用值转换为一个综合值。

作者认为指标权重计算模型可以分为三个研究方向或类别，主要包括引入数量统计方法和心理学理论，帮助专家进行指标权重的选择，具有代表性的是层次分析法和德尔菲法；从指标判别数据出发，利用信息熵的思想确定权重，包括熵权法、主成分分析法、因子分析法、聚类分析法；从作用机制研究出发，建立模型尽量模拟投资环境影响投资效果的过程，从而确定权重，包括多元回归分析法、人工神经网络法、准数分析法、数据包络方法，灰色关联度分析法等。

在海外石油投资环境系统评价时，较常用研究方法包括层次分析法、熵权法、主成分分析法、因子分析法、聚类分析法①。

---

① 在作者及其研究团队不同类别课题研究过程中，层次分析法、熵权法、主成分分析法、因子分析法、聚类分析法等是作者早期常用的系统研究方法。

(1) 层次分析法

层次分析法由美国匹兹堡大学教授萨蒂提出，利用矩阵的思想，帮助专家通过因素间的两两对比，逐步分层地将众多复杂因素综合起来，使复杂问题从定性分析向定量转化，实现权重的较为客观的确定。

层次分析法的步骤如下。

1) 构造层次分析结构，确定层次，各层的元素，建立立体的投资环境指标体系。

2) 利用 9/9 ~ 9/1 标度方法两两对比同一层次下的比较矩阵 A。

3) 判断矩阵的一致性由随机一致性比率 CR 衡量：

$$CR = \frac{CI}{RI}$$

$$CI = \frac{\lambda_{max} - n}{n - 1}$$

式中，λ_i 表示判断矩阵 A 的特征根；λ_{max} 为最大特征根，$n = \sum_{i=1}^{n} \lambda_i$；RI 为判断矩阵的平均随机一致性指标。

当 CR<0.1 时，即认为判断矩阵具有满意的一致性，否则需要调整判断矩阵。层次分析法是由传统的专家经验评估权重和指标值自然发展来的。虽然其客观性有所增强，但专家的间接经验主观性较大的弊病仍然无法克服。

(2) 熵权法

另外一种研究思路是，从选用评价指标数据的相关性出发，运用信息论中对熵的定义，以信息量的多寡分配权重。在信息论中，熵是对不确定性的一种度量。信息量越大，不确定性就越小，熵也就越小；信息量越小，不确定性越大，熵也越大。"小熵"分配予大权重，即是这类方法的核心思想。

熵权法最直接体现了这一研究思想，也在工程技术、社会经济等多因素综合评价中被广泛使用。熵值法的主要计算步骤包括：

1) 选取 n 个对象，m 个指标，则 x_{ij} 为第 i 个对象的第 j 个指标的数值。其中，$i = 1, 2, 3, \cdots, n$；$j = 1, 2, 3, \cdots, m$。

2) 指标的标准化处理：异质指标同质化。

由于各项指标的计量单位并不统一，因此在用它们计算综合指标前，我们先要对它们进行标准化处理，即把指标的绝对值转化为相对值，从而解决各项不同质指标值的同质化问题。而且，由于正向指标和负向指标数值代表的含义不同（正向指标数值越高越好，负向指标数值越低越好），因此，对于高、低指标我们选用不同的算法进行数据标准化处理。其具体处理方法如下。

正向指标：

$$x'_{ij} = \frac{x_{ij} - n^{-1} \sum\limits_{i=1}^{n} x_{ij}}{n^{-1} \left(x_{ij} - n^{-1} \sum\limits_{i=1}^{n} x_{ij} \right)^2}$$

负向指标：

$$x'_{ij} = \frac{n^{-1} \sum\limits_{i=1}^{n} x_{ij} - x_{ij}}{n^{-1} \left(x_{ij} - n^{-1} \sum\limits_{i=1}^{n} x_{ij} \right)^2}$$

则 x'_{ij} 为第 i 个对象的第 j 个指标的数值。其中，$i = 1, 2, 3, \cdots, n$；$j = 1, 2, 3, \cdots, m$。

3）计算第 j 项指标下第 i 个对象占该指标的比重：

$$P_{ij} = \frac{x_{ij}}{\sum\limits_{i=1}^{n} x_{ij}}$$

4）计算第 j 项指标的熵值。

$$e_j = -k \sum\limits_{i=1}^{n} p_{ij} \ln(p_{ij})$$

其中，$k > 0$，$k = \dfrac{1}{\ln(n)}$，$e_j \geqslant 0$

5）计算第 j 项指标的差异系数。对第 j 项指标，指标值的差异越大，对方案评价的左右就越大，熵值就越小，定义差异系数：

$$g_j = \frac{1 - e_j}{m - E_e}$$

其中，$E_e = \sum\limits_{j=1}^{m} e_j$，$0 \leqslant g_j \leqslant 1$，$\sum\limits_{j=1}^{m} g_j = 1$

6）求权值：

$$w_j = \frac{g_j}{\sum\limits_{j=1}^{m} g_j} (1 \leqslant j \leqslant m)$$

7）计算各对象的综合得分：

$$s_i = \sum\limits_{j=1}^{m} w_j \times p_{ij} (i = 1, 2, \cdots, n)$$

熵权法计算步骤较为简单，是一种客观制定权重的方法。

（3）主成分分析法、因子分析法及聚类分析法

主成分分析法原理是通过投影的方法，实现数据的降维，在损失较少数据信息（信息负熵）的基础上把多个指标转化为几个有代表意义的综合指标。

主成分分析的基本步骤包括：

1）构架实际评价指标体系，获得样本数据的矩阵。

2）计算样本数据矩阵的协方差矩阵 S 或相关矩阵 R（在样本数据标准化的情况下，协方差矩阵和相关矩阵相同）：

$$S = (s_{ij})_{p \times p}$$

$$s_{ij} = \frac{1}{n-1} \sum_{k=1}^{n} (x_k - \bar{x}_i)(x_k - \bar{x}_i)$$

3）求出协方差矩阵 S 的特征值和相应的正交化的单位特征向量，由于 S 为正定矩阵，所以其特征根都是非负的实数。$\lambda_1 \geq \lambda_2 \geq \cdots \geq \lambda_p > 0$，且 $a_i = (a_{1i}, a_{2i}, \cdots, a_{pi})^T$，则 X 的第 i 个主成分为 $F_i = a_i X$，$i = 1, 2, 3, \cdots, p$。

4）在已确定的全部 p 个主成分中合理选择 r 个实现最终的评价分析。一般用方差贡献率 $\alpha_i = \lambda_i / \sum_{i=1}^{p} \lambda_i$ 解释主成分 F_i 所反映的信息量的大小，将各主成分的贡献率由大到小排列，选取累计贡献率达到85%以上的 r 个指标。

5）计算选取的 r 个指标，考察拼赋予其实际意义。根据新的指标值对各投资环境评价对象进行排序。

因子分析的方法的思路延续了主成分分析方法降维保信息量的思路，更侧重于解释被观测变量之间的相关关系或协方差之间的结构。用几个潜在的但不能观察的互不相关的随机变量去描述多因素的系统。

聚类分析方法往往作为主成分分析或因子分析额补充方法出现，如果第一主成分 F_1 的方差贡献率不够高，即第一主成分表达的原始数据信息不够大，仅按第一主成分得分将对象排序评价，会有片面性。这时候可以将主成分分析与聚类分析这两种统计方法结合起来，采用"主成分–聚类分析法"。在主成分分析完成后，取 r 个主成分对评价对象按照亲疏程度进行分类，再在各类别中按照第一主成分进行排序。

3.3.4　综合评价模型

综合评价模型是基于要素分析和权重计算的综合计算模型，在投资环境的综合评价过程中，对各要素的细节信息的要求并不高，而对投资环境宏观水平的要求较高。因此，可以通过梳理各要素间重要程度的关系，将要素分析与综合分析

联系起来，实现投资环境总体水平的宏观反映。在综合评价计算过程中，各方法的差异一般体现在数据处理及权重计算的方法选择上，但基本思想都是一致的。

1. 灰色综合评价

灰色综合评价是基于灰色系统理论对信息匮乏系统进行综合评价的方法，该方法能够运用已知信息推断未知信息，完成对系统的综合评价（Chang and Lin，1999）。

灰色综合评价的建模思路及方法步骤（Lin et al.，2007）如下。

（1）无量纲化

不同指标由于存在不同量纲和不同数量级，因此需要对数据进行无量纲化。无量纲化的方法有多种，如极差变换法、标准化处理法、归一化处理法、向量规范法等，使用过程中根据需求选择。

（2）计算灰色关联度

计算灰色关联度的方法有多种，常用的包括邓氏关联度、绝对关联度、T型关联度等（钟晓芳和刘思峰，2009；Lu et al.，2007）。

a. 邓氏关联度

对于序列 $X_0 = \{x_{01}, x_{02}, \cdots, x_{0n}\}$ 和 $X_i = \{x_{i1}, x_{i2}, \cdots, x_{in}\}$，$x_{0k}$ 和 x_{ik} 分别表示序列 X_0 和 X_i 第 k 年的值，则有 X_0 与 X_i 的灰色关联度 r_{oi}：

$$r_{oi} = \frac{1}{n} \sum_{k=1}^{n} \theta_{0i}(k)$$

其中，

$$\theta_{0i}(k) = \frac{\min_i \min_k |x_{0k} - x_{ik}| + \rho \max_i \max_k |x_{0k} - x_{ik}|}{|x_{0k} - x_{ik}| + \rho \max_i \max_k |x_{0k} - x_{ik}|}, \quad \rho \in [0, 1]$$

b. 绝对关联度

对序列 $X_0 = \{x_{01}, x_{02}, \cdots, x_{0n}\}$ 和 $X_i = \{x_{i1}, x_{i2}, \cdots, x_{in}\}$，经初值化有 $Y_0 = \{y_{01}, y_{02}, \cdots, y_{0n}\}$ 和 $Y_i = \{y_{i1}, y_{i2}, \cdots, y_{in}\}$，其中

$$y_{ok} = \frac{x_{0k}}{x_{01}}, \quad k \in \{1, 2, \cdots, n\}$$

$$y_{ik} = \frac{x_{ik}}{x_{i1}}, \quad k \in \{1, 2, \cdots, n\}$$

则

$$r(X_0, X_i) = \frac{1}{n-1} \sum_{k=1}^{n-1} \frac{1}{1 + |a^{(1)}[y_{0(k+1)}] - a^{(1)}[y_{i(k+1)}]|}$$

其中，$a^{(1)}(y_{0(k+1)}) = y_{0(k+1)} - y_{0(k)}$，$a^{(1)}[y_{i(k+1)}] = y_{i(k+1)} - y_{i(k)}$

　　c. T 型关联度

$$\varphi(k) = \begin{cases} \mathrm{sgn}[\Delta y_1(k) \times \Delta y_2(k)] \times \dfrac{\min[|\Delta y_1(k)|, |\Delta| y_2(k)|]}{\max(|\Delta y_1(k)|, |\Delta| y_2(k)|)}, & \Delta y_1(k) \times \Delta y_2(k) \neq 0 \\ 0, & \Delta y_1(k) \times \Delta y_2(k) = 0 \end{cases}$$

$$r(X_0, X_i) = \frac{1}{n-1} \sum_{k=1}^{n-1} \varphi(k)$$

其中，

$$\Delta y_p(k) = y_{k+1} - y_k = \frac{x_{k+1} - x_k}{D_p}$$

$$D_p = \frac{\sum_{k=1}^{n-1} |x_p(k+1) - x_p(k)|}{n-1}, \quad (p = 1, 2; k = 1, 2, \cdots, n-a)$$

（3）计算综合评价结果

综合评价结果计算方法（刘思峰等，2000；Wu，2014）为

$$R = E \times W$$

式中，$R = [r_1, r_2, \cdots, r_m]^T$ 为 m 个被评对象的综合评判结果向量；$W = [w_1, w_2, \cdots, w_n]^T$ 为 n 个评价指标的权重分配向量 $\sum_{j=1}^{n} w_j = 1$，；E 为各项指标的评判矩阵：

$$E = \begin{bmatrix} \xi_1(1) & \xi_1(2) & \cdots & \xi_1(n) \\ \xi_2(1) & \xi_2(2) & \cdots & \xi_2(n) \\ \vdots & \vdots & & \vdots \\ \xi_m(1) & \xi_m(2) & \cdots & \xi_m(n) \end{bmatrix}$$

$\xi_i(k)$ 为第 i 种方案的第 k 个指标与第 k 个最优指标的关联系数。

根据计算结果，对 R 的数值进行排序。

灰色综合评价对基础数据的要求不高，不需要大量样本，计算简单，但精确度不高，一般用于对系统的趋势判断。

2. 模糊综合评价

模糊综合评价适用于对评价指标难以明确表述的情况，如石油投资环境中社会人文等方面要素评价的"差"、"一般"、"好"等。其基本思想是用隶属程度来刻画要素的模糊程度，通过构建要素的模糊判断矩阵，将原本难以表述的要素

量化为隶属向量，最终获得评价结果。

模糊综合评价建模思路及方法步骤如下。

（1）确定指标集和评判集

根据评价目标，构建指标体系，有指标集 U：

$$U = \{u_1, u_2, \cdots, u_m\}$$

构建评判集 V，表明对指标的评价，如 ｛"差"、"一般"、"好"｝ 等：

$$V = \{v_1, v_2, \cdots, v_n\}$$

（2）根据评价目标要素对评判集要素的隶属程度进行判断得到隶属度向量 $r_i = (r_{i1}, r_{i2}, \cdots, r_{in})$，

一般地，隶属度关系的计算基于专家打分统计，根据绝对值减数求得

$$r_{ij} = \begin{cases} 1, & i = j \\ 1 - c \sum_{k=1} \mid x_{ik} - x_{jk} \mid, & i \neq j \end{cases}$$

式中，c 根据实际情况取值，$r_{ij} \in [0, 1]$

并形成隶属度矩阵 R：

$$R = (r_1, r_2, \cdots, r_m)'$$

（3）将隶属度矩阵 R 归一化

（4）计算综合评价结果向量 B

$$B = A \circ R = (a_1, a_2, \cdots, a_m) \begin{pmatrix} r_{11} & r_{12} & \cdots & r_{1n} \\ r_{21} & r_{22} & \cdots & r_{12} \\ \vdots & \vdots & & \vdots \\ r_{m1} & r_{m2} & \cdots & r_{mn} \end{pmatrix} = (b_1, b_2, \cdots, b_n)$$

式中，向量 A 为模糊权向量，一般由专家打分或其他定量方法确定；b_{ij} 表示评价对象从整体上看对评判集各元素的隶属程度。

需要注意的是在 $B = A \circ R$ 计算过程中，需要运用模糊算子进行计算。模糊算子的计算方法如下。

1）$M(\wedge, \vee)$ 算子。

$\wedge$ 表示取小，$\vee$ 表示取大：

$$b_j = \bigvee_{i=1}^{m} (a_i \wedge r_{ij}) = \max_{1 \leqslant i \leqslant m} [\min(a_i, r_{ij})], \quad j = 1, 2, 3, \cdots, n$$

2）$M(\cdot, \vee)$ 算子。

·表示相乘：

$$b_j = \bigvee_{i=1}^{m} (a_i \cdot r_{ij}) = \max_{1 \leqslant i \leqslant m} (a_i \cdot r_{ij}), \quad j = 1, 2, 3, \cdots, n$$

3）$M(\wedge, \oplus)$ 算子。

$\oplus$ 表示相加：

$$b_j = \min\left[1, \sum_{i=1}^{m} \min(a_i \cdot r_{ij})\right], \quad j = 1, 2, 3, \cdots, n$$

4）$M(\cdot, \oplus)$ 算子。

$$b_j = \min\left[1, \sum_{i=1}^{m} (a_i \cdot r_{ij})\right], \quad j = 1, 2, 3, \cdots, n$$

这四种算子在模糊综合评价中的特点见表3-3。

表3-3　四种模糊算子特点

特点	算子			
	$M(\wedge, \vee)$	$M(\cdot, \vee)$	$M(\wedge, \oplus)$	$M(\cdot, \oplus)$
体现权数作用	不明显	明显	不明显	明显
综合程度	弱	弱	强	强
利用 R 的信息	不充分	不充分	比较充分	充分
类型	主因素突出	主因素突出	加权平均	加权平均

3.4　系统解剖方法及模型[①]

本节主要介绍第 2 章 2.2.3 小节的系统解剖模型和方法，即"机智"系统分析模块，主要包括计量经济分析方法、物元分析模型、数据包络模型（data envelopment analysis，DEA）、耗散结构分析以及系统诊断分析等，这些系统评价方法及模型在我们的研究工作中大多得到了具体应用。另外，针对一些文献中提及的海外石油投资环境研究方法，我们也进行了简要的归纳和梳理，主要包括地理信息系统（geographic information system，GIS）分析技术、人工神经网络模型及算法、粗糙集分析方法以及组合评价方法等。

3.4.1　计量经济分析

计量经济分析不是一个特定的模型或方法，而是一类模型或方法。计量经济

[①]　本部分构建海外投资环境系统分析及综合评价模型主要理论依据系统科学和复杂性科学理论，这在第 2 章已有系统的阐述。

分析是基于数理经济学和数理统计学方法，对变量间的数量关系进行研究的方法（何晓颖，2011）。在海外石油投资环境的评价中，常运用计量分析对投资环境的结构分析或风险预测。

计量经济分析建模一般包含如下两个步骤。

1）选择变量。根据研究目的明确模型应该包含的变量，包括解释变量和被解释变量。在变量选择过程中，需要明确研究边界，区分外生经济变量、外生条件变量、外生政策变量以及滞后被解释变量，避免变量选择混乱导致研究结果失真。

2）确定变量间的关系并估计参数。确定恰当的数学形式描述变量间的关系，即构建理论模型。由于不同研究者即使对同一问题也不可避免地产生不同的看法，从而运用不同的模型对问题进行研究，因此在模型构建和方法使用方面存在一定的主观性。

在研究投资环境评价的研究中，分析系统结构和要素关系一般会采用回归模型，根据变量数量、时间序列特征等则会进一步选用线性/非线性回归、向量自回归、误差修正模型等。而对风险分析、要素演化分析等则会选用自回归积分移动平均模型或蒙特卡洛模拟等（余为政，2006）。

(1) 线性/非线性回归

线性回归与非线性回归的差别在于自变量和因变量间关系的类型是线性的还是非线性的。而根据自变量的个数，又可以分为一元回归与多元回归。

一元线性回归及多元线性回归的一般形式为

$$y_i = \alpha + \beta x_i + \varepsilon_i$$

$$y = \beta_0 + \beta_1 x_1 + \beta_2 x_2 + \cdots + \beta_m x_m + \varepsilon$$

式中，α 和 β_0 为常数项；β_1，β_2，$\cdots$，β_m 为偏回归系数；ε 为随机误差；一般地，残差 ε 服从均值为 0，方差为 σ^2 的正态分布，参数估计采用最小二乘法求得。

非线性回归一般采用两种策略，一种是将非线性部分线性化，如倒数变换、对数变换、多项式变换等；另一种是采用迭代估计等方法。具体采用哪种方法需要根据具体情况判断，这里不再展开。

(2) 向量自回归

向量自回归是把系统中每一个内生变量作为所有内生变量的滞后值的函数来构造模型。其数学表达式为

$$y_t = \varphi_1 y_{t-1} +, \cdots, + \varphi_p y_{t-p} + H x_t + \varepsilon_t, \quad t = 1, 2, 3, \cdots, T$$

式中，y_t 为 k 维内生变量列向量；x_t 为 d 维外生变量列向量；P 为滞后阶数；T 为

样本个数；$\Phi_{k \times k}$ 和 $H_{k \times d}$ 为带估计矩阵；ε_t 为 k 维扰动列向量。

(3) 误差修正模型

误差修正模型是在处理非平稳时间序列简单差分不一定能够解决问题的背景下提出的，是一种具有特定形式的计量经济学模型。构建误差修正模型时，首先需要对变量进行协整检验，当表明变量间存在长期均衡的协整关系后，才可以将该关系构成误差修正项，并将之视为解释变量，同其他解释变量一起构建模型。

(4) 自回归积分移动平均（ARIMA）模型

ARIMA 模型是基本思想是用一定的数学模型来近似描述某一时间序列的观测值，并以此来预测未来值。通过将观测值假设为一组随机序列，经过单位根检验对其平稳性进行识别和平稳化后，根据时间序列模型的识别规则进行建模，最后进行参数估计和检验，诊断残差序列。

(5) 蒙特卡洛模拟

蒙特卡洛模拟是通过随机抽样或统计实验模拟现实，能够真实地反映问题。其基本思想是通过抓住目标的几何特征，利用数学方法加以模拟，通过概率模型进行模拟实验，并将之作为问题的近似解。蒙特卡洛的基本步骤为描述概率过程，实现概率抽样，建立估计量。

计量经济分析模型方法众多，方法的选择往往取决于时间序列的特征，这里仅列举具有代表性的几种方法。在实际运用中，需要根据实际情况取舍。

3.4.2　物元分析模型

物元模型基本原理是可以将复杂的问题形象化、定量化，从而得出评价结果，能够较完整地反映事物质量的综合水平。

物元分析建模思路及方法步骤如下。

(1) 物元矩阵

依据物元模型原理，可构建关于事物 N 的多元物元矩阵：

$$R = (N, \ C, \ V) = \begin{bmatrix} N & C_1 & V_1 \\ & \vdots & \vdots \\ & C_n & V_n \end{bmatrix}$$

其中，N 为待评价事物，有反映事物 N 特征的 n 个特征指标记为特征向量 $C = (C_1, \ C_2, \ \cdots, \ C_n)^T$；描述指标特征向量的量值记为 $V = (V_1, \ V_2, \ \cdots, \ V_n)^T$。

（2）经典域与节域

将每一评价指标分级，每个级别的取值范围即为经典域。而该指标等级整体的取值范围即为节域，也就是经典域的集合。经典域、节域矩阵为

$$R_j = (N_j,\ C_i,\ V_{ij}) = \begin{bmatrix} N_j & C_1 & V_{1j} \\ & \vdots & \vdots \\ & C_n & V_{nj} \end{bmatrix} = \begin{bmatrix} N_j & C_1 & (a_{1j},\ b_{1j}) \\ & \vdots & \vdots \\ & C_n & (a_{nj},\ b_{nj}) \end{bmatrix},\ V_{ij} = (a_{ij},\ b_{ij})$$

$$R_p = (N_p,\ C_i,\ V_{ip}) = \begin{bmatrix} N_j & C_1 & V_{1p} \\ & \vdots & \vdots \\ & C_n & V_{np} \end{bmatrix} = \begin{bmatrix} N_j & C_1 & (a_{1p},\ b_{1p}) \\ & \vdots & \vdots \\ & C_6 & (a_{np},\ b_{np}) \end{bmatrix},\ V_{ip} = (a_{ip},\ b_{ip})$$

其中，$i = 1,\ \cdots,\ n$，第 j 个评价等级以 N_j 表示（$j = 1,\ 2,\ \cdots,\ m$），共 m 个等级；V_{ij} 为第 i 个特征值对应第 j 个分级的取值范围，a_{ij}、b_{ij} 为该取值范围的下限和上限。

（3）关联度计算

各评价指标关于评价等级的关联度应根据关联函数进行计算：

$$K_i(V) = \begin{cases} \dfrac{-\rho(V_i,\ V_{ij})}{|V_{ij}|},\ V_i \in V_{ij} \\[3mm] \dfrac{\rho(V_i,\ V_{ij})}{\rho(V_i,\ V_{ip}) - \rho(V_i,\ V_{ij})},\ V_i \notin V_{ij} \end{cases}$$

其中，

$$\rho(V_i,\ V_{ij}) = \left| V_i - \frac{a_{ij} + b_{ij}}{2} \right| - \frac{b_{ij} - a_{ij}}{2}$$

$$|V_{ij}| = |b_{ij} - a_{ij}|$$

$$\rho(V_i,\ V_{ip}) = \left| V_i - \frac{a_{ij} + b_{ij}}{2} \right| - \frac{b_{ip} - a_{ip}}{2}$$

式中，$K_i(V)$ 为第 i 个评价指标关于其等级 V_{ij} 的关联度；$\rho(V_i,\ V_{ij})$ 为指标值与经典域区间的距；$\rho(V_i,\ V_{ip})$ 为指标值与节域区间的距。

（4）综合关联度

根据各评价指标等级的关联度可计算综合关联度：

$$K_i(P) = \sum_{i=1}^{n} \omega_i K_i(V)$$

式中，ω_i 为各评价指标的权重，且 $\sum_{i=1}^{n} \omega_i = 1$。一般取 $K_i(P) = \max K_i(P)$，则认

为 P 属于等级 i。$K_i(P)$ 表示在综合考虑了各指标重要程度（权重）的情况下，待评判事物各指标关于各等级的关联度的综合评判值，可得待评判事物关于等级 j 的隶属程度。则隶属程度最高的，对应分级 j 则为事物隶属等级。该值越大，则隶属程度越高。

3.4.3 数据包络分析

数据包络分析是运用数学规划评价决策单元相对效率的评价方法（陶杰，2015），适用于多输出–多输入的有效性综合评价问题。

数据包络分析的基本思想（黄梅莺和王应明，2012）是有 n 个决策单元 $\text{DMU}_j (j \in \{1, 2, \cdots, n\})$，它们的投入，产出向量分别为 $X_j = (x_{1j}, x_{2j}, \cdots, x_{mj})^T > 0$，$Y_j = (y_{1j}, y_{2j}, \cdots, y_{sj})^T > 0$，$j = 1, 2, \cdots, n$。式中，$x_{ij}$ 表示第 j 个决策单元对第 i 种输入的投入量，$x_{ij} > 0$；y_{rj} 表示第 j 个决策单元对第 r 种输出的产出量，$y_{rj} > 0$；v_i 表示第 i 种类型输入的权系数；u_r 表示第 r 种类型输出的权系数。$i = 1, 2, 3, \cdots, m$，$r = 1, 2, 3, \cdots, n$，$j = 1, 2, 3, \cdots, s$

对于每一个决策单元 DMU_j 都有效率评价指数 θ_j：

$$\theta_j = \frac{u^T Y_j}{v^T X_j} = \frac{\sum_{r=1}^{s} u_r y_{rj}}{\sum_{i=1}^{m} v_i x_{ij}}, \quad (j = 1, 2, \cdots, n)$$

由于总有权向量 u，v 使 $\theta_j \leq 1$，所以可以考察 $\text{DMU}_o (o \in \{1, 2, \cdots, n\})$ 在这 n 个决策单元中是不是相对"最优"：

$$\max \frac{\sum_{r=1}^{s} u_r y_{ro}}{\sum_{i=1}^{m} v_i x_{io}} = \theta_o$$

$$\text{s.t.} \frac{\sum_{i=1}^{s} u_r y_{rj}}{\sum_{i=1}^{m} v_i x_{ij}} \leq 1, \quad j = 1, 2, \cdots, n$$

$$u_r \geq 0, \quad v_i \geq 0, \quad \forall r, i.$$

通过线性规划模型求解，可比较目标单位与类似单位的绩效，获得 100% 效率的单位被视为相对有效单位，低于 100% 的单位则被称为无效单位。

数据包络分析模型有多重改进和变形，最传统的为 CCR 模型和 BCC 模型。其中，CCR 模型是针对生产过程固定规模收益的情况，即当投入量以等比例增加时，产出量应以等比增加。BCC 模型是针对规模报酬递增或者规模报酬递减的情况。

（1） CCR 模型

通过 Charnes-Cooper 变换：$t = \dfrac{1}{\sum\limits_{i=1}^{m} v_i \, x_{io}}$，$\mu_r = t \, u_r$，$(r = 1, 2, \cdots, s)$，$\omega_i = t$

v_i，$(i = 1, 2, \cdots, m)$ 变换可得线性规划模型：

$$\max \sum_{r=1}^{s} \mu_r \, y_{ro} = \theta_o$$

$$\text{s. t.} \sum_{i=1}^{m} \omega_i \, x_{io} = 1$$

$$\sum_{r=1}^{s} \mu_r \, y_{rj} - \sum_{i=1}^{m} \omega_i \, x_{ij} \leq 0, \ j = 1, 2, \cdots, n$$

根据线性规划基本理论，有该模型对偶问题表达形式：

$$\min \theta_o$$

$$\text{s. t.} \sum_{j=1}^{n} x_{ij} \, \lambda_j \leq \theta_o \, x_{io}, \ i = 1, 2, \cdots, m$$

$$\sum_{j=1}^{n} y_{rj} \, \lambda_{ro}, \ r = 1, 2, \cdots, s$$

$$\lambda_j \geq 0, \ j = 1, 2, \cdots, n$$

如果所求出的效率最优值小于 1，则表明可以找到这样一个假想的决策单元，它可以用少于被评价决策单元的投入来获取不少于该单元的产出，即表明被评价的决策单元为非 DEA 有效。而当效率值为 1 时，决策单元为 DEA 有效。有关 DEA 有效根据松弛变量是否都为零还可以进一步分为弱 DEA 有效与 DEA 有效两类。即通过考察如下模型中的 $s_i^-(i = 1, 2, 3, \cdots, m)$ 与 $s_i^{\mp}(i = 1, 2, 3, \cdots, s)$ 的值来判别。

$$\min \theta_o - \varepsilon \left(\sum_{i=1}^{m} s_i^- + \sum_{r=1}^{s} s_r^+ \right)$$

$$\text{s. t.} \sum_{j=1}^{n} x_{ij} \, \lambda_j + s_i^- = \theta_o \, x_{io}, \ i = 1, 2, \cdots, m$$

$$\sum_{j=1}^{n} y_{rj} \, \lambda_j - s_r^+ = y_{ro}, \ r = 1, 2, \cdots, s$$

$$\lambda_j, \ s_i^-, \ s_r^+ \geq 0, \ \forall i, j, r$$

式中，ε 为非阿基米德无穷小量。

若模型的最优解满足 $\theta_o^* = 1$，则称 DMU_o 为弱 DEA 有效。

若模型的最优解满足 $\theta_o^* = 1$，且有 $s_i^- = 0$，$s_r^+ = 0$ 成立，则称 DMU_o 为 DEA 有效。

若模型的最优解满足 $\theta_o^* = 1$，则称 DMU_o 为非 DEA 有效。

对于非 DEA 有效的决策单元，有三种方式可以将决策单元改进为有效决策单元：①保持产出不变，减少投入；②保持投入不变增大产出；③减小投入的同时也增大产出。CCR 模型容许 DMU 在减小投入的同时也增加产出。对于 CCR 模型，可以通过如下投影的方式将其投向效率前沿面，从而投影所得的点投入产出组合即为 DEA 有效。

$$\hat{x}_{io} = \theta_o^* x_{io} - s_i^{-*} = x_{io} - (1 - \theta_o^*) x_{io} - s_i^{-*} \leqslant x_{io}, \ i = 1, 2, \cdots, m$$

$$\hat{y}_{ro} = y_{ro} + s_r^{+*} \geqslant y_{ro}, \ r = 1, 2, \cdots, s$$

上述投影所得值与原始投入产出值之间的差异即为被评价决策单元欲达到有效应改善的数值，设投入的变化量为 Δx_{io}，产出的变化量为 Δy_{ro}，则：

$$\Delta x_{io} = x_{io} - \hat{x}_{io} = x_{io} - (\theta_o^* x_{io} - s_i^{-*}), \ t = 1, 2, \cdots, m$$

$$\Delta y_{ro} = \hat{y}_{ro} - y_{ro} = (y_{ro} + s_r^{+*}) - y_{ro}, \ r = 1, 2, \cdots, s$$

（2）BCC 模型

线性形式的 BCC 模型可表示为

$$\max \sum_{r=1}^{s} \mu_r y_{ro} - u_o$$

$$\mathrm{s.\,t.} \sum_{i=1}^{m} \omega_i x_{io} = 1$$

$$\sum_{r=1}^{s} \mu_r y_{rj} - \sum_{i=1}^{m} \omega_i x_{ij} - u_o \leqslant 0, \ j = 1, 2, \cdots, n$$

$$\mu_r, \ \omega_i \geqslant 0, \ r = 1, 2, \cdots, s; \ i = 1, 2, \cdots, m$$

含松弛变量形式的 BCC 对偶模型

$$\max \theta_o - \varepsilon \left(\sum_{i=1}^{m} s_i^- + \sum_{r=1}^{s} s_r^+ \right)$$

$$\mathrm{s.\,t.} \sum_{j=1}^{n} x_{ij} \lambda_j + s_i^- = \theta_o x_{io}, \ i = 1, 2, \cdots, m$$

$$\sum_{j=1}^{n} y_{rj} \lambda_j - s_r^+ = y_{ro}, \ r = 1, 2, \cdots, s$$

$$\sum_{j=1}^{n} \lambda_j = 1$$

$$\lambda_j, \ s_i^-, \ s_r^+ \geqslant 0, \ \forall i, j, r$$

式中，s 为非阿基米德无穷小量。

设投入产出组合 (x_o, y_o) 的 DMU_o 是有效，则：

对于投入产出组合 (x_o, y_o) 规模收益不变当且仅当在某个最优解情况下有 $u_o^* = 0$；

对于投入产出组合 (x_o, y_o) 规模收益递增当且仅当在所有最优解情况下都有 $u_o^* < 0$；

对于投入产出组合 (x_o, y_o) 规模收益递减当且仅当在所有最优解情况下都有 $u_o^* > 0$。

u_o^* 代表模型最优解。

CCR 模型或者 BCC 模型计算出来的效率可能存在多个效率值为 1 的情形，为了进一步区分这些有效决策单元，常用的方法有超效率模型、交叉效率模型以及双前沿数据包络分析模型等，这里不再详细介绍，读者可以根据兴趣和需要自行查阅和运用。

3.4.4　耗散结构分析

耗散结构理论认为，远离平衡态的非线性的开放系统可以通过不断地与外界交换物质和能量，在系统内部某个参量的变化达到一定的阈值时，由原来的无序状态转变为在时间上、空间上或功能上的有序状态。这种稳定有序的结构即为耗散结构。

系统形成耗散结构需有以下条件。

1）系统可以不断地与外界交换信息和能量，其必须是开放的系统。

2）系统当前的状态是远离平衡的。

3）系统内部的相互作用是非线性的，也就是说，系统内部各因素之间是一种复杂的非线性关系而不是简单的线性叠加。

在系统理论中，系统有序性用熵来表示。在经典热力学中，熵增的定义为

$$dS = \int \frac{\delta Q_{rev}}{T}$$

式中，T 为热力系统的绝对温度；Q_{rev} 为可逆过程中系统的热量增加。

热力熵体现的是孤立系统在状态发生变化的过程中，维持每一步变化所需要吸收的热量。熵的热力学描述体现了孤立系统的无序程度。

熵的另外一种表述方式是信息熵，其定义为

$$H = - \sum_{i=1}^{n} P(x_i) \log_b P(x_i)$$

式中，H 为信息熵；$P(x_i)$ 为 x_i 的概率函数；b 通常取 2，因为信息传递采用二

进制。

信息熵是信息传递中信息量的期望值。简单来说，能够描述一个系统的信息量越少，则这个系统的信息熵越低。信息熵反映了信息传递过程中由于不确定性因素导致的冗余程度增加。

在投资环境评价过程中，熵体现的是一种管理熵的思想。管理熵是管理系统绩效与有序程度的比值，反映了管理系统的管理效率。管理熵是熵理论从自然科学领域演化到社会科学领域的结果，是热力学熵与信息熵在管理系统中的体现。管理系统维持较低的管理熵表现为系统具有较高的管理绩效，管理要素能够充分发挥的自身功能，系统内部信息交流通畅，系统稳定有序地运行，而较高的管理熵则表现为系统低绩效、弱功能、信息闭塞且极不稳定（图3-4）。

影响管理熵增的主要因素如下。

（1）组织要素

组织结构是管理熵增的根源，通常是自上而下的、功能主导的树形多层结构，具有高内聚低耦合的特点。在管理系统成长、膨胀、老化的过程中，这种结构常常导致内部的结构性摩擦的增加，从而产生内耗、能量衰减，进而造成反应能力减弱和管理效率降低。

（2）信息要素

管理系统的成长、膨胀、老化会导致信息链的延长和节点的增多，极易引发信息在传递过程中损耗和扭曲，从而造成信息时效性、及时性的降低。例如，组织结构的膨胀会阻碍部门间信息的交流，造成信息流横向和纵向传递的过程衰减。

（3）环境要素

系统外部环境是系统最大的挑战。管理结构设置的初始阶段对当前环境具有较好的针对性，因此往往是最有效的。随着外部环境的不断变化，系统原有的策略、政策效率降低，管理熵增加。因此一成不变的、静态的管理结构很难适应环境。

（4）政策要素

政策是保证管理系统高效运行的根本，不科学的政策会导致系统要素间的排斥和抵触，从而引起管理熵的增加；如果政策不具时效性，则会造成管理系统不能及时适应环境而效率降低。

管理系统的总熵可以表示为系统内部的管理熵增与管理耗散结构引起的系统

熵减之和：

$$S = S_p + S_m$$

式中，S 为管理系统的总熵；S_p 为系统内部的管理熵增；S_m 为管理耗散结构引起的系统熵减。

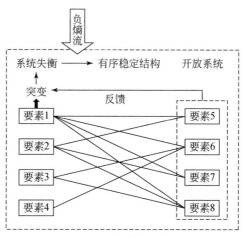

图 3-4　耗散结构示意图

熵值通过如下计算：

$$S_p = -\sum_{i=1}^{m} K_i \times B_i \times (P_i \times \ln P_i)$$

$$S_m = -\sum_{j=1}^{n} K_j \times C_j \times (P_j \times \ln P_j)$$

式中，K_i、K_j 分别表示管理熵增和熵减要素的权重；B_i、C_j 分别表示管理熵增和熵减要素的管理系数；P_i、P_j 分别表示管理熵增和熵减要素的影响值变化的概率，$\sum P = 1$；m，n 分别表示管理熵增和熵减要素的个数；当总熵值 $S < 0$，即 $|S_p| < |S_m|$ 时管理系统的熵才会减小，系统向有序的方向转化，管理效率提高。

　　基于耗散结构分析石油投资环境的研究是本课题组自主提出的研究思路，就目前取得的成果来看，具有一定的参考价值。从目前石油投资环境发展动态以及理论创新方面的发展趋势来看，运用系统理论和复杂性理论的耗散结构分析模型具有一定的研究前景。

3.4.5　系统诊断分析

　　所谓系统诊断是通过系统的外部表现判断系统内部要素状态（杨瑞霞，2012），海外石油投资环境的系统诊断一般包含系统监控、风险预警、要素排查和风险评估等内容。目前，投资环境系统诊断分析的基本思路主要有两种：一是前向系统诊断，目的在于"预防"，即在系统失衡前发现问题原因，其基本思想是设置要素的预警值，对接近预警水平的要素进行重点关注；二是后向系统诊断，目的在于"治理"，即在系统失衡后找出症结所在，其基本思想是通过要素对系统的灵敏性分析，找出导致系统波动的主要原因（白永平，1999；文余源，2007）。

1. 前向系统诊断

前向系统诊断认为，系统的演替过程是量变积累达到阈值引发的系统质变。因此，海外石油投资环境的恶化是要素渐变逼近阈值的结果。由于在海外石油投资过程中，投资者主观改变环境的能力远小于（资源国）环境自身变化的能力，投资者只能被动接受环境，所以只要设定恰当的预警值，投资者便可以通过实时观测要素变化来掌握投资环境的发展动态，及时作出反应。

前向系统诊断的步骤（丁同玉，2007）如下：

（1）确定重点指标

通过头脑风暴法、德尔菲法等定性方法确定海外石油投资环境观测的重点指标，对于不同的目标投资国往往具有不同的特性，如非洲地区国家重点关注政治稳定性，拉美地区国家重点关注经济政策等。

（2）关键数据提取并处理

根据选定的重点指标，提取历史数据并进行处理转化为指标预警度，不同类型的指标处理方法不同。

一般地，对于绩效型指标，采用以下处理方式：

$$T_c = \begin{cases} 0, & x_c > D_c \\ 1 - \dfrac{x_c}{D_c}, & x \leq D_c \end{cases}$$

式中，x_c 为指标 c 的观测值；D_c 为指标 c 的预警值；T_c 为指标 c 的预警度。

对于成本型指标，有

$$t_c = \begin{cases} 1 - \dfrac{x_c}{D_c}, & x_c > D_c \\ 1, & x \leq D_c \end{cases}$$

对于适中型指标，有

$$t_c = \begin{cases} 0, & x_c = D_c \\ 1 - \dfrac{x_c}{D_c}, & 0 < x_c < D_c \\ \dfrac{x_c}{D_c} - 1, & D_c < x_c < 2D_c \\ 1, & x_c \geq 2D_c \end{cases}$$

一般地，D_c 通过专家讨论、查阅相关行业标准、倒推现金流等方式确定。

(3) 测算系统预警度

系统预警度的计算公式如下：

$$\gamma = \sum t_i w_i$$

式中，t_i 为指标 i 的预警度；w_i 为指标 i 的权重，计算方法参照本书第 3 章第三节的相关权重计算方法。

计算得结果 γ 越接近 1，表明投资环境的系统预警度越高；越接近 0，表明投资环境的系统预警度越低。

2. 后向系统诊断

后向系统诊断的主要研究对象是发生变动的投资环境，目的在于找出导致投资环境变动的主要原因。其基本原理是运用投资环境综合评价值的敏感性分析，计算出变动要素的临界值，当要素超过临界值，则认为当前投资环境是敏感的，即该要素是有缺陷的。基于这一结果，在投资过程中，只需要对有缺陷的要素进行重点分析，降低了分析难度。

投资环境诊断模型的分析过程如下。

对目标投资区域 p、q，投资环境的综合评价值为 Q_p，Q_q，$Q_p < Q_q$。两地区的综合评价值由下列计算得出：

$$Q_p = \sum_{j=1}^{n} w_j F_{pj} + w_r F_{pr}$$

$$Q_q = \sum_{j=1}^{n} w_j F_{qj} + w_r F_{qr}$$

式中，w_j、w_r 表示要素 j、r 的权重；F_{pj}、F_{pr}、F_{qj}、F_{qr} 表示区域 p 和区域 q 的要素 j 和要素 r 的观测值。

当由于要素 r 发生变动而导致 p、q 两区域综合评价值发生变化时，有

$$Q'_p = \sum_{j=1}^{n} w_j F_{pj} + w_r F'_{pr}$$

若此时两地区综合评价值也随之发生变化，即 $Q'_p > Q_q$

此时可计算 F_{pr} 的临界值 F_{pr0}

即

$$Q'_p - Q_q = \sum_{j=1}^{n} w_j F_{pj} + w_r F'_{pr} - Q_q = 0$$

$$Q_p - w_r F_{pr} + w_r F'_{pr} - Q_q = 0$$

$$Q_p - Q_q = w_r F_{pr} - w_r F'_{pr}$$

$$F'_{pr} = F_{pr} - \frac{Q_p - Q_q}{w_r}$$

因此，$F_{pr0} = F_{pr} - \dfrac{Q_p - Q_r}{w_r}$

同理可求得 $F_{qr} = F_{qr} - \dfrac{Q_p - Q_r}{w_r}$

在实际应用过程中，通过计算不同区域间要素的临界值并与实际观测值进行比较，若某一投资目标地区的某一指标观测值超过临界值，表明该目标地区的这个指标是不稳定的，即有缺陷的，在投资过程中需要重点分析。

需要说明的是该模型仅能诊断出当前环境下（包括综合评价值、观测值）要素是有缺陷的，当外部环境发生变化后，诊断结果需要进行实时更新。另外，这里介绍的模型仅适用于要素对投资环境作用是线性关系的情况，当二者呈现非线性关系式，分析的思路是相同的，但可能运用到更加复杂的数学知识。

3.4.6 其他系统分析及评价方法

国内外有专家学者在投资环境的研究工作中，提及并使用了 GIS 分析技术、人工神经网络模型及算法、粗糙集方法理论以及组合评价方法等。由于这些研究方法和模型，作者并没有在实际研究工作中进行深入研究和具体应用，在此仅作简单介绍，有兴趣的读者可以自行查阅相关文献资料。

(1) 基于 GIS 的分析方法

基于 GIS 的分析方法引入了最新的计算机信息技术（邓鸿，2004），使投资环境评价更加方便，具有更强的扩展性（李霜，2006；罗文军，2009）。综合应用 GIS 研究投资环境的相关文献，可以发现 GIS 为投资环境评价提供了以下 3 种新扩展（麻彦春等，2006；屈耀明，2010；田照军和吴迪，2011）。

具体说明如下：

1) 扩展了投资环境要素研究的范围。许多投资环境要素具有空间性，如市政设施、区域交通。在之前的研究中，往往忽略了对这类要素结构（分布、距离）的考察。其对于宏观投资环境的研究项目影响不大，但涉及微观企业投资，尤其是交通成本、区位因素占很大影响比例的投资项目，区域投资环境的空间布局十分重要。通过 GIS 所绘制出的各类具有特定意义的地图，充分展现了投资环境要素的空间布局，为这类要素的研究提供了可能。

2）扩展了投资对象的研究范围。GIS 分析方法使微观层面尤其是个别企业的投资环境研究成为可能。

3）GIS 分析方法的广泛应用促进了基于计算机信息技术，尤其是数据库技术的投资环境评价系统的发展，使实际投资环境评价能够输出一个可视化的直观的评价结果，以便于决策。

但应该注意的是，GIS 更多的是一种数据的表现技术，多指标综合评价中指标权重的分配问题在各文献中往往还是应用了传统的层次分析、主成分分析等方法。GIS 技术的主要困难和不足包括如何分配空间性指标和非空间性指标的权重以及空间性指标的衡量问题等。

（2）人工神经网络模型及算法

人工神经网络人工智能领域兴起的研究热点，其最大特点是容易处理不完整的、模糊不确定或规律性不明显的数据，所以用人工神经网络处理海外石油投资环境一些不确定性要素指标时，具有一般传统方法无法相比的优势。人工神经网络模拟一些信息不完整的神经元信息传播的基本过程，首先是根据输入的信息建立神经元，通过一定的学习规则或自组织等过程建立相应的非线性数学模型，并不断进行修正，使输出结果与实际结果之间差距不断缩小，学习过程也是一个权矩阵不断迭代的过程。

对指标值进行标准化处理后得到输入层 R 矩阵，用随机数初始化网络节点的权值和网络阈值。学习训练的思路即假设 R 与前馈网络存在非线性映射 F，令 $w_k(k = 1, 2, 3, \cdots, m)$ 为隐含层第 k 个节点到输出层的连接权值，$w_{jk}(j = 1, 2, 3, \cdots, n; k = 1, 2, 3, \cdots, m)$ 为输入层第 j 个节点到隐含层第 k 个节点的连接权值。置初始权值为 $(w_{k(0)}, w_{jk(0)})$，初始偏值为 $(\theta_{k(0)}, \theta_{jk(0)})$，则按照下列规则进行调节计算：

$$y_{pk} = f(\sum_{j=1}^{n} w_{jk} r_{pj} - \theta_k), \quad k = 1, 2, 3, \cdots, m$$

式中，y_{pk} 为隐含层样本模式 p 的输出。

非线性关系用 Sigmoid 函数描述

$$f(x) = \frac{1}{\left(1 + \dfrac{1}{e^x}\right)}$$

输出层样本模式 p 的输出做如下处理：

$$b'_p = f(\sum_{k=1}^{m} w_k y_{pk} - \theta)$$

BP（back propagation，反向传播）神经网络的学习训练是一个误差方向传播与修正的过程，定义 h 个样本模式的实际输出 b'_p 与期望输出 b_p 的总误差函数为

$$E = \sum_{p=1}^{h} \frac{(b'_p - b_p)^2}{2}$$

$$w_{k(t+1)} = w_{k(t)} + \eta \delta y_{pt} + \alpha [w_{k(t)} - w_{k(t-1)}]$$

$$w_{jk(t+1)} = w_{jk(t)} + \eta \delta_k y_{pj} + \alpha [w_{jk(t)} - w_{jk(t-1)}]$$

$$\theta_{(t+1)} = \theta_{(t)} + \eta \delta + \alpha [\theta_{(t)} - \theta_{(t-1)}]$$

$$\theta_{k(t+1)} = \theta_{k(t)} + \eta \delta_k + \alpha [\theta_{k(t)} - \theta_{k(t-1)}]$$

式中，η 为学习率；t 为调节次数；α 为动量因子。经过不断的迭代学习，直到误差 E 达到要求为止。经过训练的模型能够很好地解释投资环境综合指标的形成过程，考虑到其需要来自其他评价方法（AHP、专家评价法等），可以理解为其"解码"了专家根据各种指标因素在神经中枢形成经验结构的过程，形成的神经网络模型可以用于未来类似投资目的下的新区域的投资环境评价。当投资目的变化时，需要进行新的训练，图 3-5 为神经网络结构。

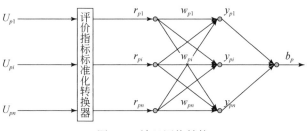

图 3-5　神经网络结构

（3）粗糙集分析

粗糙集是基于已知信息的数据分类技术，其主要思想是基于已有知识库将不精确的知识用已知信息近似刻画，分析不精确、不一致、不完整的信息，并发现隐含规律的分析手段（黄正华和胡宝清，2005；杨宁，2006）。相较于其他研究工具，粗糙集的优势在于分析的依据均来自预备数据集，不需要任何其他的先验信息，而且处理的结果相对客观。

模糊集认为，信息系统是由对象 U、属性 Q、值域 V 以及映射 f 组成的四元组 $X = (U, Q, V, f)$。而通过已有知识的粒度，可以将信息区分到不可辨的维度，即现有信息已无法继续将信息进行划分，记作 IND（P）。

$$IND(P) = \{(x_i, x_j) \in U \times U \mid \forall p \in P, p(x_i) = p(x_j)\}$$

则 x_i，x_j 在 S 中关于属性集 P 是等价的，当且仅当 $p(x_i) = p(x_j)$ 对所有 $p \in P$ 成立。

对数据集的上近似集 $\overline{PX}$、下近似集 $\underline{PX}$ 以及边界区域有：

$$\underline{PX} = \{Y \in U \mid P: Y \subseteq X\}$$

$$\overline{PX} = \{Y \in U \mid P: Y \cap X \neq \emptyset\}$$

$$Bnd_p(X) = \overline{PX} - \underline{PX}$$

因此，有 S 上 X 的近似精度：

$$\mu_p(X) = \frac{\underline{\mu_p(X)}}{\overline{\mu_p(X)}} = \frac{card(\underline{PX})}{card(\overline{PX})}$$

式中，card（X）表示集合 X 中元素的个数

粗糙集在投资环境评价研究中的应用价值体现如下（晏力，2008；王成洁，2010）。

1）为指标体系筛选提供思路和方法。粗糙集具有属性约简属性，因此能够根据评价对象和目标，筛选出简洁、精炼的指标，提高评价效率。

2）为指标权重的计算提供依据。粗糙集能够从指标数据中挖掘出指标集的重要程度，从而获得相对客观的权重值，避免过于依赖主观判断的评价结果。

3）挖掘评价结果与指标集之间的隐含信息。粗糙集可以通过指标与评价结果间的对应关系，判断评价指标与评价结果之间是否存在隐含规则。

4）处理综合评价过程中的不确定问题。相较于模糊集，粗糙集能够通过上下边界对不确定的问题进行分析而不依赖于先验的模糊隶属度函数，对模糊不确定性的问题具有较好的针对性。

3.5　价值评估方法及模型

海外石油投资环境研究最核心的目标是对投资目标区的"资源"价值和"开采"价值有一个清醒认识和准确评估，即没有"石油资源价值"和"开采经济价值"的目标区即使其他投资环境条件再好，也不会进行进一步的开发投资评价和方案设计。不过"资源"价值是一个不随市场行情变化而变化的度量值，"开采"价值是一个实际销售值，与市场行情密切关联，两者的"价值"度量标准和计量单位也有本质不同。

就一般跨国石油公司对"石油资源价值"的理解，一般指的是剩余石油经济可采储量，但国内也有把"探明石油地质储量"与"石油资源价值"挂钩的；

而石油的"开采"价值就是一个动态的概念，这是因为石油经济价值是依靠未来的石油产量销售获利来体现的，这是一个漫长且充满风险的不确定认知过程，仅依靠常规价值评估或技术经济分析的方法难以准确地把握。

如前所述，海外石油投资环境研究的"石油资源价值"和"开发经济价值"评估属于"人智-机智-交互"评估模块，具体评价方法论是石油储量评估全生命周期和石油期权期权价值评估。依据对这两类模型的国内外调研和学术认知，本节仅简单介绍海外石油"石油资源价值"和"开发经济价值"评价方法及模型构建，其中"石油资源价值"评价方法主要介绍美国弗吉尼亚大学 TOP-DOWN 模型、国内网格法计算模型等，"开发经济价值"评估模型以期权价值评估模型和"全生命周期"价值评估模型为主，这些模型大多在作者及其研究团队的实际工作中得到了具体应用。

3.5.1　"石油资源价值"评估模型

单就石油"资产价值"计算来说，与常规石油储量计算模型没有多大差异，主要包括静态法和动态法等两个类别，其中静态法包括容积法、类比法、概率统计法等，动态法包括产量递减曲线法、物质平衡方法、压降法、水驱特征曲线法、矿场不稳定试井法、神经网络法、弹性二相法等。上述这些方法被应用于不同的油田勘探、开发阶段以及不同的地质条件下的石油储量计算和"资源价值"评估。

至于石油储量评估方法及模型选用，需要考虑油气储量评估的可靠性和准确度，同时取决于所用资料的数量、资料的质量和油田的成熟度。在实际工作中，根据所掌握资料的种类、数量和质量，考虑油藏的复杂性、开采方式及所处的开发阶段，选择一种或多种方法进行"石油资源机制"评估[①]。

本部分主要介绍国外已经普遍投入应用的"石油资源价值"评估模型，即美国 Top-Down 石油储量智能计算模型。考虑海外投资石油企业的实际情况，也简单介绍一下国内常用的网格法"资源价值"计算模型。

1. Top-Down 模型

Top-Down 储量智能计算模型（简称 Top-Down 模型）是由美国西弗吉尼亚大学研制的石油储量计算和智能化综合评价系统。

---

① 海外石油投资环境的剩余经济可采储量的"资源价值"评估，一般是指有一定开发时间段的油田，大多采用动态法进行储量评估。至于探明地质储量的"资源价值"评估，大多采用静态法进行评估。

（1）模型简介

Top-Down 模型计算过程要求静态模块和智能预测模块共同融合进储量评估模型。这是一个"从上至下"的研究方法，静态法模块主要是构建一个地质模型（地质网格或静态模型），并综合利用利用统计地质数据构建模型，地质网格法要用到地质、岩石物性以及地球物理学信息。

Top-Down 模型智能预测模块通过油井历史生产数据的历史对比来调整，而不需大量油田勘探开发基础资料，仅依据产量数据和油井纪录就可进行分析预测，且预测精度比较可靠。Top-Down 模型计算需要"历史数据配比"是储量智能化计算模型的一个关键，通过"历史数据配比"，油藏模型能和生产历史有机联系起来。

（2）计算原理

Top-Down 模型中运用两个系统模块，即静态模型（统计模型）和智能预测模型。静态模块需要先建立"地质体积"估算模型，然后运用人工神经网络模糊识别法。智能预测模块主要包括产量趋势预测和经济价值评估，其中关键是产量区域预测，具体方法是递减曲线法、产量统计学以及与统计地质学的多种方法结合。具体来说，静态模块能够提供油藏的基本分布情况和规格参数，产量动态分析能够模拟出产量递减曲线和累积产量，经济价值评估主要是估算新开发井的经济回报率。

（3）计算流程

依据 Top-Down 模型的框架设计，对其计算流程归纳为数据准备、模型构建、油藏描述等几个步骤（图3-6）。

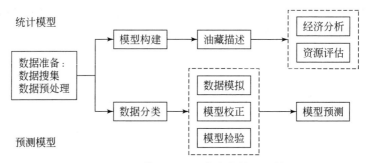

图3-6　Top-Down 模型石油"资产价值"评估流程图

1）数据准备。数据准备是 Top-Down 储量智能计算模型的关键。包括油藏规格参数和生产数据是油田储量预测模型最常用到的数据。

2）模型构建。该模块需大量建模工具和地质学方法，包括三维地质模型、递减曲线法、典型曲线对比、模拟井插值以及产量模拟等。

3）油藏描述。在进行油藏边界确定和描述、体积法储量计算、统计地质以及油田三维模型模拟的基础上，开展历史数据智能配比、油田定位和经济分析。

（4）应用领域

1）Top-Down 模型已经被应用于世界大多数地区石油的储量计算，但对具有独立天然裂缝的致密油有一定难度，也给其油藏数值模拟提出了一个新的难题。

2）Top-Down 模型不仅可以用来计算油田储量，同时可以对用油田最新的油井数据进行动态预测和生产模拟。在此基础上，这个模型也就被用来制定油田开发战略。

3）近些年，有很多关于 Tom-Down 模型应用的文章资料公开发表，主要是油藏生产仿真模型，应用的范围从致密油气藏到页岩储层、砂岩构造，甚至墨西哥湾和中东的天然裂缝碳酸盐岩构造。

（5）优缺点分析

Top-Down 模型最大优点在于其开发运行的时间短，因为其建立油藏动态评价模型一个完整应用周期应该是几周的时间，而不是几年。毋庸讳言，基于世界上有些非常规油藏的复杂性和不确定因素的存在，其预测方法也难以界定，建立相关的油藏评价和计算模型可能会需要几个月的时间。

由于 Top-Down 模型所需的数据要比传统的数字模拟方法要少得多。该模型的另外一个优点就是计算经费少。该模型可在笔记本电脑上运行，甚至可以在平板电脑和智能手机上运行，从而使其运行能力提高，从而使快速跟踪分析和决策制定成为可能。

在进行生产动态模拟和战略决策时，Top-Down 模型也需要大量数据，由于越来越多数据的可得性，模型可以不断调试以提升其性能，油田开发设计工具提供了油田特性的信息。

2. 井控网格法模型

井控网格法是基于中国石化胜利油田有限公司地质科学研究院基于 Suffer 环境研制的储量计算模型。该模型最大特点可以通过单元网格化，圈定含油边界，进行虚拟井资料和生产动态模拟，形成网格化的储量单元。

（1）计算原理

通过每个井点的参数值来预测井间参数的变化，中国石化胜利油田有限公司利用 Earth Vision 地质软件，可形成平面任意尺度的"参数点"，即参数网格，主要包括有效厚度网格、孔隙度网格和含油饱和度网格，并且网格参数设置一致。然后通过网格的容积法计算，可得到每个网格的储量，只要把工区内所有网格的储量相加，便得到需要的结果。

Surfer 网格法要求资料较多，需要测井二次解释每个井层的参数值；计算结果更适合多方面的储量评价和剩余油的定量描述，特别是对平面上不同区域剩余油的评价。

（2）计算流程和方法步骤

1）储层边界赋值，将边界值加到储量计算参数的数据中。
2）对储量计算参数进行网格化。
3）网格储量计算。

如果需要某一层或某个区域储量，根据形成的网格储量，把相应层或区域内所有网格节点储量相加，即可得到需要储量，同时也可用储量网格场作储量丰度分布等值图①。

在不同类型的边界上，其边界参数下限值是不同的。

第一油、水边界——有效厚度为零，孔隙度、含油饱和度取目标区块或区域的下限值。

第二有效厚度零线——有效厚度为零，孔隙度、含油饱和度取目标区块或区域下限值。

第三含油边界——有效厚度为零，孔隙度、含油饱和度取目标区块或区域下限值。

第四计算线、断层线——各参数均不给下限值，即无约束条件，但赋值须符合地质规律。

在确定数据网格化的方法和油气储层边界参数值之后，将油气储层边界值加到储量计算参数的数据中，就可以在 Surfer 环境下运行操作了，中国石化胜利油田有限公司地质科学研究院运用的主要是网格菜单下的数据、数学、过滤器、白

---

① 井间参数网格化的方法是前提，储层边界及边界参数下限值的确定是网格法储量计算的关键，有效厚度参数的最佳拟合方法是径向基函数法；孔隙度和含油饱和度参数的最佳拟合方法是最小曲面法。油藏的含油面积边界一般由断层线、油气边界、油水边界、有效厚度线、含油边界、计算线等组成。储层边界的确定可以依据含油面积圈定的各项原则，根据不同的油藏类型使用不同的方法来确定。

化、提取、残差、网格节点编辑器等命令。

3. 网格积分法模型

网格积分法计算模型是中国石油勘探开发研究院开发所研制的网格积分法储量计算模型。该模型主要特点是依据人工神经网络原理,对评价区域单元划分进行不规则化处理,模拟储层物性参数,进而计算虚拟区域网格储量值。

(1) 方法步骤

网格积分法计算模型基本原理。首先,采用网格化数学插值技术,对评价区域进行网格化精细划分和不规则化处理,并考虑石油地质状况、储层构造特征等;其次应用储量容积法,分别计算虚拟网格节点上的储量丰度值,并对网格化模型进行数据平滑储量;最后,针对网格节点上的储量丰度值,使用加权平均和算术平均法,计算虚拟区域网格储量值,并进行积分累加,即可得到单元石油储量。

(2) 计算流程

利用该软件开放式用户接口,自编程序,通过二次开发自定义6个子菜单(图3-7),可流程化地完成网格法储量计算。在储量计算过程中,通过批处理的方式,同时得到多个层、多个砂体的网格储量,大大提高了储量计算的效率和精度。

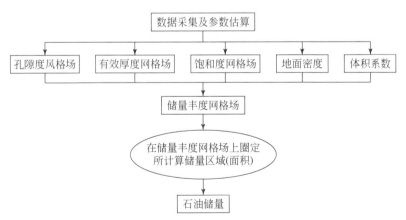

图 3-7　网格积分法计算原理框图

该模型的具体实现步骤如下。

1) 储层边界赋值,将边界值加到储量计算参数的数据中。

2）对储量计算参数进行网格化。

3）网格储量的计算。

4）任意区域网格储量的圈定。

5）网格储量输出文本数据。

6）根据需要把相应区域的网格节点相加得到储量值，或进行不同方面的储量分析评价。

7）如果需要某一层或某个区域的储量，根据形成网格的储量，把相应层或区域内的所有网格节点的储量相加，即可得到需要的储量。

同时，也可用储量"网格场"作石油储量丰度虚拟分布等线值图，来估算勘探程度较低区块的石油地质储量。

3.5.2 "全生命周期价值"评估方法

近年来，海外石油勘探开发经济价值分析以及经济界限确定是关系其能否经济有效开发的重要环节之一，也是能否进入国内油气战略接替序列的关键，尤其是致密油、重油、油砂等非常规石油资源。

多年来，国内石油企业赴海外开展石油勘探开发大多是以"短期"攫取海外资源为追求目标，使得海外石油开发生产和资源综合利用率普遍较低，从而造成开发生产经济效益尤其是"全生命周期"视角下的资源环境综合效益普遍较差。本部分以中国石油企业介入海外石油勘探开发为投资切入点，在构建海外石油数据信息支持系统基础上，研究"全生命周期"条件下的海外石油开发经济分析模型、经济界限测算方法以及企业经营战略。

在第2章前述内容基础上，系统阐述海外石油投资环境的"全生命周期"评估模型，其具体工作流程和方法模型如下。

1. 海外石油投资环境目标与范围界定、数据采集及系统集成

投资环境评价目标与评价范围界定是海外石油环境评价工作的首要流程和必要条件，也是进行海外石油投资环境"全生命周期"评价的关键部分。在明确了投资评价目标和分析范围后，以此为依据展开数据的采集和系统集成，其中主要包括海外石油市场调研、开展投资机会市场研究等基础性工作。

具体来说，这一部分主要包括以下3个方面研究工作。

（1）海外石油投资"全生命周期"价值评估的目标及范围界定

目标定义主要明确海外石油投资环境"全生命周期"评价的原因和目的，范围界定则主要描述海外石油投资环境的系统边界、数据分配程序、数据要求及

原始数据质量要求等。海外石油投资环境"全生命周期"价值评估的目的是对石油从勘探开发到成品油消费的"全生命周期"经济效益与生态环境效益进行价值评估，优化海外石油投资和生产活动，分析的范围是与石油生产、运输、销售直接相关的环节。

（2）海外石油投资目标国"硬投资环境"和"软投资环境"状况分析

"硬投资环境"主要包括其自然地理、油气资源规模及潜力、基础设施建设状况，其中基础设施包括城区环境、电力输配、道路交通、网络通信以及管道输送等；"软投资环境"主要包括投资油气资源国自身的政治制度、法律法规、经济政策、金融制度、劳工制度、教育水平、对华外交关系和经贸关系等①

（3）海外石油投资环境的扰动要素、投资动机及合作方式分析

海外石油投资"关联环境指标"扰动要素分析，主要包括世界石油供需状况、国际油价历史趋势、多边投资竞争对手、关联资源国投资以及石油工程市场行情等，这些扰动要素对海外石油投资环境有着非常重要的影响。对投资者动机和合作方式分析，投资者动机包括投资方式、投资规模、投资期望等②，海外石油投资合作方式是一个比较复杂的问题，中国企业海外石油投资比较常用合作方式有参股与并购经营模式、合作开发、产品分成合作模式、风险勘探经营模式、以贷款换石油合作模式以及工程或市场换购石油等。

2. 海外石油投资环境要素体系、参数估算及清单分析

1）构建海外主要油气资源国投资环境评价指标体系，主要考虑油气资源所在国投资环境的基本构成要素，包括油气资源潜力、社会政治环境、投资政策、投资经济环境、对外合作情况这五个方面，每一类因素又由一系列子因素构成。

2）根据海外具体石油投资目标国相关要素指标分析，可以对投资意向目标国进行初步投资机会评价以及指标的加权和参数估算。投资参数估算是指在对项目的建设规模、建设标准水平、建设地区地点、工程技术方案、设备方案及项目

---

① 政治制度包括国家稳定、治安状况、施政绩效以及廉政指数等，法律法规包括国家法律、行政法规、地方法规、地方规章以及部门规章等，经济政策主要包括与石油投资相关的经济、贸易、技术交流与合作政策等，金融制度主要包括金融体系、金融政策以及金融诚信等，劳工制度主要包括劳动力结构、工资水平、劳工工时以及相关用工制度等，教育水平主要包括受教育者的学历结构、专业分布以及不同层次技术人员比例等，对华外交关系主要强调外交关系的长期性和稳定性，对华经贸关系主要考虑双边经贸结构、经贸额以及贸易顺逆差指标等。

② 具体到海外石油投资方式和投资规模应该包括风险勘探投资、勘探开发投资、工程技术服务投资、石油贸易投资以及上下游一体化综合投资等，投资期望包括获利期望、风险承担预期等。

实施进度等进行研究并基本确定的基础上，估算项目的总投资或投入总资金。

3）海外石油投资机会的研究内容，主要包括全球或区域石油市场调查、消费部分分析、投资政策以及税收政策研究等，但其研究重点是对投资环境的分析，如在某一地区或某一产业部门，对某类项目的背景、市场需求、资源条件、发展趋势以及需要的投入和可能的产出等方面进行准备性的调查、研究和分析，从而发现有价值的投资机会。

4）清单分析是对海外石油投资环境系统的输入和输出数据建立清单的过程。主要包括对生产、运输、炼化、销售等各个环节数据的收集和整理，量化石油投资活动中的相关输入和输出。根据海外石油投资环境"全生命周期"价值评估的目标与范围确定各关联环节的评价项目，然后按项目对各生产环节进行数据汇总。

3. 海外石油投资环境评价"全生命周期"评价流程及概念模型研究

1）从"全生命周期"理论视角，系统分析海外石油资源信息、开发技术、工艺流程、产业经济政策以及"全生命周期"与经济有效开发的关系，探讨海外石油数据信息集成对接的可能性，初步构建其资源信息的数据集成系统。

2）根据海外石油评价目标区的资源信息以及相关要素条件，制订相应的开发规划设计和产能建设方案，研究不同开发工艺技术流程、不同加工利用过程中的物质流和能源流，进行数据信息统计分析。

3）针对海外石油典型区域，应用现代循环经济理论，通过虚拟生产和实际生产流程比较，研究"全生命周期"条件下的具体石油开发区块和技术方案，绘制海外石油资源品位、不同工艺技术条件下，开发生产利用的"全生命周期"物质流和能源流程图，构建"全生命周期"条件下的海外石油生产开发概念模型（图 3-8）。

$$LCV = \sum_{i=1}^{m} V_i$$

$$V_i = \sum_{j=1}^{n} v_{ij} = \sum_{j=1}^{n} (r_{ij} - c_{ij})$$

$$r_{ij} = \min (p_{ij}, u_{ij})$$

式中，LCV 表示海外石油投资项目的"全生命周期"价值；V_i 表示投资活动中涉及项目价值变更的所有环节的价值；v_{ij} 表示生产环节 i 中要素 j 的价值收益；r_{ij}、c_{ij} 分别表示生产环节 i 中要素 j 的产出和投入；r_{ij} 是理论收益 p_{ij} 与生产环节 i 要素 j 阈值 u_{ij} 约束下的实际价值收益。

4）针对海外石油目标区块尤其是非常规石油的产出率、物质循环利用率、废弃物质综合利用率、能源消耗率等指标，针对特定海外石油区块，进行开发工艺流程和全生产生命周期进行方案优化和系统比选。

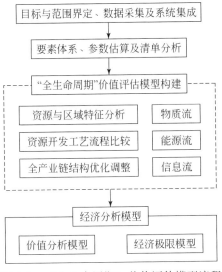

图 3-8　"全生命周期"价值评估模型流程

3.5.3　"期权价值"评估模型

石油投资"经济"价值的评估突出"动态性"与"不确定性"，这是因为石油投资的盈利模式是建立在石油产量和销售的基础上的，在这个长期的、高度不确定的过程中，传统的现金流等静态分析方法往往不够灵活而且过于保守。

实物期权模型是金融风险分析的期权工具的拓展应用，是一种合约性质的权力交易，适用于不确定性环境下的风险投资评估。其基本原理是利用投资者与被投资者双方对预期的主观判断差异，灵活地将资产的持有权进行分割，实现不确定环境下盈利的可能性，因而在风险评估方面取得了广泛的应用。

这里以海外石油投资为例进行实物期权模型的一般性介绍。

实物期权模型建立的前提首先是分阶段期权的识别，分阶段越多代表着越复杂的层次嵌套的期权行为。在海外石油投资中，在特定的经济社会制度条件下，资源国的法律及财税政策、资源状况及潜力禀赋、国际油价以及其他非市场性的环境波动规律下，跨国石油公司的决策者可以在各个决策点决定后续的行为，即继续投资（勘探和开发）、延迟投资（勘探和开发）以及放弃投资（勘探和开发）。对于海外石油勘探开发这类投资项目而言，其商业活动过程中的每一个阶段都对应着一个期权（图 3-9）。

石油勘探开发其实是一类学习型期权，随着勘探投资活动的进行会使得区块内的地质条件、资源量的不确定性逐渐减小或消除。虽然所有的期权都需要支付

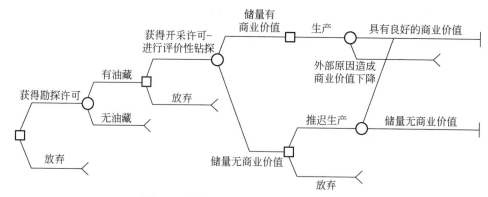

图 3-9　海外石油勘探开发项目的决策树

注：在石油项目开发过程中管理者面临许多相机决策的机会，从实物期权的角度分析，这些决策同时包含着获得未来相机决策的机会（期权），这里以　表示，决定期权价值的未来的不确定性则用　表示

一定的期权金以获得未来做出决策的机会，但在这一阶段，跨国石油公司还需要持续购买有用的信息为决策提供支持（持续进行勘探投资），以保持期权的有效。

　　为便于运用实物期权评估和分析方法，我们可以将石油勘探阶段根据其不确定性概率细分为几个小的阶段，每个小的阶段的投资都可以消除一部分特定区块地质情况、资源储量与产量的不确定性。

　　第一阶段是在获得实际石油勘探许可证之前，跨国石油企业可以通过多方面的信息资料搜集或者购买等方式，获得待勘探目标区块的石油地质条件和预计储量的相关资料信息，但通常这些预计储量数据信息仅仅停留在数学估计的层面，不确定性（波动性）较大，波动范围如图 3-10 中的 σ_1。

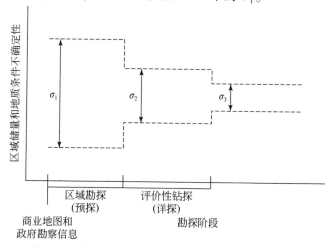

图 3-10　海外石油勘探阶段学习期权的不确定性变化

资料来源：李凯，2015

第二阶段是预探阶段。该勘探阶段需要大量先进的勘探技术和工作量投入，勘探投资巨大，包括运用地震波探测和钻井等工程技术系列，以降低区块石油储量的不确定性，从而得到有关油田规模和成功概率等方面的信息，此时波动范围降低到 σ_2。

第三阶段是详探阶段，主要通过地震细测工作，打详探资料井，而且详探井必须进行试油和试采等生产程序，这样就可以确定可采油气储量以及油气藏规模，储量和地质条件的不确定性降到最低的程度 σ_3。

在勘探阶段结束时，大多数有关石油储量和地质条件的不确定性都已经基本消除，可以根据油藏的含油面积、油层平均有效厚度、油层平均有效孔隙度、平均油层原始含水饱和度、石油原始体积系数、地面原油密度等信息利用容积法计算出石油储量的概率分布，本书并不侧重于这方面的计算，因此用概率分布 $P(Q)$ 代表[①]。

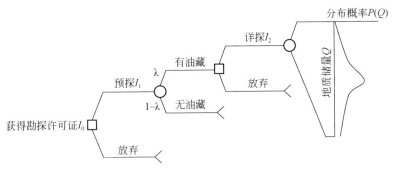

图 3-11　海外石油投资项目勘探阶段的决策树

资料来源：李凯，2015

按照图 3-11 的决策树从右向左推导勘探阶段期权的价值。由于本阶段的不确定性主要来自于石油储量和地质条件，与总体政治经济环境无关，所以可以用无风险利率折现未开发油田项目的价值，设 $V(Q)$ 为不同储量下执行开发决策的价值。则执行期权的价值的折现为

$$V_{\text{exe}} = \frac{\sum [P(Q) = x \mid Q > 0] E(Q)}{(1 + r)^T}$$

式中，$[P(Q) = x \mid Q > 0]$ 是执行期权情况下石油储量的条件概率分布，V_{exe} 是执

---

① 油气勘探开发过程中，地质储量的评估目前常用的储量评估方法有容积法、类比法和动态法。其中，容积法是国内外进行油气储量评估的最常用方法，通过公式中各项指标的分布可以计算出区块油气储量的概率分布，见载于《天然气勘探与开发》2011 年 1 月的《基于概率法的油气储量不确定性分析》。

行期权后的勘探项目价值。由于执行预探和详探以及获得活动勘探许可证需要进行相当可观的投资，假设分别为 I_1、I_0 和 I_0。预探获得油藏的概率为 λ。则勘探阶段开始时的期权价值为

$$V_{\mathrm{exp}} = \frac{\lambda \left[\,\max\,(V_{\mathrm{exe}} - I_2,\ o)\,\right]}{(1+r)^{T_0 - T}} - I_1$$

如果获得勘探许可证的费用小于未来所获得的期权价值，则石油公司有必要竞标目前区块的勘探权。

$$\begin{cases} V_{\mathrm{exp}} > I_0,\ 购买许可证 \\ V_{\mathrm{exp}} \leqslant I_0,\ 不购买许可证 \end{cases}$$

实物期权理论认为，决策者在投资项目的有效合同年限内拥有根据油价、资源国投资环境的变化提前放弃开采的相机决策的权利。期权价值可以理解为，在未来按照事先商定的执行价格相机执行期权所获得的收益期望。因此期权价值是随时间变化的。当继续持有期权获得的未来收益的期望小于立刻执行期权所获得的收益时，就选择在当期执行期权。就石油开发项目的放弃期权而言，当立即退出所获得的收益大于继续开采未来期望的收益时，应当选择停止开采。

我们从期权的到期日开始分析。在到期日 $t = T$，期权执行的决策规则如下：执行期权所得收益为正时行使权利，执行期权的收益即上一期权价值为

$$V_{T-1} = \max\{k - S_T,\ 0\}$$

式中，K 为放弃项目的残值。考虑 $t = T-1$ 期，是否执行期权取决于执行收益与继续持有的期权价值：

$$V_{T-2} = \max\{k - S_{T-1},\ \mathrm{e}^{-r\Delta t}\, V_{T-1}\}$$

考虑最佳行权时间 t^* 期，此时行权价值大于等待期权的价值，即

$$V_{t^*} = \max\{k - S_{t^*},\ \mathrm{e}^{-r\Delta t}\, V_{t^*+1}\}$$

$$k - S_{t^*} \geqslant \mathrm{e}^{-r\Delta t}\, V_{t^*+1}$$

期权价值为此时执行期权的贴现价值：

$$V^* = \mathrm{e}^{-rt^*}\, S_{t^*}$$

以上建立的模型和求解过程我们可以用 Matlab 编程得以实现。

当项目当前价值和扩展价值均低于内部收益率允许的最低点时，则意味着即使决策者很好地利用了相机决策机会获得了风险收益，但仍然不能获利，因此这类项目永远不能投资。而一些项目尽管利用传统现金流计算出来的价值内部收益率较低，但期权具有较高的价值，这意味着项目通过有效的风险控制可以获得较好风险收益。在当前价值内部收益率低于可接受的最低点，但扩展项目价值收益率较高时，决策者可推迟投资。

本 章 小 结

本章首先梳理了海外石油投资环境评价指标体系、工作流程、方法体系以及方法选择，之后重点阐述了"人–机–交互"框架中的"机智"及"人机交互"部分运用的模型方法。

本章主要内容及结论要点如下。

1）在系统阐述海外石油投资业务分类及系统特征的基础上，构建了海外石油投资环境评价指标体系，具体包括国家类评价指标、金融类评价指标以及企业类评价指标体系三个类别，同时对这三类评价指标的要点和次级指标体系进行了系统阐述，重点对企业类评价指标体系（含二级指标）的权重及赋值标准进行了归纳研究。

2）针对海外石油投资环境的子系统特征，阐述了海外石油投资环境系统评价的工作流程以及相关资料准备，具体包括确定类型、估算资源价值、系统结构剖析、构建模型、系统诊断、期权经济价值评估、群体目标优化7个环节工作，结合不同环节数据的输入和输出，对相关工作流程的信息"递阶"进行了研究。

3）依据海外石油投资环境系统分析理论架构的"机智"部分，按照"系统解剖"、"要素识别"和"系统维护"三个评价模块进行梳理，其中"系统解剖"主要包括计量经济分析方法、物元分析模型等，要素识别包括冷热国法、等级尺度法、道氏公司评估法、相似度评价法以及权重计算模型等，系统维护方法包括数据包络模型、耗散结构分析以及系统诊断分析等。

4）根据海外石油投资环境系统分析理论构架的"人机交互"部分，按照石油资源价值评估和开发经济价值评估进行梳理，其中石油资源价值评估包括Top-Down模型、井控网格法模型、井控积分法模型等；"全生命周期"价值评估是从循环经济角度出发，基于物质流、能源流和环境承载力对海外石油投资活动整个产业链的全部生产过程进行价值评估；开发经济价值评估主要是依据海外投资不同阶段的实物期权模型。

第 4 章　拉美地区石油投资环境系统分析

拉美地区拥有极其丰富的石油资源和颇为"典型"的产业结构特征。自 20 世纪 60 年代以来，拉美地区凭借其发达的石油产业成为欧美跨国石油公司和石油投资商竞相介入的全球热点地区之一，委内瑞拉、巴西、阿根廷、厄瓜多尔等拉美主要石油国家的石油产业一直是其支柱产业，但这些国家多变的经济环境和行业政策常常引起其石油投资环境的巨变，也自然引得外来石油投资商的非议和无奈。

据作者认知①，拉丁美洲地区政治、经济环境相对成熟，一直以来由于一系列地理、历史原因，美洲大陆石油经济系统形成了以美国为中心、南北两端供应、中间需求的均衡封闭大系统。2014 年下半年以来，这一稳定平衡的结构宣告打破，而国际油价"低位震荡"和美国"页岩革命"被认为是引发美洲地区石油经济系统结构巨变、拉美石油经济系统要素持续动荡的重要推手，由此引发了一系列拉美石油投资环境的系统稳定性研究和石油经济发展模式的深度思考。考虑到此次拉美石油经济系统剧变起因于外部环境突变和内部要素紊乱，基于这一认识，本章认为运用系统理论和复杂理论从管理熵的视角对拉美石油经济系统进行系统分析较为适宜。

4.1　拉美石油投资环境概况

4.1.1　自然地理与石油资源

拉丁美洲是指美国以南的美洲地区，位于太平洋与大西洋之间，地域上远离文明发达的欧亚大陆，南濒南极大陆，仅北面与美国接壤。基于其先天地理位置以及近代发展进程中诸多的"因缘际会"，历史上的拉丁美洲一直是一个处于相对封闭状态的巨型孤岛。

拉美地区地形地貌呈现西高东低，自然地理环境复杂多样，其西部为安第斯

---

① 穆献中等 . 2013. 解读中国石油企业的拉美机遇 . http：//www. oilchina. com/cnodc/syxx/cnodc_xl. jsp［2013-12-20］.

山脉，东部自北向南高原平原相间，大西洋暖流自东面进入拉美大陆，从而形成了丰富的、多雨、湿暖的自然气候，再加上拉丁美洲80%以上的地区处于热带和亚热带，因此气候极其潮湿温暖。此外，由于纵横交错的原生态水域和分布广泛的沼泽湿地，拉丁美洲大陆孕育了极其茂密的雨林和高大的原始森林，使得各类稀有甚至濒临灭亡的动植物资源在拉丁美洲都能见到，因而拉美大陆较好地保存了地壳板块活动的地貌完整性和物种多样性。

拉美地区拥有极为丰富的天然矿产资源，其中石油探明储量高居世界第2位，是全球最重要的石油输出地区之一，也是近10年来世界新增石油探明储量增长最大的区域。据 *BP Statistical Review of World Energy* 2015 测算，2004～2014年拉美地区石油探明储量从161.9亿t攀升至526.7亿t，在世界石油探明储量占比从8.6%猛增到22%，其主要增长原因是近年来石油勘探开发技术的快速发展，使得拉美地区大量的非常规油气资源由过去的技术不可采变为技术可采储量。

需要特别强调的是，2008年以来，拉美地区主要石油资源国新增探明石油储量都属于难以动用的非常规类型，如巴西深水（盐下）石油构造大发现、委内瑞拉超重油资源以及墨西哥页岩油等。正是这些数量庞大的传统认为不可采、不具经济价值的新增非常规石油储量使拉美地区成为近年来全球主要的石油储量增长点。例如，根据2015年的统计结果（表4-1），委内瑞拉奥里诺科重油带的探明石油储量达到353.5亿t，占全球探明石油总储量的14.7%，拉美地区石油储量潜力巨大。

表4-1　拉美地区及国家石油天然气储量表（2015年统计结果）

区域	储量	
	石油（亿t）	天然气（万亿 m^3）
拉美地区	526.7	7.91
墨西哥	15.2	0.35
阿根廷	3.2	0.30
巴西	23.5	0.46
哥伦比亚	3.5	0.16
厄瓜多尔	11.7	0.23
秘鲁	1.9	0.43
特立尼达和多巴哥	1.1	0.35
委内瑞拉	465.8	5.58
其他拉美国家	0.7	0.06
世界	2398.4	187.1
奥里诺科重油带（委内瑞拉）	353.5	

资料来源：*BP Statistical Review of World Energy* 2015

4.1.2 地缘政治系统演化特征

自 19 世纪初，美国实行"门罗主义"① 以来，拉美地区的发展模式就一直受到美国的严重渗透和强力干预，使得在相当长的一段时期内大部分拉美国家的政治架构和经济发展都或多或少地依赖于美国。造成这一局面的一大部分原因来自于拉美地区"尴尬"的地理位置。尽管拉美地区是世界传统的石油出口地区，但由于距离欧亚大陆庞大的石油消费市场遥远，长距离原油运输大大增加了成本，大大压缩了原本就不占开采成本优势的拉美国家石油利润。再加上毗邻美国这一超级经济体和能源消费体，因而拉美地区一直扮演着北美石油市场供给方的角色，由此形成了美洲大陆"自成一体"的相对封闭油气供需系统。

冷战结束以后，随着经济全球化和世界多极化发展格局的渐趋形成，拉美地区开始逐渐摆脱美国的政治控制，而谋求自身的经济发展和区域功能定位。石油作为确保国家能源安全，关乎各自民族利益的重要战略性资源，首先受到高度关注。这一方面是由于拉美国家自身发展带来的石油净供给角色的转变，另一方面石油也是委内瑞拉、阿根廷、墨西哥等主要石油资源国维系其良性国际关系、谋求国际话语权的重要筹码。

近年来，拉美地区主要石油国地缘政治有以下两个方面的演化特征。

(1) 石油产业"国有化"政策，造成拉美主要石油资源国公信力严重缺失

21 世纪以来，伴随国际油价高企，拉美地区主要石油资源国家自信心和石油盈利期望值极度膨胀，纷纷推行石油资源国有化的政策，即对跨国石油公司已持有本国石油公司股份实行强力回购并收取高额税赋等，使得其与拉美主要石油资源国的合作难度和合作风险都持续加大，其对外石油投资环境持续恶化。尤其是阿根廷、委内瑞拉、厄瓜多尔、巴西等拉美石油大国不顾国际信誉和国家公信力，轻易撕毁与跨国石油公司的合作公约，逼迫其纷纷离开拉美石油勘探开发市场，给拉美主要石油资源国政治信誉和政府公信力造成了无可挽回的严重影响。

2014 年以来，伴随国际油价日趋走低，大部分拉美石油大国经济举步维艰，尽管其中很多国家已经放弃了石油产业"国有化"政策，并掀起了新一轮油气产业的对外开放政策，使得对外石油投资环境渐趋转好，但拉美国家前期造成的恶劣政治影响和国家公信力缺失短期内难以挽回。更为严重的是，由于拉美石油

---

① 门罗主义（Monroe Doctrine）由美国时任总统詹姆斯·门罗发表于 1823 年，表明美利坚合众国当时的观点，即欧洲列强不应再殖民美洲，或涉足美国与墨西哥等美洲国家之主权相关事务，这是美国涉外事务的转折点。

国家频繁变更石油政策导致不少国际石油公司蒙受巨额损失，而对国际石油公司的赔偿寥寥无几，这种反复无常、难以捉摸的政策制度令大多数国际石油公司望而却步。

（2）美国"页岩技术革命"，对拉美石油产业造成严重冲击

2000 年以来，美国"页岩油气"勘探开发技术取得了巨大成功，在美国乃至全球范围内引起了一场声势浩大的"页岩技术革命"浪潮，不仅使美国实现了本土页岩油气产量的大幅增加，逐渐由能源净进口国向净出口国转变，而且使整个美洲大陆原有的相对封闭石油供需格局被打破。这意味着北美对拉美石油国家的石油需求将大大降低，拉美石油国家丧失了重要的石油收入来源。

另外，由于非常规石油资源开发潜能在国际原油市场上的全面释放，2014年下半年以来国际油价持续走低，对国际油价十分敏感的拉美石油产业受到了很大冲击，财政危机、通货膨胀、经济倒退等一系列问题接连产生。政治经济环境严重恶化的拉美石油资源国必然会迎来一系列的政治体制变革和外交策略转变，以适应当前新的国际油价投资环境和新的世界石油供需格局。

4.1.3　区域经济与产业经济特征

拉丁美洲自然矿产资源极其丰富，但工业仅以矿产资源的初级加工出口为主，因此受到国际原油市场商品价格波动影响较大。2000 年以来，拉美地区国民生产总值不仅有明显的增长趋势，拉美国家的经济实力也有了显著增强。但2014 年以来，伴随国际油价持续走低，委内瑞拉、阿根廷、巴西等拉美主要石油产业大国经济几近破产，造成拉美地区经济增长速度明显放缓，甚至一度出现了严重的负增长（图 4-1）。

究其根源，造成拉美主要石油资源国经济增长下滑甚至负增长的原因十分复杂，不仅包含了历史地理等客观因素，更主要的是拉美石油国家独特的经济结构和产业形态。拉美主要石油资源国产业结构单一，严重依赖矿产资源开发和出口，一旦国际资源性矿产品商品价格波动，就会对其经济产生很大的影响。2014年下半年以来，国际原油价格从 130 美元/桶下跌至 40 美元/桶，对于依赖石油出口的拉美经济造成了很大影响，委内瑞拉甚至到了破产的地步。

通过图 4-2 可以看出，拉美主要石油国家的产业结构有明显的发达国家特征，即第三产业的 GDP 占比过半，但实际上所有的拉美石油国家都是深陷中等收入国家陷阱的发展中国家。由于拉美国家过度追求城市化、产业结构化等表面指标，导致拉美国家尤其是石油经济体"徒有发达国家之外表"。拉美石油国家第二产业的 GDP 占比重中很大一部分来自于有其先天优势的自然资源开采业，

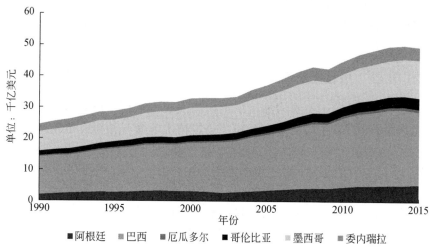

图 4-1 拉美地区 GDP 及增长变化（1990～2015 年）

资料来源：http：//www. Worldbank. org

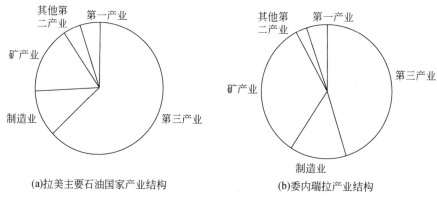

(a)拉美主要石油国家产业结构　　　　(b)委内瑞拉产业结构

图 4-2 2015 年拉美主要石油国家及委内瑞拉产业 GDP 占比

资料来源：http：//www. Worldbank. org

尤其是矿产业，而制造业则相对羸弱。以这种状况尤为明显的委内瑞拉为例，委内瑞拉矿产业（主要是石油产业）已经达到接近 40% 的国民生产总值，这种严重的比例失衡实际上是拉美石油国家过度依赖资源产业而导致"荷兰病"带来的结构问题。更为严重的是，如果政府对于这种经济结构不加干预，"荷兰病"现象会不断地自我强化，国民经济对于资源产业，尤其是石油产业的依赖度不断增加（2015 年已经达到 95%），而其他产业难以竞争到资金、人力等有利资源从而不断萎缩，进一步恶化拉美石油国家畸形的产业结构。

拉美石油国家产业结构的弊端在于，一方面当石油收入成为国家经济增长的主要来源后，政府对于服务人民的绩效收入（税收）的依赖程度会大大降低，导致政府的办事效率和积极性都随之减少。另一方面，如果缺乏完善的监管体制，极易引发政府腐败，并运用不正当手段继续寻租，进而发展成为当权者竞相逐利的恶性循环。

除此之外，拉美地区由于主要资源类型为页岩油、深水、重油非常规石油，对于技术要求相对较高，这导致拉美地区石油本身的开采成本偏高。再加上拉美地区距离欧亚大陆遥远，较高的运输成本使得拉美石油的市场竞争力进一步降低。高成本的隐患在低油价下暴露出来，再由畸形的产业结构进一步扩大，造成了拉美地区当前经济状况的不景气（图4-3）。

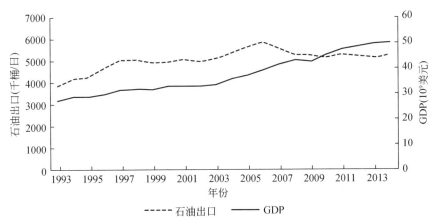

图4-3　拉美地区石油出口与经济发展图（1993～2014 年）

资料来源：*BP Statistical Review of World Energy* 2015

4.1.4　拉美民族特色及语言文化

欧洲在拉美地区的殖民历史开始于 15 世纪末，特别是持续了 300 多年的殖民历史阻断了拉美本土印第安文化的有效传承，复杂的近代文明交融造成拉美民族文化颇具多样性和包容性，而这种独特的民族演化特征对该地区石油投资环境产生了非常大的影响。

欧洲在拉美地区殖民期间，主要扮演了欧洲殖民国家的基础物资稳定供给的角色。数百年间，黑人奴隶被迫在种植园里的"不情愿"劳作，形成了其精神懈怠和"磨洋工"等工作劣习。当然这种"消极怠工"的工作态度与拉美文化崇尚有限自由的生活态度有很大关联，但这种自由态度一直持续到了现代社会，并饱受外界诟病。例如，2016 年的巴西里约奥运会被称为"最拖沓"的奥运会，场馆建设的工期不仅严重延误，甚至到了正式比赛日场馆尚有一些未完工的施工场面，且施工质量非常差。

在对外石油合作项目的建设过程中，工期延迟、质量不达标的状况也是屡见不鲜。拉美人除了工作效率普遍不高，时间观念也非常差，在与部分国家的石油合作谈判中，没有多轮的反复交涉，是难以取得实质性进展的，从而导致部分投资项目错失最佳投资时机的情况时有发生。

长期的殖民压迫历史造就了拉美民族崇尚自由、追求自我的强烈个人主义倾向，尤其强调国家领导者的典范作用，因此拉美地区部分国家领导者的领导风范颇具个人色彩。从玻利瓦尔领导拉美民族独立，到委内瑞拉已故的原总统查韦斯大刀阔斧的石油体制改革，再到阿根廷原总统克里斯蒂娜一手推动的石油国有化政策等，都体现了拉美地区部分国家领导人特有的强烈个人主义色彩。从中也可以看出，无论拉美地区这些国家的领导者是改革成功还是黯然下台，都反映出了拉美特有的文化取向。

考虑到石油在拉美地区能源经济体中一直扮演着举足轻重的地位，因此部分拉美国家对其石油收入的严格管控就显得极为重要。然而，石油国家的经济繁荣很大程度上是依赖于其法律监管制度的健全，而这恰恰与拉美文化主流"自由"相矛盾。拉美国家崇尚自由的文化特色似乎更加强调领导者在国家发展中的作用，因此其更偏向于随意的"人治"而非严谨的"法制"。部分国家任意地修改其宪法，不计后果就随意篡改已生效的国际合约等都充分说明了这一点。这种拉美独有的领导方式对其领导者的领导能力、战略远见、公正态度都做出了极大的考验，因此极易催生政治腐败，从而导致政府的执政效率不高，经济发展一直萎靡不振。

此外，由于拉美文化属于混合文化，突出多文化的交叉融合，某种程度上也形成了拉美人重契约而轻感情的特点，加上石油行业本身属于高技术、高门槛行业，对于技术工人专业化水平要求相对较高，对外石油合作难以有效改善当地就业形势。使得当地居民形成了"本国资源收入，流入外国石油公司的腰包"的错误印象，继而引发由于利益分配问题导致的劳工矛盾，最终导致工人罢工。

4.2　熵视角下的拉美石油投资环境系统解析

4.2.1　拉美石油投资环境系统的系统诊断

2014 年以来，油价的持续低迷对拉美石油经济体造成了一定的冲击，继而引发拉美石油投资环境系统动荡。基于这一背景，本节首先运用系统诊断工具对拉美石油投资环境系统进行解析，然后根据解析结果在 4.3 节运用数量分析工具进行验证。

根据本书第 3 章中关于系统诊断的介绍，对于拉美石油投资环境系统的诊断属于比较典型的后向诊断。值得注意的是，基于前文的现状描述和作者的研究思路，对于拉美石油投资环境系统的分析是建立在灰色系统分析与复杂性理论的基础之上的。针对这一情况，本节的系统诊断采用了定性与定量分析结合的思路，通过定性分析找出可能的原因，并运用定量的灰色关联度进行敏感性检验。

首先，尽管现有研究已经表明在当前环境下拉美石油经济体不景气导致投资环境恶化的观点主要体现在石油产业不振导致的整体宏观经济不景气等方面，但近年来拉美主要石油国家的经济环境并没有持续低迷，在近 20 年以来已经实现了大幅度的增长（图 4-1），与此同时投资环境也出现了相应变化。

其次，拉美石油投资环境系统波动主要体现在 2014 年以来石油价格下跌之后。通过图 4-4 可以看出，尽管近年来拉美经济与油价的关联程度已经下降非常明显，但仍保持了较高的水平（大于 0.96），这说明二者仍旧存在较强的关联性。

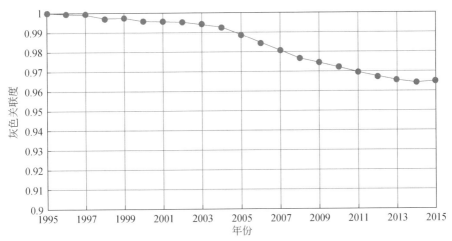

图 4-4 拉美主要国家经济与 Brent 油价灰色关联度示意图（1995~2015 年）

资料来源：*BP Statistical Review of World Energy* 2015

最后，北美油气增产被认为是造成拉美石油投资环境突变的另一个关键原因。这是因为北美能源战略地位的转型打破了传统美洲油气的供需平衡，导致了拉美主要石油国家丧失了大量的市场需求。一方面，特殊的地理位置决定了拉美主要石油国家短距离范围内没有其他的石油需求大国，因此拉美石油国家不可能在短期内找到投资来源；另一方面，由于技术优势，北美页岩油的开采成本远低于拉美的重油和深水等，导致拉美主要石油国家没有成本优势，缺乏市场竞争。

为了检验北美石油产量与 Brent 油价以及拉美 GDP 间的关系，选取相关数据进行了灰色关联度的计算，结果如图 4-5 所示。

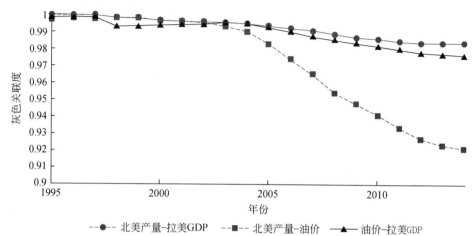

图 4-5　北美石油产量、Brent 油价、拉美 GDP 灰色关联度示意图（1995～2014 年）

资料来源：*BP Statistical Review of World Energy* 2015

对比北美石油产量与 Brent 油价图不难看出，尽管图 4-5 中三条曲线自 1998 年就开始呈现出一定程度的下降，但这期间北美石油产量变化属于正常水平，但油价起伏很大，这主要是由于 1997 年金融危机。但 2004 年以来图 4-5 中三条曲线均呈现出不同程度的下跌，其中最明显的是北美石油产量与油价的灰色关联度，一路下降到 2014 年的 0.92 水平，这从一定程度上反映出油价下跌与北美石油增产具有一定的关联。而油价下跌引发的拉美地区经济水平下降也与前文分析的结论一致。最后，通过北美石油产量与拉美经济水平的灰色关联趋势也可以判断出二者之间存在必要的联系。

不难看出，拉美石油投资环境系统恶化的主要原因有很多，内部因素包括拉美石油国家内部产业结构等一系列问题，外部因素还包括油价、市场需求等原因。通过系统诊断能根据拉美石油投资环境表现与相关因素的关联敏感度发现造成其经济恶化的直接问题，但造成这些直接问题的更深层次的原因，还需要进行更加深入细致的研究。

4.2.2　拉美石油投资环境系统的熵解析

一直以来，美洲地区是一个典型的"自成一体"油气产业综合系统。在供需布局和区域分工方面，美洲有加拿大、委内瑞拉、巴西这样的传统油气资源生产和潜力大国，当然也有美国这样的油气资源需求大国，在资源分布上也形成了以美国为中心的"南北互补"、油气递补、上下游协调均衡的发展特色。

但近年来，美洲大陆"自成一体"的油气产业系统平衡被打破。一方面，受北美"页岩革命"影响，美国非常规石油产量大幅增加，美国正逐渐由石油进口国向石油出口国转变。这意味着美洲油气系统的需求端被削弱，从而使原本的供需关系失去了平衡。另一方面，随着技术进步和节能意识的提高，需求端被进一步削弱，如图4-6所示。

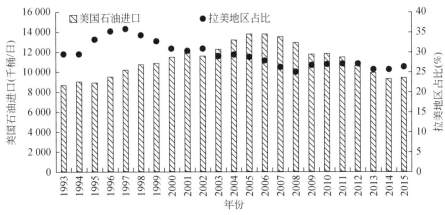

图4-6　美国石油进口量及拉美地区所占比例变化（1993~2015年）

资料来源：EIA International Statistics 2016

需要注意的是，美洲油气系统平衡的打破并非单纯的供需关系打破，而是会引起一系列的连锁反应（图4-7）。首先，北美石油产量的增加会引起国际原油市场供需关系的变化，短期内会造成市场供过于求的现象，从而造成国际原油价格的下跌，而长期来看则会使国际原油市场结构的重新调整。这种现象的产生主要是由原油的高价格敏感性决定的。从图4-8中可以看出，每一次原油产国发生变故都会引起原油价格的震荡。2014年以来，北美页岩革命使得美国非常规石油产量大幅提升，此外，由于美国不是OPEC成员国，因而产量不受OPEC配额约束，国际原油市场大量原有涌入，进而引起油价的下跌（许坤等，2015）。

同时，大多数拉美油气国家如墨西哥、委内瑞拉等在传统美洲油气供需结构中扮演着油气供给端的角色。由于很长一段时间内，这个供需关系趋于稳定，因而这些国家形成了以保证石油供给为中心的稳定结构。尽管这种结构存在一定的弊端，如"荷兰病"、通货膨胀等现象在这些国家中十分严重，但这些问题在高油价时期被掩盖下来。2014年9月以来，国际油价由超过100美元/桶迅速降至40美元/桶，使得拉美石油国家的经济遭受沉重打击。

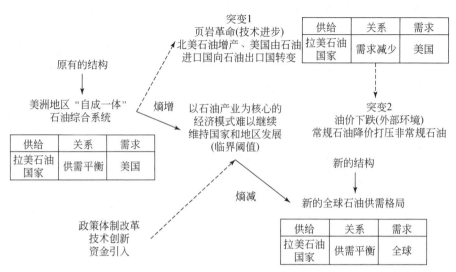

图 4-7　油价暴跌引发的美洲地区石油投资环境系统熵变解析

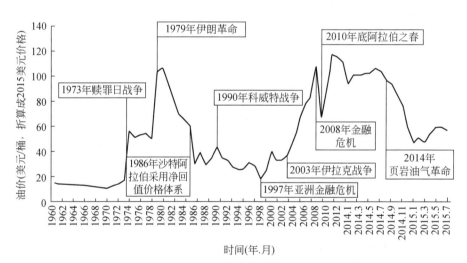

图 4-8　1960～2015 年国际油价走势及重大影响事件

资料来源：*BP Statistical Review of World Energy* 2015

　　首先，大多拉美石油国家缺乏完善的、健全的政策体制，对于风险的应对能力薄弱；其次，拉美石油国家政策多变，且相对封闭，外界力量进入的门槛高；最后，拉美国家的石油大多为重油、超重油、深水等类型，开采成本高。因而在这种情况下，低油价引发的一系列经济、政策、社会问题率先在拉美地区爆发。

　　从系统层面来看，原有供需平衡已经被打破，而对于油价高敏感的子系统正在积极调整和适应新的环境。例如，墨西哥向国外石油公司开放了墨西哥湾油区的部分区块；委内瑞拉从中国取得了贷款等。这些行为表面上是拉美石油国家为应对低油价而采取的应急措施，从更深的层次来看，实际上是系统自适应、自组织行为的表现。总的来说，尽管微观层面乃至中观层面上，拉美国家出现了由于低油价引发的一系列短期内不适应的症状，但宏观上仍趋于稳定。而以此为契机，拉美国家通过调整自身结构，优化政策体系和发展策略，使得国家得以继续存在和发展。

根据耗散结构理论，形成新的有序结构的重要前提是系统是开放的。目前来看拉美部分石油国家的开放程度并不高，这主要是由于之前在油价处于高位时，石油国家为保护自身利益和本国石油企业的发展而采取的保护措施，但随着外界环境的变化，这个自我保护的壁垒也在逐渐打破。石油国家作为油价波动最直接的受影响者，通过引入政策体制改革、技术创新、资金引入等负熵流不断地自我调整和自我适应形成新的子系统结构，然后通过不同的石油国家以及非石油国家间的合作与协同形成拉美地区内新的区域有序结构。

从系统层面对拉美石油投资环境系统进行分析。美洲大陆"自成一体"的油气产业系统平衡被打破是由于北美石油产量的增加引起国际原油市场供需关系的变化，短期内造成市场供过于求，国际原油价格的下跌；而长期来看则会引发国际原油市场结构的重新调整。这种现象的产生主要是由原油的高价格敏感性导致的。

这是由于：①大多拉美石油国家缺乏完善的、健全的政策体制，对风险的应对能力薄弱；②拉美石油国家政策多变且相对封闭，与外界力量进入的门槛高；③拉美国家的石油大多为重油、超重油、深水等类型，开采成本高。因而在这种情况下，低油价引发的一系列经济、政策、社会问题率先在拉美地区爆发。

根据耗散结构理论，拉美石油国家可以通过引入政策、技术和资金等负熵流不断地自我调整和自我适应，以形成新的系统结构。通过子系统间的竞争与协同形成拉美地区新的区域有序结构，但这一有序结构的形成必须是基于开放系统的。

4.3 拉美地区石油输出与经济发展的灰色熵分析

拉美地区经济相对稳定和成熟，国家分裂等突变发生的可能性较小，因此拉美石油投资环境系统突出系统复杂性和要素复杂性。另外，由于拉美特殊的地理位置导致其美洲油气经济系统的独立性，在此次美洲油气供需系统失衡的背景下，拉美石油投资环境问题具有明显的系统学特征。

考虑到拉美地区投资环境的复杂性与系统性，本节运用系统学理论和复杂性理论对拉美地区石油输出与经济发展进行分析（穆献中和胡广文，2016）。基于上节对拉美石油投资环境系统的诊断和解析，考虑到拉丁美洲独特的区位特征和产业结构形态以及当前国际石油市场持续低迷的状态，对于拉美地区石油国家石油投资环境系统分析的关键应从其石油输出与经济发展间的关联着手。尽管这一判断在一定程度上是片面的（投资环境系统的研究所涉及层面与方面要远复杂于经济发展与石油输出的相关性），但针对拉美地区石油投资环境的特点（系统目前相对"封闭"和"孤立"，国有化倾向严重，且高度依赖石油输出水平和经济发展水平），这一分析思路也是贴合实际且可行的。

而基于灰色系统理论的依据在于，从系统层面分析的数据颗粒度和信息不完备程度。其中的研究数据主要来自 *BP Statistical Review of World Energy* 2015、*EIA International Energy Statistics*[①]、世界银行[②]、*Annual Statistical Bulletin*[③]。为了兼顾数据的完整性与时效性，选取了拉美地区 5 个主要产油国家（阿根廷、巴西、哥伦比亚、厄瓜多尔、委内瑞拉）1992～2014 年石油出口量（千桶/日）、GDP 数据（以 2010 年美元计）进行分析。

4.3.1 拉美石油输出与经济发展的灰色关联度分析

灰色关联度是根据序列曲线上点与点之间的距离分析灰色系统中各因素间关联程度的一种量化方法。曲线越接近，相应序列之间关联度越大，反之越小。利用灰色关联度作为测度进行综合评价，可以充分利用已有的白化信息，减少误差。

拉美地区石油出口与经济发展水平的灰色关联度计算如下。

步骤 1　无量纲化处理得序列 $Y_0 = \{y_{01}, y_{02}, \cdots, y_{0n}\}$ 和 $Y_i = \{y_{i1}, y_{i2}, \cdots, y_{in}\}$

$$y_{0k} = \frac{x_{0k}}{x_{01}}, \ k = 1, 2, \cdots, n$$

$$y_{ik} = \frac{x_{ik}}{x_{i1}}, \ k = 1, 2, \cdots, n$$

步骤 2　熵权法计算权重 W_k：

---

①　详见 http：//www.eia.gov.

②　详见 World Bank Data. http：//www.worldbank.org.

③　详见 OPEC Annual Statistical Bulletin. http：//www.opec.org.

$$w_k = \frac{1 - p_k}{\sum\limits_{k=1}^{n} (1 - p_k)} k = 1, 2, \cdots, n$$

其中

$$p_k = \begin{cases} -\frac{1}{\ln(k)} \sum\limits_{l=1}^{k} (v_k \times \ln |v_k|) & k = 2, 3, \cdots, n \\ 0, & k = 1 \end{cases}$$

$$\delta_k = \frac{y_{ik} - y_{0k}}{1 + y_{ik} \times y_{0k}}$$

$$v_k = \text{sgn}(\delta_k) \times \sqrt{\frac{1}{1 + \delta_k^2}}$$

步骤3 计算灰色关联度 r_{oi}：

$$r_{oi} = \sum_{k=1}^{n} v_k \times w_k \, k = 1, 2, 3, \cdots, n$$

表4-2 中，第 n 年灰色关联度的计算结果由1992 年至第 n 年的数据求得，反映的是1992 年至第 n 年拉美地区（国家）石油出口与经济发展水平的关联。例如，2014 年拉美地区的灰色关联度为0.996，表明由1992 ~ 2014 年的历史数据可以求得二者的灰色关联度为0.996。这说明2014 年拉美地区经济发展水平与石油输出呈现出非常高的关联。

表4-2 拉美及其主要石油国家石油输出与经济发展灰色关联度计算结果（1992 ~ 2014 年）

年份	拉美	阿根廷	巴西	哥伦比亚	厄瓜多尔	委内瑞拉
1992	1	1	1	1	1	1
1993	1	0. 993 654	0. 99 987	0. 999 447	0. 999 197	0. 998 845
1994	0. 99 999	0. 961 404	0. 999 518	0. 999 616	0. 998 453	0. 9 972
1995	0. 999 666	0. 931 447	0. 945 402	0. 99 311	0. 997 785	0. 995 941
1996	0. 999 168	0. 915 601	0. 950 299	0. 990 049	0. 997 822	0. 994 006
1997	0. 998 553	0. 908 368	0. 950 426	0. 987 697	0. 997 616	0. 992 099
1998	0. 998 134	0. 904 733	0. 957 151	0. 982 875	0. 997 841	0. 990 593
1999	0. 998 24	0. 903 508	0. 954 475	0. 975 681	0. 998 004	0. 990 346
2000	0. 998 325	0. 902 092	0. 937 632	0. 974 649	0. 998 108	0. 989 755
2001	0. 998 411	0. 902 097	0. 924 202	0. 97 625	0. 998 189	0. 990 042
2002	0. 998 553	0. 89 743	0. 911 261	0. 977 997	0. 998 353	0. 990 669
2003	0. 998 674	0. 897 115	0. 900 739	0. 979 901	0. 998 422	0. 991 096

续表

年份	拉美	阿根廷	巴西	哥伦比亚	厄瓜多尔	委内瑞拉
2004	0.998 768	0.900 405	0.893 325	0.981 323	0.997 559	0.991 765
2005	0.998 83	0.905 648	0.887 716	0.982 645	0.997 087	0.991 262
2006	0.998 86	0.912 684	0.883 681	0.983 565	0.996 704	0.991 4
2007	0.998 857	0.916 846	0.881 292	0.984 271	0.996 712	0.991 861
2008	0.998 527	0.920 015	0.880 046	0.985 12	0.996 791	0.992 255
2009	0.998 221	0.924 839	0.878 92	0.985 797	0.996 957	0.992 316
2010	0.997 879	0.926 414	0.878 934	0.985 946	0.997 116	0.991 372
2011	0.997 365	0.927 82	0.879 425	0.985 733	0.997 249	0.990 247
2012	0.996 865	0.929 035	0.880 083	0.985 58	0.997 361	0.989 401
2013	0.996 144	0.929 192	0.880 981	0.985 346	0.997 482	0.989 142
2014	0.995 971	0.928 753	0.881 8	0.985 114	0.997 587	0.989 596

为更直观地反映拉美地区石油输出与区域经济的发展，计算结果如图 4-9 所示。

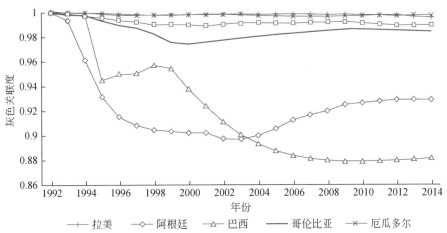

图 4-9　拉美主要石油国家石油输出与经济发展灰色关联度示意图（1992~2014 年）

资料来源：胡广文，2016.

从图中不难发现，拉美区域整体、厄瓜多尔、哥伦比亚和委内瑞拉石油出口与经济发展均处于高位（>0.97）且保持稳定，这说明这几个国家和地区的二者相关性较高，并且能够保持相对恒定的关系。值得注意的是巴西自 1998 年以来石油出口与经济发展的关联度不断下降，达到拉美地区最低水平（0.88）。这与巴西采取与其他国家不同的发展模式有关。

巴西经济水平居于拉美地区的前列，经济发展模式相对多元化，石油的地位在其经济主体中和其他拉美国家相比较低，因此经济发展对石油的依赖程度相对不高。同时，巴西石油资源以深水和超深水为主，开采难度相对较大，成本较高，不易形成大规模的石油产区。

另外一条较低的曲线为阿根廷，但近年来阿根廷石油输出与经济发展的关联程度呈现出上升的趋势。这是因为阿根廷作为石油净出口国，近年来由于石油产量的下降以及石油需求量的增加使其可能在未来转变为石油净进口国。此外，尽管强行国有化 YPF（阿根廷本国最大石油企业）目的在于提高阿根廷石油产量，然而这一措施没有达到预期目标。外汇紧张以及信用评级下调导致的国际收支巨大压力造成外资撤出，阿根廷石油产量连续下降。阿根廷国内石油供需的矛盾已经开始对阿根廷经济产生一定的负面影响。一方面阿根廷经济的增长依赖于投资和国内需求的推动，而作为推动本国经济发展的石油优势可能会由于投资环境动荡，尤其是政治多变而遭到削弱。

4.3.2 拉美石油输出与经济发展的灰熵计算

对数据进行以下处理。

步骤 1 对初始序列拉美地区石油出口量 $X = \{x_1, x_2, \cdots, x_{23}\}$ 和 GDP 历史数据 $Y = \{y_1, y_2, \cdots, y_{23}\}$ 做如下计算：

$$sx_k = \frac{x_k}{x_1}, \ k = 1, 2, \cdots, 23$$

$$y_k = \frac{y_k}{y_1}, \ k = 1, 2, \cdots, 23$$

步骤 2 灰色熵的计算：

$$v_k = \text{sgn}(\delta_k) \times \sqrt{\frac{1}{1 + \delta_k^2}}$$

其中，

$$\delta_k = \frac{ey_k - ex_k}{1 + ey_k \times ex_k}$$

$$ex_k = \sum_i^k sx_i \log(sx_i)$$

$$ey_k = \sum_i^k sy_i \log(sy_i)$$

专栏 4-1：改进型的灰色关联度计算

灰色关联度计算的基本思想在于：两序列曲线的整体相似是基于局部相似的。通过比较序列曲线间的最值的相近性，来证明局部相似是整体相似的充分条件。但目前的关联度计算方法尚不能同时满足规范性与保序性这两个要求，即现行的关联度定义和计算思想下，具有规范性和保序性的关联度算法是不存在的。

尽管在现行定义和算法体系下灰色关联度的规范性和保序性缺陷难以回避，但可以通过对算法基本思想进行适当的修正来提升灰色关联度的规范性和准确性。

灰色关联度的基本思想在于将不同序列曲线的局部特征进行比较，这里的局部特征包含两个方面：一方面是曲线的几何特征，如曲线间的距离、斜率等；另一方面是数值特征，主要是通过限定最大值和最小值来反映曲线的相近或相似程度。需要注意的是，目前普遍采用的灰色关联度计算方法中，差异主要是体现在曲线几何特征的表示中，而在进一步的计算中，基本上都采用了求和平均的计算方法，即最后一步的运算为

$$r(X_0, X_i) = \frac{1}{n-1}\sum_{k=1}^{n-1}\varphi(k)$$

而在关联度的实际运算过程中，为了更好地反映序列间的关联性，往往需要突出序列变化的差异，弱化相近的部分。也就是说，如果序列间的差异越大，其权重也越大；差异越小，则权重越接近 $\frac{1}{n-1}$。这样不仅能体现出序列间的差异，也不违背规范性的要求。

因此，提出了一种改进型的灰色关联度计算方法。

设有序列 $X_0 = \{x_{01}, x_{02}, \cdots, x_{0n}\}$ 和 $X_i = \{x_{i1}, x_{i2}, \cdots, x_{in}\}$，$x_{0k}$ 和 x_{ik} 分别表示序列 X_0 和 X_i 第 k 年的值，经如下计算得 X_0 与 X_i 的灰色关联度 r_{oi}。

步骤 1 无量纲化处理得序列 $Y_0 = \{y_{01}, y_{02}, \cdots, y_{0n}\}$ 和 $Y_i = \{y_{i1}, y_{i2}, \cdots, y_{in}\}$

$$y_{0k} = \frac{x_{0k}}{x_{01}}, \quad k = 1, 2, \cdots, n$$

$$y_{ik} = \frac{x_{ik}}{x_{i1}}, \quad k = 1, 2, \cdots, n$$

步骤2　熵权法计算权重 W_k：

$$w_k = \frac{1 - p_k}{\sum\limits_{k=1}^{n} (1 - p_k)} \quad k = 1, 2, \cdots, n$$

其中，

$$p_k = \begin{cases} -\dfrac{1}{\ln(k)} \sum\limits_{l=1}^{k} (v_k \times \ln|v_k|) & k = 2, 3, \cdots, n \\ 0, & k = 1 \end{cases}$$

$$\delta_k = \frac{y_{ik} - y_{0k}}{1 + y_{ik} \times y_{0k}}$$

$$v_k = \text{sgn}(\delta_k) \times \sqrt{\frac{1}{1 + \delta_k^2}}$$

步骤3　计算灰色关联度 r_{oi}：

$$r_{oi} = \sum_{k=1}^{n} v_k \times w_k \quad k = 1, 2, 3, \cdots, n$$

该算法的思想是，通过曲线结构的斜率夹角 $\theta_k = \arccos v_k$ 反映曲线间的相似性，在绝对关联度通过斜率体现相似性的基础上加入了 T 型关联度关于变化态势的描述。另外，充分考虑了曲线拓扑相似性。以下是关于该算法的保序性和规范性证明。

保序性：

由于归一化不具有保序性，而在熵权法计算权重过程中采用了归一化处理，因此该算法不具有保序性。

规范性：

序列 $X_0 = \{x_{01}, x_{02}, \cdots, x_{0n}\}$ 和 $X_i = \{x_{i1}, x_{i2}, \cdots, x_{in}\}$ 完全相似（平行或结构相似）当且仅当灰色关联度 $r_{oi} = 1$。

充分性：

若序列 $X_0 = \{x_{01}, x_{02}, \cdots, x_{0n}\}$ 和 $X_i = \{x_{i1}, x_{i2}, \cdots, x_{in}\}$ 完全相似（平行或结构相似），则序列经步骤1处理后必有曲线斜率夹角 θ_k 处为 0°，即有 $\theta_k = 0°$。此时有 $v_k = \cos\theta_k = 1$，则 $p_k = 0$，所以 $w_k = \dfrac{1}{n_k}$，即有 $r_{oi} = 1$。得证。

必要性：

由归一化性质易知，$w_k = \dfrac{1 - p_k}{\displaystyle\sum_{k=1}^{n}(1 - p_k)}$ 不改变原始序列的单调性，因此只

需考察 $-\dfrac{1}{\ln(k)}\displaystyle\sum_{l=1}^{k}(v_k \times \ln|v_k|)$ 的单调性即可。

对 $f(x) = x\ln x$ 求一阶导数得

$f'(x) = 1 + \ln x$

因为 $x = v_k = \cos\theta \in [-1, 1]$ 且 $x > 0$，因此有极值点 $x = \dfrac{1}{e}$。

由一阶导数 $f'(x)$ 正负可判断 $f(x)$ 在 $\left(0, \dfrac{1}{e}\right)$ 上递减，在 $\left(\dfrac{1}{e}, 1\right)$ 上递增。

又因为有灰色关联度 $r_{oi} = 1$，所以 $r_{oi} = 1$ 必在端点值 $v_k = 0$ 或 $v_k = 1$ 上取到。

当 $v_k = 0$，即 $\cos\theta = 0$，曲线斜率夹角 $\theta = \dfrac{\pi}{2}$，$p_k = 0$，$w_k = \dfrac{1}{n}$，则 $r_{oi} = \displaystyle\sum_{k=1}^{n}v_k \times w_k = \displaystyle\sum_{k=1}^{n}0 \times \dfrac{1}{n} = 0$。

当 $v_k = 1$，即 $\cos\theta = 1$，曲线斜率夹角 $\theta = 0$，$p_k = 0$，$w_k = \dfrac{1}{n}$，则 $r_{oi} = \displaystyle\sum_{k=1}^{n}v_k \times w_k = \displaystyle\sum_{k=1}^{n}1 \times \dfrac{1}{n} = 1$。

得证。

拉美地区经济发展与石油输出的灰色熵计算结果见表 4-3。由于灰熵的计算依赖于历史数据的累积影响，因此初始年份的数据出现了较大波动。随着数据的增加，数据序列灰熵特征开始逐渐平稳并显现出来。从需要说明的是，根据灰熵的原理，灰熵是通过不同序列斜率的夹角来判断序列灰熵的关联程度，其实际意义在于两序列灰熵越接近 1，说明两序列的变化态势越一致。这是因为熵在一定程度上反映了数据序列变化的波动幅度和频率，所以灰熵能够通过熵斜率的夹角判断序列间波动的一致性。

表4-3 拉美主要石油国家石油输出与经济发展灰熵计算结果（1992~2014年）

年份	拉美地区	阿根廷	巴西	哥伦比亚	厄瓜多尔	委内瑞拉
1992	0	0	0	0	0	0
1993	0.999 999	0.977 243	0.999 785	0.998 895	0.998 355	0.997 682
1994	0.999 955	0.502 142	0.997 734	0.999 303	0.989 456	0.983 491
1995	0.997 68	0.289 251	0.201 42	0.911 941	0.968 957	0.949 553
1996	0.987 365	0.287 129	0.276 918	0.806 108	0.952 27	0.879 939
1997	0.964 525	0.362 426	0.364 449	0.736 464	0.927 882	0.781 785
1998	0.943 071	0.460 995	0.448 896	0.673 641	0.924 257	0.697 814
1999	0.943 917	0.536 181	0.526 107	0.629 655	0.920 827	0.650 338
2000	0.949 254	0.598 568	0.578 738	0.661 558	0.918 638	0.607 393
2001	0.956 569	0.639 952	0.645 762	0.708 971	0.920 955	0.600 642
2002	0.967 388	0.648 367	0.704 814	0.757 529	0.937 561	0.585 606
2003	0.976 694	0.676 766	0.760 151	0.808 708	0.945 727	0.550 16
2004	0.985 113	0.722 442	0.812 2	0.857 861	0.935 402	0.571 244
2005	0.989 055	0.778 317	0.854 083	0.898 132	0.942 733	0.589 505
2006	0.994 188	0.833 912	0.887 665	0.931 515	0.953 57	0.662 998
2007	0.997 339	0.881 646	0.915 293	0.957 051	0.966 324	0.763 063
2008	0.999 382	0.915 044	0.936 548	0.972 755	0.976 972	0.853 554
2009	0.999 963	0.936 75	0.950 816	0.980 816	0.984 497	0.906 348
2010	0.999 896	0.954 987	0.962 647	0.985 28	0.989 705	0.940 992
2011	0.999 373	0.968 813	0.971 414	0.988 205	0.993 755	0.966 109
2012	0.998 679	0.977 558	0.977 695	0.990 664	0.996 336	0.982 91
2013	0.997 81	0.983 613	0.982 41	0.992 523	0.997 742	0.991 76
2014	0.997 547	0.987 697	0.98 579	0.994 001	0.998 513	0.994 765

通过表4-3中的数据不难发现，拉美地区经济发展水平与石油输出的关系一直保持较高的水平（0.99左右），这表明二者存在稳定的数量关系。另外其他5国的灰熵则均出现不同幅度的波动，这反映出石油出口与本国经济关系并不稳定。

图4-10直观地展示了拉美主要石油产国石油输出与经济增长的关系。

从图4-10中可以看出拉美5国近年来石油输出与经济发展的关系总体是趋于稳定，并逼近于1，这可以反映出拉美地区石油输出量与区域经济的发展是稳定的关系。但是从图中还可以发现，单纯的石油出口量与经济发展间的关系仅能

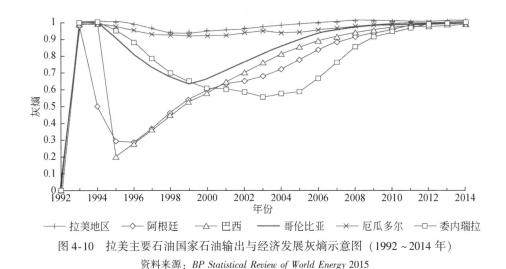

图 4-10　拉美主要石油国家石油输出与经济发展灰熵示意图（1992～2014 年）

资料来源：*BP Statistical Review of World Energy* 2015

够反映二者波动性的关系，即当石油出口量出现波动，拉美地区（国家）经济也会出现波动。但图 4-5 已经透露出明确的信息，即拉美地区，尤其是主要石油国家的经济发展与石油出口有明确且稳定的对应关系。

4.4　拉美典型国家——委内瑞拉解析

4.4.1　委内瑞拉石油投资环境系统的管理熵分析

根据 4.3.2 节描述的管理熵主要要素结合委内瑞拉石油投资环境系统的主要特征，委内瑞拉石油投资环境系统的管理熵增要素主要为以下几点，如图 4-11 所示。

（1）组织

委内瑞拉的国家组织形式决定了其系统结构。其最核心的要素便是 PDVSA（Petroleo De Venezuela S. A.，委内瑞拉国家石油公司），整个国家组织结构都围绕着 PDVSA 展开。PDVSA 于 1975 年组建，是第一次石油危机下的产物。油价暴涨使得委内瑞拉财政收入增长超过 400%，时任委内瑞拉总统的佩雷斯由此推出了"La Gran Venezuela"计划并成立 PDVSA，以期通过播种石油（sow the oil）实现控制国内物价、提高国民收入、增加社会福利。委内瑞拉石油上下游业务和贸易完全由 PDVSA 控制，实现了委内瑞拉石油产业一体化。石油收入被用于社

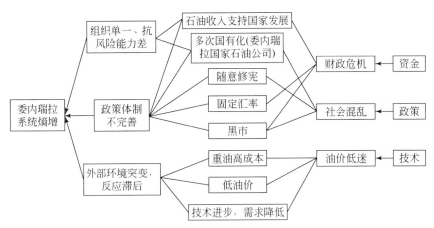

图 4-11　委内瑞拉石油投资环境系统熵变要素解析

会建设，PDVSA 成为了委内瑞拉石油经济体系的中心。

1998 年，查韦斯总统执政后，为贯彻其执政理念而推进"玻利瓦尔革命"并再一次国有化 PDVSA，自此石油资源完全国有以确保委内瑞拉社会建设的持续开展。

纵观委内瑞拉经济发展的历程，PDVSA 的核心地位被一再加强以保证政府的资金来源。而最终的结果是委内瑞拉经济对石油产业的依赖性一路走高。到 2013 年，委内瑞拉政府 45% 的财政收入来自于石油。同时，石油行业的发展导致其他行业的衰退，也就是"荷兰病"（Ding and Field，2005；Cerny and Filer，2007）。

以石油收入扶持国家经济的组织结构看似是外来资金流入引起系统有序度的降低，实际上是加重了国家整体经济对单一行业的依赖，以及系统稳定性和系统效率的降低，因此是管理熵的增加。

（2）政策①

政策体系的完善程度和执行力度是约束管理系统的熵增过程，系统正常运行的保证。政治风险一直是投资环境相关研究的重点（Wang，2011），也是影响委内瑞拉石油投资环境的关键因素，其主要原因在于委内瑞拉的石油政策多变。自 1943 年颁布《碳氢法案》开始，委内瑞拉不断限制外国石油公司在委内瑞拉取

---

① 由于国际原油价格下跌导致委内瑞拉经济状况不佳，近期委内瑞拉政府已经停止对外公布数据，因此本章没有涉及委内瑞拉信息的管理熵以及管理耗散结构分析，但这不代表信息的重要性不高，恰恰相反，信息是反映系统管理熵熵增和系统自组织的关键因素。

得的石油收入，而 1998 年查韦斯总统执政后，将石油资源完全收归国有，并终止了 PDVSA 的"国际化战略"，将资源特许税率和企业所得税率调高至惊人的 33% 和 50%[①]。如此多变苛刻的政策体制使得国际石油公司对进入委内瑞拉望而却步，从而妨碍了委内瑞拉与外界的信息与资金、技术的交流，减少了负熵流的流入，无形中增加了系统的管理熵。

另外，政策缺乏科学性也加速了委内瑞拉管理熵的增加。其采用的固定汇率制在经济环境稳定的情况下可以有效减少经济活动的不确定性，对高通货膨胀是一种相对较好的机制，但这意味着委内瑞拉缺失了本国货币体系应对油价波动的缓冲机制，造成当油价处于低位时，大量美元涌入而政府却不得不加印货币，过量的本币与低下的产能严重不匹配，加剧通货膨胀；同时由于缺乏合理及时的政策调整和货币管制，委内瑞拉黑市横行。

此外，大量实证研究表明（Brunnschweiler and Bulte，2008；Damania and Bulte，2008；Kostad and Wiig，2009；Shao and Yang，2010），"资源的诅咒"的发生关键在于资源国家的政策体系。政策体系的不健全极易引发当权者的寻租行为，这直接导致腐败和独裁等行为。PDVSA 先后经历了两次国有化，历届政府的每一次重大措施、法律都围绕 PDVSA 展开，国有化的 PDVSA 成为了总统的"摇钱树"。查韦斯总统上任后先是起草并修改了宪法，两院制并未一院制，赋予了总统解散国会的权利，2009 年修改宪法取消了总统连任两届的限制，从而取得了无限期连任的权利。显然，查韦斯"民粹"式的民主忽略了政府和立法、司法机构之间的制衡，纯粹地依靠个人的意志追求"理想化的民主"。例如，为了达到目的，查韦斯不惜无数次公投；控制最高法院、军队，迫使国会失能。这意味着委内瑞拉民主法制的"分权"向"集权"的倒退，从"弱政府"向"全能政府"的倒退，"法治"向"人治"的倒退。虽然这不能代表委内瑞拉政治独裁和集权倾向，但这种法律成为个人意志体现的转变直接导致管理科学性和管理效率的退步。

（3）环境

此次委内瑞拉经济崩盘的重要原因是外部环境—国际原油市场的突变。过度依赖石油造成委内瑞拉国家经济与国际原油价格直接关联，国民经济波动、增长衰退的幅度和周期与国际原油价格波动几乎一致。而委内瑞拉石油政策的推出大多是在高油价时期出于保护本国利益的目的。当油价处于高位时，政府财政收入

---

① Global oil and gas tax guide. 2016. http：//www. ey. com/GL/en/Services/Tax/Global-oil-and-gas-tax-guide-Country-list.

大幅增加，大力发展经济，提高社会福利；而当油价处于低位时，财政收入急剧缩减，高福利政策成为国家财政的巨大包袱，社会项目资金缩水，各项社会建设进程严重受阻，引发社会不安。2014 年国际原油价格起伏不定，震荡剧烈，Brent 国际原油价格最高点达 115 美元/桶，最低点不足 47 美元①。低油价对本国经济冲击的保护机制缺失导致委内瑞拉难以应对，巨大的油价波动引发委内瑞拉国内通货膨胀、货币贬值，政府负债累累，濒临破产，评级机构纷纷调低委内瑞拉的主权评级。

同时，随着近年来新能源研究的深入，太阳能、风能、核能的普及，传统石油的需求不断降低，对国际原油市场形成了巨大的冲击，委内瑞拉作为重要的石油国家，经济必然会受到不可逆的影响。随着未来石油需求的降低，依赖石油的经济结构失去优势，导致管理熵的增加。

4.4.2　委内瑞拉石油投资环境系统的管理耗散分析

按照耗散结构的思想，远离平衡态的开放系统通过与外界的能量、物质、信息的交换，负熵增加，实现系统内部的自组织，由无序变有序。这实际是系统适应环境变化表现出的一种自我调整、自我适应的机能。从目前委内瑞拉国内的形式来看，已经处于失衡的状态，马杜罗总统继任后正在积极地采取措施，游说各产油国稳定油价，并向其他国家寻求财政上的援助。可以看出委内瑞拉自身结构的调整以及希望从外部引入力量缓解国内形势实际上是负熵流引入和系统自组织的具体表现。

(1) 资金

委内瑞拉目前面临的主要危机在于财务，超过 50 亿美元的外债和严重的财政赤字导致国际评级机构已纷纷降低委内瑞拉的主权评级，穆迪投资者服务公司将其信用评级降至 Caa3 级意味着委内瑞拉距离违约仅差一步。而油价的下跌造成委内瑞拉外汇缺口不断扩大，根据 IMF 的计算②，委内瑞拉只有在油价处于100 美元/桶的水平才能实现盈亏平衡。

此前马杜罗总统正在积极游说各国希望通过减产来控制油价，并与中国达成了 200 亿美元资金的双边协议。通过控制油价增长以使石油收入增加以及从外部取得资金流入都能够有效地缓解委内瑞拉目前的财政危机，补贴居民生活，保障社会福利等。通过与外界进行信息交流以及取得资金流入，可以改变外部环境

---

① Brent Crude Oil Price. http：//www. investing. com/commodities/brent-oil.

② International Monetary Fund. http：//www. imf. org.

（原油市场），缓解内部冲突（财政危机）。对委内瑞拉而言，资金可以有效地缓解系统的内部矛盾、稳定内部秩序。其主要作用在于稳定委内瑞拉国内目前的社会秩序，减缓管理熵的熵增速度，并为后续管理耗散结构系统自组织行为的发生提供基本的物质保证。

从目前来看，穆迪已经将委内瑞拉的未来展望由"负面"上调至"稳定"，从一定程度上表明负熵流的引入对于缓解当前委内瑞拉面临的财政压力，减少投资者的预期损失起到一定的稳定作用。但是考虑到委内瑞拉政府目前信用评级不高，委内瑞拉进一步取得融资会更加困难，这意味着尽管委内瑞拉从外部取得资金支持对缓解本国经济困境具有最直接有效的作用，但外部资金能够引起的负熵流对减少系统的管理熵增的作用会十分有限。

（2）政策

马杜罗总统在执政后基本上延续了原总统乌戈·查韦斯的执政理念，在国际油价下跌和委内瑞拉经济恶化之后，马杜罗总统开始着手对相关政策进行必要的调整，如将固定汇率制修正为"多轨制汇率制"，这在一定程度上遏制了委内瑞拉黑市的横行和本国货币玻利瓦尔的贬值。

在管理系统中，制定政策的目的在于保证系统在一定的规则制度下稳定有序的运行，因而必须首先保证政策体系的合理性与科学性，这也是委内瑞拉经济活动能够正常进行的前提。另外值得注意的一点是，在保证政策体系科学合理的同时，也必须强调严格、彻底的监管措施。目前委内瑞拉采取的政策调整措施已经取得了一定的进展，但委内瑞拉迫切需要一套科学有效的管理体制以应对当前复杂多变的外部环境。委内瑞拉应学习先进的管理经验和国外案例，制定出应对不确定风险的计划。例如，效法挪威在高油价时期建立石油风险基金，用于弥补低油价时期的收入不足；制定合理节制的财政计划，并完善法律制度，杜绝腐败、官僚主义、集权等不良现象。

通过不断与外界进行信息的交流，充分发挥系统的学习能力以实现系统的自组织行为，强化系统负熵流的流入，有效地减少系统内的熵增，对于委内瑞拉保持高管理效率和长期稳定具有十分重要的作用，但政策体制的完善和实施是一项长期的任务，短期内很难见效。

（3）技术

2014年9月以来油价下跌是委内瑞拉经济崩盘的诱因，其根本原因在于委内瑞拉石油的主要类型为重油和超重油，开发的成本很高。委内瑞拉的石油资源主要集中于奥里诺科重油带，储量十分巨大，但油藏的类型非常单一，主要为重油和超重油。这种油的重度和黏度变化很大，这意味着难以通过单一的开发方式（穆龙新等，2009）开采。因而重油带的开发投资需求大、采收率低，再加上重油用途十分有限而矿税又很高（穆龙新，2010；侯君等，2014），这直接造成重油带原油开采成本远高于一般石油国家，开发受到很大限制（图4-12）。据摩根士丹利（Morgan Stanley）计算，委内瑞拉重油需要在国际油价接近140美元/桶的水平时才能实现盈亏平衡。

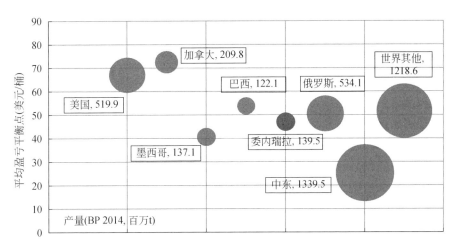

图4-12　2014年全球主要产油国油价盈亏平衡点

资料来源：*BP Statistical Review of World Energy* 2015；Morgan Stanley

　　此外，节能环保意识的提高，新能源技术以及节能技术的推行也对传统石油提出严峻的挑战。不难判断，未来全球能源市场对传统石油能源的需求将逐渐减少，而石油的功能定位也将逐渐发生转变。

　　针对这一局面，委内瑞拉首先应积极研发和引入先进非常规石油，尤其是重油、超重油的开发技术，增大勘探开发的技术研究强度，提高非常规石油的单井产量，降低勘探开发成本，以实现低油价下的收支平衡；同时加大对原油深加工技术的研发，从提高成品油品质、提升油产品附加值、开发新用途等角度深入，转变出售原油等石油初产品的模式，向精细化、高品质、高技术含量、多功能的发展方向转变。短期内以应对低油价对本国经济体系和发展模式带来的冲击，长期以发挥本国资源优势，稳定石油在经济系统中的地位。

4.4.3　委内瑞拉石油投资环境系统的系统诊断

　　根据拉美地区石油投资环境的系统诊断结论，仅对造成拉美经济不振的直接原因进行了分析，而没有对造成这一问题的根本原因进行探究。在本小节中，基于管理熵的研究框架，对拉美石油投资环境系统典型国家委内瑞拉系统诊断的分析进行了更深入的解读。

通过分析委内瑞拉石油经济的系统内部熵增不难发现，委内瑞拉石油投资环境系统的诊断特征比较明显，主要在于内部结构问题导致外部抗风险能力不足，难以应对 2014 年下半年以来的外部环境突变。加上系统内部缺乏应对风险的机制，导致了系统内部紊乱，管理熵增加。

通过分析系统组织、政策和环境的管理熵认为：

1）组织上产业结构单一，经济体系抗风险能力差；

2）政策上缺乏科学性和完善性，阻碍了负熵流的进入和法制的失能；

3）环境响应能力不足，难以适应环境变化；

另外，针对委内瑞拉系统内部熵增，根据管理耗散结构的思想，对资金、政策、技术三种可行负熵流引入的特点和缺陷（图4-13）进行了梳理：

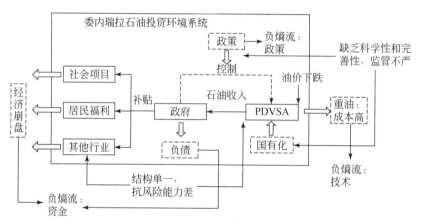

图 4-13　委内瑞拉石油投资环境系统诊断及负熵流演示

1）资金上能够直接有效地缓解委内瑞拉国内的主要矛盾，有效地减少管理熵，但由于委内瑞拉政府信用评级较低，违约风险较大导致融资困难，因此资金引起的有效负熵作用有限。

2）政策上制定科学的政策制度和财政支出计划，提高应对风险能力；制定完善的法律制度和监管体系，避免腐败等问题。但制定科学完善的政策制度并保证监管体系的实施是一项长期的任务，短期难以实现。

3）技术上积极研发引进先进勘探开发技术，提高产量、降低成本是应对低油价的针对性措施，直接有效。但技术研发与普及对于资金、人力的门槛较高还需要良好的政策扶持。

总的来说，尽管根据系统诊断，委内瑞拉石油投资环境系统问题看似简单，但基于管理熵的分析结果，不难发现造成这一问题更深层次的原因十分复杂，涉及经济结构、政策体制、技术创新，几乎涵盖了国家治理的方方面面。而根据耗散结构理论，只有开放的系统通过负熵流的作用才能恢复系统的功能性和有序性，而各负熵流自身都存在一定的缺陷，难以完全依靠某一特定的负熵流。因此委内瑞拉需要结合国内的特点，针对性地选择和组合。

通过拉美典型国家委内瑞拉的分析可以得出，基于系统经济学–复杂性理论–灰色系统理论的分析框架具有一定的实际应用价值，尤其对于非平衡系统发掘主要问题，缓解委内瑞拉石油投资环境系统当前主要矛盾具有必要的参考意义。

4.5　拉美地区石油投资环境系统的基本认识

基于系统视角研究拉美地区石油经济系统的理论依据和现实依据来源于由于拉美地区独特地理、历史原因促成的美洲地区"自成一体"的油气供需系统。由于拉美地区政治、经济环境相对稳定且文化水平较高，因此拉美国家通过采用武装斗争、国家分裂等极端方式打破原有的国家体制和经济结构的可能性几乎为零。基于这一基本认识，考虑到实证分析中不少拉美石油国家由于经济不景气已经停止公布最新经济数据而造成数据信息不充分、资料不完整等问题，本章运用系统经济理论、管理熵/管理耗散结构结合灰色系统理论对拉美地区石油投资环境系统进行了分析，并取得了以下基本认识。

4.5.1　产业结构失衡是导致拉美石油经济结构崩溃的根本原因

表面来看，2014 年以来的油价暴跌是导致拉美石油经济危机的直接原因，但实际上油价暴跌只是拉美石油国家经济危机的导火索，而真正的原因在于拉美石油国家石油经济结构的内部结构缺陷。从拉美石油国家经济发展水平与石油输出的灰色熵分析结果可以看出，二者近十年以来已经呈现出很高的相关性，这表明拉美石油国家在相当长的一段时间内经济严重依赖于石油，这一特征也与其"畸形"的产业结构现状相符。这种"把所有鸡蛋放在一个篮子里"的策略尽管在高油价时期能够实现国家利益的最大化，但低油价时期会严重损坏经济成果，危害国家稳定，增加了投资环境系统的不可预见性。

4.5.2　"自我强化"的保护机制阻碍了拉美石油投资环境系统的"自我完善"

由于地理、历史、经济等一系列原因造成了拉美石油国家对于石油始终抱有过高的期望，促使拉美石油国家形成了不断"自我强化"的保护机制。这种机制主要体现在石油国家不断强化石油在国民经济体系中的地位，不断提高石油产业在国家资源分配中的优先级，不断出台保护国家石油利益的政策法律。造成自由市场下的"荷兰病"问题反而受到了政策强化，而市场的调解机制收到了抑制，从而阻碍了系统向良性方向发展的"自我完善"。

4.5.3 "政策"、"资金"、"技术" 三条负熵流是拉美石油投资环境系统改善的关键

拉美石油系统失衡起因于美洲"自成一体"油气供需系统平衡的打破，根据耗散结构分析，并选取典型国家委内瑞拉进行了分析。拉美石油国家可以通过政策体制改革、技术创新、资金引入等负熵流不断地自我调整和自我适应形成新的子系统结构，通过不同的石油国家以及非石油国家间的合作与协同形成拉美地区内新的区域有序结构，但这一有序结构的形成必须是基于开放系统的。

委内瑞拉石油投资环境系统目前存在的问题有：组织上产业结构单一；政策上缺乏科学性和完善性；环境响应能力不足。委内瑞拉必须依靠技术创新和产业多样性来保证并维持自身的抗风险和不断前进的内动力，而不是单纯地依靠石油收入来补偿其他行业。委内瑞拉可以从资金、政策、技术三个角度考虑负熵流的引入，摆脱过于依赖石油收入的发展模式，向多元竞争的发展模式转变，学习国际先进的管理经验，鼓励技术创新，提高产品附加值，创造推动经济进步的内动力。

本 章 小 结

本章针对拉美石油投资环境的系统特征提出了以系统经济学为基本框架，复杂性理论为理论支撑，灰色系统理论为分析工具的研究体系，基于熵的视角对拉美地区以及典型国家委内瑞拉石油投资环境系统的行为和演化特征进行了评价分析和系统诊断。

本章主要内容及结论要点如下。

1) 基于管理熵的分析结果，拉美石油投资环境系统具有以下特征：①拉美石油经济形态是拉美地区石油投资环境的直观反映；②拉美石油特殊的经济、政治复合属性促成了该地区石油投资环境系统结构的复杂性；③拉美地区独特的石油经济结构是导致该地区石油投资环境系统稳定性较差的主要原因。

2) 油价下跌和北美的"页岩革命"是主要的外部突变要素，打破了原有的美洲石油供需平衡，由此引发拉美石油经济结构紊乱、国际原油供需格局洗牌以

及拉美石油投资环境的重新调整。

3）基于对拉美典型石油国家委内瑞拉的石油投资环境系统耗散结构分析以及系统诊断结果，委内瑞拉急需资金、政策、技术等负熵流以减少系统内熵增，改善国内石油投资环境增加系统的稳定性。

第5章 非洲地区石油投资环境系统分析

非洲地区石油资源丰富，但油气资源国家普遍存在地理环境较差、法律法规不够健全、区域经济相对落后、对外合作政策不够稳定等问题，尤其是部分北非油气资源国家由于宗教问题突出，因此时常有动乱、政变甚至战争发生。再加上海外石油投资投入大、周期长，很难确保在非洲地区石油投资活动能够顺利进行。相较于系统特征明显的拉美石油投资环境，非洲石油投资环境往往更加突出突变性和不确定性。因此，在非洲开展石油投资活动的研究中非常强调对不确定要素、极端指标以及突变的分析，运用的方法也更加侧重于主观分析。

基于此，本章在系统分析非洲石油经济体系特征及运行规律基础上，运用系统自组织理论和物元模型对非洲石油投资环境进行系统研究和动态跟踪评价。

5.1 非洲石油投资环境概况

5.1.1 自然地理与石油资源

非洲大陆位于东半球西部，是世界上国家最多的大陆，共60个国家和地区，分为北非、东非、西非、中非和南非五个地区。非洲地形以高原为主，平均海拔为750m。地势自东南向西北倾斜，东南部多山，西北为盆地和沙漠。非洲沿海地区多山，不利于航海，其中东部东非大裂谷纵深千米，全长达6400km，阻碍了非洲的交通发展。此外，非洲地形起伏不平，河流湍急，部分河道难以通航。

非洲四分之三的地区地处赤道线上，其中赤道以北地区有世界上最大的沙漠——撒哈拉沙漠，天气极度炎热且干燥少雨，属典型的热带干旱性沙漠气候，而撒哈拉沙漠以南地区主要为热带草原气候，可耕用土地面积较少。只有非洲北部地区属地中海湿润凉爽性气候，仅占非洲大陆总面积的10%，是重要的农作物主产区。

非洲自然矿产资源的种类多且储量极其丰富，尤其石油资源及勘探潜力巨大。据*BP Statistical Review of World Energy* 2015，非洲已探明石油储量达171亿t，在世界各大区排名中居第四位，且非洲很多地区仍属于石油未勘探区域。非洲石油主要分布在北非和西非，不仅探明储量较大，且相对埋藏较浅、油质较好，很易于开发生产,是世界主要油气产区之一。非洲油气可采储量最为丰富国家是利比亚、尼日利亚和阿尔及利亚三国,其中利比亚石油探明储量占非洲36.8%,达到63亿t。按石油日产量排序,非洲十大产油国依次是尼日利亚、安哥拉、阿尔及利亚、利比亚、埃及、加蓬、刚果(布)、乍得、赤道几内亚和苏丹,其中尼日利亚是世界第七大产油国,乍得、苏丹是最新崛起的产油国(表5-1)(穆献中,2010)。

表5-1　非洲地区及国家石油储量表(2015年统计结果)

区域	储量	
	石油(亿t)	天然气(万亿 m³)
非洲地区	171.2	14.15
阿尔及利亚	15.4	4.50
埃及	4.8	1.85
利比亚	63.0	1.51
尼日利亚	50.0	5.10
安哥拉	17.1	
乍得	2.2	
刚果(布)	2.3	
赤道几内亚	1.5	
加蓬	2.7	1.20
南苏丹	4.7	
苏丹	2.0	
突尼斯	0.6	
其他非洲国家	5.0	
世界	2398.4	187.10

资料来源:*BP Statistical Review of World Energy* 2015

近年来,撒哈拉以南的非洲沿海国家海上石油勘探取得了巨大进展。2012年发现的8个世界级油气田中,其中7个是位于莫桑比克和坦桑尼亚的深水区;安哥拉深海卡美亚油藏发现约15亿桶油当量;肯尼亚也发现了第一个海上油田和深水气田。随着不断出现的大规模油气发现,非洲的油气开发潜力吸引了全球的目光。

5.1.2　历史发展与地缘政治

非洲大陆历史悠久,早在5000多年前尼罗河流域便诞生了文明社会,是人类文明的发源地之一。尽管如此，近代非洲的发展却充满坎坷，饱受摧残。非洲近代历史的发展经历了三个阶段，分别是殖民初期、殖民巅峰期以及殖民瓦解期。

非洲的殖民地历史可以追溯到16世纪初期，当时的欧洲殖民者刚刚开始进入非洲大陆，并由此揭开了非洲长达4个世纪的惨痛血腥殖民史。在这400余年的时期内，由于美洲"新大陆"的发现，使得西方殖民者通过"大西洋奴隶贸易"，将大批黑人贩卖到了美洲殖民地，从中牟取暴利，严重破坏了非洲的生产结构，阻碍了非洲的区域发展进程。

非洲殖民的巅峰时期是在19世纪中后期一直到第二次世界大战结束。这一时期，工业革命驱使部分欧洲强国不断进行海外扩张，积累起了超额巨富，掀起了新一轮瓜分非洲地盘的入侵狂潮。1884年的"柏林会议"以协议的形式将欧洲各国在非洲的殖民利益进行了再协调，非洲大部分国家正式成为欧洲列强的占领地，直到20世纪初，绝大多数非洲国家几乎全被欧洲列强占领。到第一次世界大战前，非洲只有埃塞俄比亚和利比里亚真正保持了独立；到第二次世界大战前，也只有埃及、埃塞俄比亚和利比里亚保持了国家独立。欧洲列强在非洲不断地搜刮各种自然资源，严重扰乱了大部分非洲国家的近代发展历程。

非洲殖民地历史真正的分崩离析是第二次世界大战后到1990年。随着第二次世界大战的结束，非洲民族解放运动开始兴起，非洲殖民体系开始解体，大部分非洲国家脱离欧洲国家的控制成立独立政权。到1990年纳米比亚独立，非洲的殖民历史宣告彻底结束。

尽管非洲的殖民历史先于拉美以及亚洲地区，但无论是殖民化还是独立的进程，非洲都是晚于拉美和亚洲的。这意味着非洲的近代发展刚处于起步阶段，经济环境、政治体制都相对落后，尤其在地缘政治方面存在比较严重的历史遗留问题。

1. 非洲国家独立较晚，国家意识不稳定，局部冲突不断

非洲国家众多，整体发展水平滞后，加上非洲种族、宗教和近代殖民统治等一系列原因，非洲地区还没有形成稳固的国家意识，非洲民众对于宗教与部落的归属感和认同感远远超出对于国家的感情，这也导致非洲一贯处于战乱频发、政治局势不稳定的严峻的安全局势下，西方各国为了各自利益也纠缠其中。

近5年来，在非洲境内发生了一系列的严重战争冲突事件，如科特迪瓦境内因选举纠纷而爆发的内战、苏丹多年种族战争导致的分裂状态、西方参与的利比亚战争尤其是因"阿拉伯之春"而引发的一系列非洲国家的政治动荡等。这不仅导致了整个非洲安全局势的严重恶化，更给了恐怖主义在非洲繁衍生息的战略

空间，使之得以在非洲很多国家繁衍生息，并迅速扩大势力。

2. 法治体制不健全导致政府的寻租行为

非洲国家大多存在法律体系不健全、监管体制不严的情况，而且在石油国家更为多见，因此非洲石油国家政府的寻租行为十分普遍。这是由于在经济欠发达的非洲石油国家，国内税收与油收入相比差距过大，导致税收对政府的吸引远小于石油收入，降低了政府促进国家发展增加税收收入的意愿，继而造成政府的低效率甚至失能。加上缺乏完善的法治体制，当权者不受监管体制的约束，造成贪污、腐败、独裁等问题十分严重。

近年来，随着非洲国家自主意识的增强和对自身问题认识的不断加深，在谋求政治自主方面已经明显增强（贺文萍，2014），非洲国家正在积极建立法制的治国体系。2011～2013年，就先后有40几个非洲国家进行了多党派参与其中的民主选举。既有安哥拉、津巴布韦这样原执政党轻松获胜的情况，也有塞内加尔这种新兴党派后来居上的例子。利比里亚更是开创先河，通过选举产生了非洲历史上第一位女性总统。总的来说，各国的民主选举基本能够保持平稳和平的进行，体现了非洲国家在政治上自主发展的意识不断增强。

与此同时，非洲石油国家正在摆脱西方国家控制，开始积极寻求自主对外合作。非洲石油资源国不再满足于油田所有权出售的买卖形式。21世纪以来，阿尔及利亚、利比亚等国家的对外合作政策都出现了强化本土意识的趋势，通过产品分成、技术服务合同等"平等"的方式实现石油合作。

5.1.3　区域经济与基础设施

非洲是世界上最贫困的大陆，在53个非洲国家中，除南非、埃及等国的经济实力较强外，其他国家的经济规模及市场十分有限。北部非洲国家由于地理位置靠近欧洲而且与欧盟有较密切的关系，发展速度较快。南非地理位置得天独厚，矿产资源多样，基础设施较好，吸引了大量的外国投资（齐国强，2015）。尼日利亚、安哥拉、苏丹等国家有着丰富的石油、天然气和其他资源，这些资源得到了很好的开发和利用，也使本国的经济得到快速发展。而其他国家或地区经济水平较差。非洲地区各国的经济发展差异性很大。

由于非洲经济发展受多种因素影响，也存在很大的不确定性。第一，是债务问题的困扰。尽管"重债穷国计划"以及中国等国家宣布，减免非洲国家债务的行动使得部分非洲国家债务逐年减少，非洲国家也积极与金融机构合作，减轻债务，但沉重的债务仍是制约非洲经济发展的重要因素。第二，投资不足将影响非洲国家经济发展。非洲国家普遍国内收入水平较低，因而存储能力十分有限，导致国内投资动力不足。第三，由于消费能力十分有限，市场缺乏足够的吸引力，因而大大削弱了投资者的投资意向。第四，单一的经济结构影响非洲国家发展。非洲国家经济结构单一，国家的经济基础严重依赖国际市场。大多数非洲国家的经济发展受国际初级产品市场价格波动的影响。第五，一些非洲国家的内乱、宗族矛盾和种族矛盾没有得到根本解决，地区间的冲突仍然存在，加之近年来受袭击、绑架等恐怖主义事件时有发生，也给非洲经济发展带来不利的影响（图5-1）。

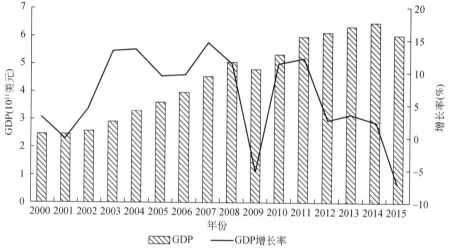

图 5-1　非洲 GDP 及增长率变化（2000～2015 年）

资料来源：http://www. Worldbank. org

非洲地区整体落后的基础设施以及严重不足的配套设施导致外资企业投资启动成本极高，电力、交通等基础设施一直是许多非洲国家急需解决的问题。2010年以来，这种情况并没有明显的好转。其中，安哥拉、利比亚等国家有关铁路数量的数据大量缺失，而阿尔及利亚、苏丹甚至出现了逐年减少的态势。2011～2015 年，非洲主要石油国家的电力、水利设施建设情况和普及情况尽管没有恶化，但远低于非洲的整体水平（表5-2）。

20 世纪 80 年代中期以后，非洲大多数国家采取了取消外汇管制、放松或取消国家对物价的控制、整顿财政秩序以及实施贸易自由化政策等措施，以促进外国投资。大部分非洲国家已颁布投资法规，投资的优惠政策包括国民待遇和特殊待遇措施。通过进口关税、税收减免、放宽外汇管制和简化投资审批程序优待措施吸引外国投资者。目前来看，这些国家的行政措施已经取得一定的成效，如由中国铁路工程总公司承建，联通肯尼亚首都内罗毕与东非第一大港蒙巴萨港的蒙内铁路预计 2017 年通车。

表 5-2　非洲基础设施情况（2011～2015 年）

项目	区域	2011 年	2012 年	2013 年	2014 年	2015 年
铁路数量（km）	中非及北非	30 586	30 586	30 659	32 046	32 083
	撒哈拉以南非洲	60 030	59 635	59 635	59 634	59 436
	阿尔及利亚	4 691	4 691	4 691.14	4 175	
	安哥拉					
	利比亚					
	尼日利亚					
	南苏丹					
	苏丹	4 708	4 313	4 313	4 313	
通电所需时间（天）	中非及北非	78.9	83.6	84.4	86.0	83.3
	撒哈拉以南非洲	138.3	140.5	140.5	136.1	130.1
	阿尔及利亚	158	158	180	180	180
	安哥拉	159	145	145	145	145
	利比亚		118	118	118	118
	尼日利亚			193.6	181.2	181.2
	南苏丹		468	468	468	427
	苏丹	70	70	70	70	70
用水人口（% 人口）	中非及北非	90.8	90.9	93.5	93.5	93.5
	撒哈拉以南非洲	63.8	65.0	65.8	66.5	67.6
	阿尔及利亚	85.3	84.9	84.5	84	83.6
	安哥拉	47.5	47.8	48.2	48.6	49
	利比亚					
	尼日利亚	64.5	65.5	66.6	67.6	68.5
	南苏丹	58.6	58.7	58.7	58.7	58.7
	苏丹	55.4	55.5	55.5	55.5	

资料来源：http://www.Worldbank.org

5.1.4　"穆斯林"宗教文化的影响

伊斯兰文化自诞生之初便传入非洲，经过 1000 多年的发展，非洲穆斯林已经达到 4 亿之多，占世界穆斯林的四分之一。非洲所有的国家都有"穆斯林社会"，但穆斯林在北非和西非尤为集中。由于非洲石油资源主要分布于北非与西非，因而"穆斯林"宗教文化对非洲石油投资环境产生了深远影响。

值得注意的是，由于非洲国家普遍存在殖民文化遗留，因此即使是北非伊斯兰国家，"伊斯兰化"也并不彻底。在穆斯林人口占绝对多数的尼日利亚，穆斯林人口也仅占50%。还有大量的基督教及本土宗教信仰。这就造成了非洲穆斯林文化与中东有很大差别。

伊斯兰教法与其他宗教教法有很大的不同，伊斯兰教教法不仅具有道德约束力，而且拥有法律约束力。这种特性在普遍政教合一的中东国家不会产生冲突，但在非洲则成了引发动荡的因素。一般来讲，石油资源为国家所有，由于伊斯兰文化可以将穆斯林与非穆斯林进行划分，引发利益分配由于信仰差异而导致的不同阵营间的矛盾和纠纷、武装冲突，甚至国家分裂。而且这种冲突不仅体现在资源所有权以及利益分配上，更延伸到与石油相关的包括基础设施在内的一系列争端上。2011年南苏丹从苏丹独立便是由于油田与管道归属导致利益冲突而升级演化为国家分裂的案例之一。

此外，伊斯兰教法事无巨细、面面俱到，从崇拜、礼仪、行为到衣着、食物，甚至对非穆斯林的态度都有严格的规定，大大增加了非洲不同信仰间的隔阂，阻碍了不同文化间的交流。而且在难以做到政教合一的非洲国家，伊斯兰教法与国家法律适用范围的冲突导致了更多的矛盾。

从石油投资环境评价的角度，伊斯兰文化对非洲石油环境的影响更突出"冲突"和"不确定"。这是因为作为世界上国家最多的大陆，非洲强调的是文化的多元性，这就要求文化间要有良好的包容性。而穆斯林文化"刚性"的教条与这一背景是相违背的，尤其是这种宗教色彩在法制文明落后的非洲得到了进一步强化。

5.2　非洲石油投资环境系统分析

从系统学的视角分析，非洲石油投资环境的关键点在于"系统要素"的不确定，要素突变往往是导致非洲地区石油投资活动中断甚至失败的主要原因。而造成非洲石油投资环境这种高度不确定性的根源在于非洲石油国家本身的结构性缺陷。这种结构性的缺陷不仅导致外来投资者在非洲石油投资活动障碍重重和处处受阻，也造成了非洲国家经济始终处于极度落后状态，即"资源诅咒"现象。

一般来说，良好的投资环境依赖于稳定健全的经济体制，动荡的经济体制虽然可能通过投机获取巨大收益，但面临的风险也十分巨大。石油投资初期投入成本高、资本回收周期长，因此越是不稳定的环境，风险就越大，而在海外进行石油投资活动，由于投资者对当地的政策、文化等因素不了解，就更加大了投资的风险（图5-2）。

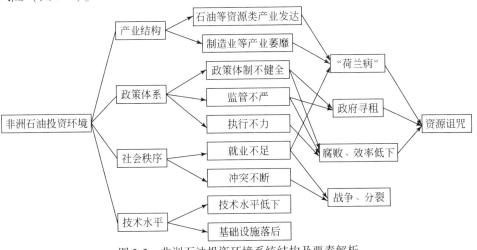

图5-2 非洲石油投资环境系统结构及要素解析

海外石油投资环境是在进行海外石油投资过程中，与投资结果直接相关的要素的集合，具体来说涵盖了经济、政策、文化等一系列因素。在非洲石油投资环境的分析中，需要特别注意的是特征要素的不确定性。这是因为越是稳定的、确定的因素，对投资的干扰就越是可预知的。非洲的经济系统一个显著的特征就是产业结构的单一性。非洲资源丰富，因此大部分国家资源出口产业十分发达，与此对比显著的是其他产业（如制造业、农业）通常相对萎靡，甚至完全废弃。这是由于单纯依靠出口资源就能够为国家带来足够的收入，因此政府往往会保护资源产业，加大资源开发的投入而削弱对其他产业的扶持。与此同时，资金、人力等有利资源优先流向资源产业，其他产业逐渐丧失市场竞争力而最终导致资源产业越发繁荣，而其他产业甚至完全消失。另外，由于资源出口的产业链短，与其他产业的联动性低，因此能够提供的就业相当有限（Hou et al.，2014），就间接构成了社会的不安定因素。

在政策方面，大量研究表明"资源诅咒"产生的主要原因在于资源国家的政策体制。不健全的政策体制往往很难明确地界定石油资源的所有权，而只是笼统的归属于政府所有，使得大多数非洲国家将石油收入归为政府收入。这笔巨大的收入在数额上要远大于政府的税收，因此政府没有必要通过创造就业、服务社会等措施获取税收实现财政收支平衡，而只需要保证石油的所有权，获得石油利润分成，使得政府职能在潜移默化中发生了转变。与此同时，由于政府职能的转变导致政府执行机关的工作效率低下，继而导致执行机构的反馈（经济绩效取得的税收）丧失，进一步恶化了政府的执政效率。另外，由于控制石油资源的困难程度远小于创造就业、促进社会发展的难度，因此在政府与石油产业高层间极易形成利益共同体，引发政府的寻租行为，造成当权者任人唯亲、独裁、官官相护、腐败等现象，进而导致两极分化，社会动荡的现象发生（图5-3）。

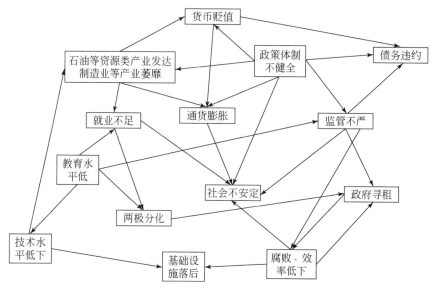

图5-3　非洲石油投资环境要素复杂关系的关联演示

　　稳健的经济政策环境是石油投资活动顺利进行的保证，"资源诅咒"的发生一定程度上反映了一个国家政策体制的健全程度，监管力度和执行效率。但海外石油投资环境是一个多要素的集合体，这些要素相互影响，相互制约，形成一个复杂的系统，任何一个要素的变动都会引起其他要素的变化而最终导致整个环境的变化，因此投资环境的好坏很难通过某个或某几个要素来判断，而需要进行综合的评价。

5.3　基于物元模型评价非洲石油投资环境

　　海外石油投资环境的好坏是其构成要素好坏的宏观体现，取决于每一个元素对总体环境的影响。一般综合评价方法是通过考量各要素对投资环境的影响，通过选取主要影响要素，降低研究难度。这种思路最大的问题在于，加权求和的方法淡化了极端值对综合评价结果的影响，造成对高度不确定性目标缺乏合理的判断。而非洲石油投资环境的问题在于其高度不确定性导致的指标极端值处理。

　　物元模型最大的特点在于通过"质"与"量"转换，将不相容问题转化为可比较的同质问题。因此，该分析方法可以将不确定性高、难以比较的投资环境影响要素转化到同一个体系中进行比较和分析。在物元模型的计算过程中，其针对指标中的极端值通过横向和纵向的比较分析使得评价结果对极端指标的考虑较为充分，有利于非洲投资环境的综合分析。

5.3.1 非洲石油投资环境的物元构建

在对非洲投资环境进行分析前，需要对非洲投资环境的主要影响因素进行梳理。本章根据前人的研究基础以及本书编写团队的项目积累，构建了非洲石油投资环境的主要指标体系[①]（表5-3）。

表5-3 非洲石油投资环境评价指标体系及指标编号

指标分类	指标名称	指标编号
资源禀赋	产量	C1
	储产比	C2
经济环境	人均 GDP	C3
	平均 GDP 增长率	C4
	GDP 增长率标准差	C5
	出口贸易额占 GDP 百分比（近 5 年平均）	C6
政治环境	失业率	C7
	军费占 GDP 百分比（近 4 年平均）	C8
社会文化与服务环境	铁路密度	C9
	文盲率	C10
	每百人拥有的移动通信设备	C11
	公共医疗卫生支出占政府支出百分比	C12
	人均电力生产总值	C13

在评价非洲石油投资环境时，将投资环境以优、良、中、差四个等级表示，根据各资源国的原始数据和物元模型理论可确定经典域和节域，见表5-4。

表5-4 基于物元模型的非洲石油投资环境指标经典域与节域

指标	经典域				节域
	优	良	中	差	
C1	[5.5, 7]	[3, 5.5]	[1, 3]	[0, 1]	[0, 7]
C2	[80, 300]	[40, 80]	[20, 40]	[5, 20]	[5, 300]
C3	[8 000, 15 000]	[4 000, 8 000]	[2 000, 4 000]	[500, 2 000]	[500, 15 000]

---

① 考虑到本书的编写目的，这里主要介绍物元模型在非洲投资环境分析中的应用，重在方法，因此对投资指标体系进行了精简。

续表

指标	经典域				节域
	优	良	中	差	
C4	[8, 11]	[6, 8]	[4, 6]	[1, 4]	[1, 11]
C5	[0, 1.5]	[1.5, 5]	[5, 10]	[10, 41]	[0, 41]
C6	[65, 85]	[45, 65]	[25, 45]	[5, 25]	[5, 85]
C7	[6, 8]	[8, 12]	[12, 16]	[16, 22]	[6, 22]
C8	[0, 1]	[1, 2]	[2, 4]	[4, 6]	[0, 6]
C9	[45, 55]	[28, 45]	[18, 28]	[0, 18]	[0, 55]
C10	[5, 15]	[15, 35]	[35, 60]	[60, 70]	[5, 70]
C11	[150, 200]	[110, 150]	[60, 110]	[20, 60]	[20, 200]
C12	[14, 20]	[10, 14]	[6.5, 10]	[3, 6.5]	[3, 20]
C13	[3 000, 6 000]	[500, 3 000]	[20, 500]	[0, 20]	[0, 6 000]

5.3.2 非洲主要石油国家物元计算

根据本书第 3 章中物元模型的计算步骤可通过计算确定各产油国的评价指标与评价等级的关联度（表 5-5 ~ 表 5-13）。

表 5-5 利比亚评价指标与评价等级的关联度

利比亚	优	良	中	差
C1	0.468 49	−0.354 34	−1.318 91	−1.765 76
C2	0.136 827	−1.489 4	−1.671 99	−1.784 99
C3	0.248 146	−1.002 47	−1.482 08	−1.732 77
C4	−0.406 35	0.288 889	−0.144 44	−0.736 51
C5	−1.966 31	−1.884 51	−1.685 26	0.021 465
C6	−0.11	0.165	−0.556 67	−1.223 33
C7	−1.6	−1.2	−0.533 33	0.466 667
C8	−1.92	−1.52	−0.9	0.1
C9	−1.796 18	−1.232 32	−0.596 18	0.254 778
C10	0.45	−0.2	−1.225	−1.8
C11	0.116	−0.082 86	−0.704 62	−1.368 57
C12	−1.763 64	−0.876 92	−0.325 93	0.371 429
C13	0.300 924	−1.198 42	−1.665 66	−1.698 07

表 5-6　尼日利亚评价指标与评价等级的关联度

尼日利亚	优	良	中	差
C1	−0.180 84	0.198 92	−0.801 08	−1.334 23
C2	−0.957 73	0.102 131	−0.029 71	−0.172 04
C3	−1.334 53	−0.191 33	0.497 754	−0.153 15
C4	−0.425 4	0.255 556	−0.127 78	−0.717 46
C5	0.452 553	−0.036 2	−0.232 16	−1.835 77
C6	−1.340 83	−0.674 17	−0.007 5	0.011 25
C7	0.25	−0.083 33	−0.75	−1.7
C8	0.5	−0.2	−0.75	−1.75
C9	−0.292 04	0.386 529	−0.463 51	−1.104 27
C10	−1.232 73	−0.617 78	0.444	−0.403 64
C11	−1.28	−0.617 14	0.136	−0.097 14
C12	0.333 333	−0.615 38	−1.185 19	−1.703 7
C13	−1.903 92	−0.203 36	0.258 569	−0.041 51

表 5-7　安哥拉评价指标与评价等级的关联度

安哥拉	优	良	中	差
C1	−1.378 38	−0.573 58	0.354 723	−0.236 48
C2	−1.584 33	−0.152 25	0.029 387	−0.004 2
C3	−0.601 28	0.436 301	−0.279 23	−0.576 19
C4	0.107 407	−0.669 44	−1.169 44	−1.907 94
C5	−0.321 42	−0.151 9	0.430 378	−0.430 38
C6	−0.288 89	0.433 333	−0.377 78	−1.044 44
C7	0.4	−0.2	−0.866 67	−1.84
C8	−1.066 67	−0.666 67	0.166 67	−0.166 67
C9	−1.010 93	−0.302 42	0.425 4	−0.229 95
C10	−0.530 91	0.27	−0.27	−1.105 45
C11	−1.583 08	−0.898 57	−0.198 46	0.322 5
C12	−1.145 45	−0.353 85	0.342 857	−0.177 78
C13	−1.836 81	−0.145 84	0.468 3	−0.075 18

表5-8　阿尔及利亚评价指标与评价等级的关联度

阿尔及利亚	优	良	中	差
C1	−1.441 26	−0.650 43	0.268 262	−0.178 84
C2	−1.512 1	−0.131 01	0.164 809	−0.023 54
C3	−0.710 12	0.334 262	−0.213 93	−0.513 39
C4	−1.415 87	−0.738 89	−0.238 89	0.318 519
C5	0.194 395	−0.015 55	−0.210 64	−1.758 32
C6	−1.005	−0.338 33	0.492 5	−0.328 33
C7	−0.214 29	0.375	−0.416 67	−1.3
C8	−1.54	−1.14	−0.425	0.425
C9	−1.344 62	−0.697 58	−0.144 62	0.180 778
C10	−0.450 91	0.38	−0.38	−1.185 45
C11	−0.801 54	−0.172 86	0.242	−0.541 43
C12	−0.836 36	−0.092 31	0.171 429	−0.429 63
C13	−1.225 33	0.264 803	−0.239 86	−0.381 94

表5-9　埃及评价指标与评价等级的关联度

埃及	优	良	中	差
C1	−1.826 31	−1.121 05	−0.208 94	0.477 644
C2	−1.766 27	−0.205 77	−0.045 35	0.415 682
C3	−1.332 47	−0.189 86	0.498 385	−0.154 34
C4	−1.746 03	−1.027 78	−0.527 78	0.296 296
C5	−0.870 87	−0.730 65	−0.483 32	0.280 635
C6	−1.572 5	−0.905 83	−0.239 17	0.358 75
C7	−0.742 86	−0.2	0.3	−0.56
C8	−0.32	0.2	−0.1	−1.1
C9	0.312 5	−0.361 84	−1.061 11	−1.831 08
C10	−0.403 64	0.445	−0.445	−1.232 73
C11	−0.463 08	0.247 5	−0.152 31	−0.855 71
C12	−1.545 45	−0.692 31	−0.148 15	0.285 714
C13	−0.677 29	0.406 376	−0.537 7	−0.656 88

表 5-10 加蓬评价指标与评价等级的关联度

加蓬	优	良	中	差
C1	−1.900 51	−1.211 73	−0.290 56	0.273 598
C2	−1.514 19	−0.131 62	0.160 901	−0.022 99
C3	0.862 739	−0.657 33	−1.192 15	−1.453 99
C4	−1.326 98	−0.661 11	−0.161 11	0.214 815
C5	0.052 431	−0.004 19	−0.198 81	−1.715 73
C6	−0.214 17	0.321 25	−0.452 5	−1.119 17
C7	−1.671 43	−1.283 33	−0.616 67	0.383 333
C8	−0.18	0.45	−0.275	−1.275
C9	−0.602 84	0.202 118	−0.152 71	−0.726 27
C10	0.4	−0.177 78	−1.2	−1.781 82
C11	0.41	−0.421 43	−1.069 23	−1.707 14
C12	−1.236 36	−0.430 77	0.2	−0.103 7
C13	−1.267 19	0.239 689	−0.217 11	−0.360 94

表 5-11 刚果（布）评价指标与评价等级的关联度

刚果（布）	优	良	中	差
C1	−1.917 82	−1.232 89	−0.309 6	0.225 989
C2	−1.718 06	−0.191 59	−0.032 2	0.295 144
C3	−1.283 09	−0.154 59	0.405 8	−0.182 83
C4	−0.857 14	−0.25	0.5	−0.285 71
C5	−0.074 63	0.421 132	−0.112 56	−1.405 21
C6	0.242 5	−0.505	−1.171 67	−1.838 33
C7	0.25	−0.25	−0.916 67	−1.9
C8	−1.12	−0.72	0.1	−0.1
C9	−0.848 62	−0.110 21	0.209 4	−0.427 35
C10	−0.865 45	−0.168 89	0.152	−0.770 91
C11	−0.787 69	−0.16	0.224	−0.554 29
C12	−0.963 64	−0.2	0.371 429	−0.325 93
C13	−1.745 2	−0.067 32	0.245 429	−0.121 14

表 5-12　乍得评价指标与评价等级的关联度

乍得	优	良	中	差
C1	-1.921 52	-1.237 41	-0.313 67	0.215 827
C2	-0.736 83	0.309 222	-0.089 96	-0.231 21
C3	-1.853 86	-0.562 28	-0.152 32	0.365 354
C4	-0.831 75	-0.227 78	0.455 556	-0.311 11
C5	-0.159 07	0.102 37	-0.019 91	-1.071 66
C6	-0.956 67	-0.29	0.435	-0.376 67
C7	0.5	-0.166 67	-0.833 33	-1.8
C8	-1.6	-1.2	-0.5	0.5
C9	-1.525 64	-0.911 95	-0.325 64	0.407 056
C10	-1.803 64	-1.315 56	-0.23	0.46
C11	-1.763 08	-1.065 71	-0.378 46	0.385
C12	-1.472 73	-0.630 77	-0.088 89	0.171 429
C13	-1.994 65	-0.281 13	-0.004 34	0.401 559

表 5-13　苏丹评价指标与评价等级的关联度

苏丹	优	良	中	差
C1	-1.926 39	-1.243 36	-0.319 03	0.202 429
C2	-1.127 93	-0.018 02	0.114 867	-0.126 45
C3	-1.638 39	-0.408 37	-0.023 03	0.095 968
C4	-1.034 92	-0.405 56	0.188 889	-0.107 94
C5	-0.032 33	0.182 406	-0.158 98	-1.572 32
C6	-1.825 83	-1.159 17	-0.492 5	0.261 25
C7	-0.971 43	-0.466 67	0.3	-0.24
C8	-0.943 33	-0.543 33	0.320 833	-0.320 83
C9	-0.980 04	-0.265 84	0.494 9	-0.267 51
C10	-0.476 36	0.345	-0.345	-1.16
C11	-1.163 08	-0.508 57	0.288	-0.205 71
C12	-0.472 73	0.35	-0.207 41	-0.725 93
C13	-1.841 96	-0.150 25	0.452 222	-0.072 6

通过熵权法计算得各指标权重见表 5-14。

表 5-14 基于熵权法的指标权重计算结果

指标名称	权重	指标名称	权重
C1：产量（10^9t）	0.17	C8：军费占 GDP 百分比	0.04
C2：储产比	0.16	C9：铁路密度（km/km^2）	0.04
C3：人均 GDP（美元）	0.07	C10：文盲率（%）	0.03
C4：平均 GDP 增长率（%）	0.01	C11：每百人拥有的移动电话	0.03
C5：GDP 增长率标准差	0.19	C12：公共医疗卫生支出占政府支出百分比	0.02
C6：出口贸易额占 GDP 百分比（平均）	0.04	C13：人均电力生产（kW·h）	0.18
C7：失业率%	0.02		

根据以上结果与可计算各国家关于各评价等级的综合关联度（表 5-15）。

表 5-15 非洲主要石油国家评价等级的综合关联度

国家	优	良	中	差
利比亚	−0.414 04	−1.095 57	−1.372 68	−1.120 94
尼日利亚	−0.642	−0.077 41	−0.180 41	−0.834 67
安哥拉	−1.091 92	−0.202 28	0.187 311	−0.319 07
阿尔及利亚	−0.941 37	−0.138 96	−0.043 62	−0.554 76
埃及	−1.117 14	−0.347 65	−0.272 7	−0.106 99
加蓬	−0.812 56	−0.256 36	−0.300 86	−0.670 02
刚果（布）	−1.158 46	−0.258 44	−0.037 01	−0.402 51
乍得	−1.263 74	−0.425 29	−0.137 81	−0.095 5
苏丹	−1.193 74	−0.320 18	0.027 5 73	−0.371 37

5.3.3 极端指标的确定

根据资源国各指标关于优、良、中、差四个等级的关联度，可确定各国的极端指标，判断极端指标有两个原则：

1）某一指标对应各国关于等级"差"的关联度值最大的国家为该指标下表现最差的国家，该指标即为该国石油投资环境的极端指标，表明在非洲所有石油资源国中，该国的该指标表现最差；

2）某一国所有评价指标关于等级"差"的关联度值最大的指标即为该国投资环境中的极端指标，该指标是该资源国石油投资环境评价指标中表现最差的一个环节，但该国的该指标并不一定比其他国家的表现差。

投资一国的石油产业时应对该国石油投资环境中的极端指标着重给予关注，做好相应的风险应对措施。

根据关联度计算结果和上述极端指标判断原则 1）可得：①利比亚的极端指标为失业率和公共卫生支出占政府支出百分比，表明该国政治稳定性和医疗卫生条件在所评价资源国中最差；②阿尔及利亚的极端指标为平均 GDP 增长率和军费占 GDP 百分比，表明该国的经济发展速度最慢且有较高的爆发战争或地区冲突的可能性；③埃及的极端指标为产量、储产比、GDP 增长率标准差和出口贸易额占 GDP 百分比，表明该国生产技术较为落后且投资潜力较低，同时经济发展的稳定较差、对外开放程度不高且出口政策较为保守；④乍得的极端指标为人均 GDP、铁路密度、文盲率、每百人拥有移动通信设备以及人均电力生产总值，表明乍得的经发展水平最低、运输成本最高、工人文化素质最低、通信最不发达且供电量不足，投资成本较高。

根据上述极端指标判断原则 2）可得：①尼日利亚和苏丹国内投资环境表现最差的环节是出口贸易额占 GDP 百分比，表明该国对外开放程度不高且出口政策较为保守；②安哥拉国内投资环境表现最差的环节是每百人拥有移动通信设备，表明该国通信设施不够发达；③加蓬国内投资环境表现最差的环节是失业率，表明该国政治不够稳定；④刚果（布）国内投资环境表现最差的环节是储产比，表明该国投资潜力不够高。

5.3.4 评价结果分析

根据各国家最终的评价结果，综合关联度最高的值对应的等级即为该国石油投资环境的隶属等级（表 5-16）。

表 5-16 非洲主要石油国家最高综合关联度计算结果及极端指标

国家	$\max K_i(P)$	评价结果	极端指标
利比亚	−0.414 04	优	$C_7 C_{12}$
尼日利亚	−0.077 41	良	C'_6
安哥拉	0.187 311	中	C'_{11}
阿尔及利亚	−0.043 62	中	$C_4 C_8$
埃及	−0.106 99	差	$C_1 C_2 C_5 C_6$
加蓬	−0.256 36	良	C'_7
刚果（布）	−0.037 01	中	C'_2
乍得	−0.095 5	差	$C_3 C_9 C_{10} C_{11} C_{13}$
苏丹	0.027 573	中	C'_6

注：依据原则 2）判断得到的极端指标为 "C'"。

据表5-16，利比亚的评价结果为优，其石油投资环境是非洲地区最好的；尼日利亚和加蓬的评价结果为良，这两国的石油投资环境在非洲地区仅次于利比亚；安哥拉、阿尔及利亚、刚果（布）和苏丹的评价结果为中；而埃及和乍得的评价结果为差，这两国的石油投资环境在非洲是最差的。

5.4 非洲典型石油国家投资环境的耗散分析

5.4.1 耗散结构理论适用性

通过分析现有的对耗散结构理论的相关研究可以得到，虽然耗散结构理论是从物理、生物和化学系统的研究中总结和提升来的，但其并不局限于分析自然系统，运用这一方法在生态、经济和社会等领域取得的研究成果也有重要的价值。

系统需要具备以下条件才能形成耗散结构：

1）系统可以不断地与外界交换信息和能量，其必须是开放的系统；

2）系统当前的状态是远离平衡的；

3）系统内部的相互作用是非线性的，也就是说，系统内部各因素之间是一种复杂的非线性关系而不是简单的线性叠加。

国家是处于国际社会大家庭当中的，它不断地与国际社会进行政治、经济、社会等各方面的合作交流。石油产业与该国的政治、经济、文化、基础建设等领域息息相关，它们相互作用、相互影响，因此某一个国家的石油产业投资环境系统是一个开放的系统。

非洲国家的石油投资环境是远离平衡态的系统。例如，2011年原苏丹的分裂导致原本有序运转的苏丹石油投资环境系统一分为二，形成了两个相互紧密联结、关系密切的远离平衡态的、无序的系统。又如，安哥拉，内战结束十余年，国内各方面可谓百废待兴，经济蓬勃发展的同时政治方面存在一定的不稳定因素，其石油产业投资环境系统也是一个远离平衡态的系统。

石油产业投资环境系统，其本质上具有非线性的特征，它不是各种要素的简单堆积，而是各种要素相互作用，形成复杂的投资环境系统。

一个国家的石油投资环境系统具备形成耗散结构的条件，因而可以在耗散结构理论的视角下分析某国的石油投资环境。

5.4.2 苏丹-南苏丹石油投资环境系统

根据物元模型的计算结果，分裂后苏丹的石油产业投资环境评价结果为"中"，应谨慎对其投资。原苏丹分裂为南苏丹和苏丹两个独立的主权国家，南苏丹境内拥有原苏丹 75% 以上的石油商业储量，而苏丹则几乎垄断了石油产业链上的全部基础设施（陶短房，2014）。因此两个国家在石油工业上密不可分，需要两国密切合作，共同开发石油资源才有共赢的可能，因而对苏丹的评价结果在一定程度上也反映了南苏丹的石油投资环境，应将两国的石油产业投资环境系统作为一个整体看待（张安平等，2011）。

根据耗散结构理论，某个系统需要在尽量减小内部产生的熵的同时，尽可能多地从系统外部引入负熵流，系统才可能通过一个微小的变化引发涨落，发生突变从而形成耗散结构。在苏丹与南苏丹石油投资环境系统形成耗散结构的过程中，既有外部因素施压以向系统输入负熵流，也有苏丹和南苏丹政府自身的努力以使系统内部的熵增最小化，此时，当系统中某个因素达到临界状态时，该因素一个微小的变化形成的扰动，就有可能通过非线性作用被放大为涨落，进而使系统发生突变形成耗散结构。

1. 政治因素的熵变

（1）南北关系

尽管南苏丹已经独立，但其与苏丹在国界划分、石油收益分配、阿布耶伊地区的归属权等问题上仍存在巨大分歧，相关谈判没有达成共识，双边关系持续紧张，南北苏丹关系对两国的发展产生了负面影响。

苏丹和南苏丹的经济都对石油出口有严重的依赖，其中南苏丹石油工业几乎是政府收入唯一的来源。南苏丹是一个内陆国家，其完全依赖苏丹的石油管道和出海口进行石油出口贸易。而苏丹空有石油产业链上的基础设施却缺少产量丰富的油田。如果南北关系出现问题，无论是对于苏丹还是南苏丹的经济都将是毁灭性的打击。中国石油企业与原苏丹在石油产业方面的投资历史长达 20 年，与两国政府都有深度合作关系。对于两国资源分布不均，不能有效合作的问题，双边正在积极交涉以促使两国在石油产业保持合作，在石油过境费问题磋商的过程中起到了良好的作用。

从耗散结构理论的视角看，南北苏丹政府自身在石油产业上合作的态度使系统内部的熵增较小，而国际多边力量的积极参与也在政治因素方面给系统注入了负熵流。

（2）南苏丹内战

独立后南苏丹政治环境一直处于紧张的状态，为了改善安全局势，南苏丹政府也进行了积极的努力。其在独立后立即成立了解除武装、复员和重返社会委员会，该组织整编了数量众多的境内武装人员，帮助他们重返社会或成为政府军。

2013 年苏丹内战爆发已广泛的引起了国际社会的关注。联合国安全理事会特别是中国正在进行着积极的努力以从中调停。中国于 2015 年 1 月 12 日在苏丹首都喀什穆倡议举办了"支持伊加特（Intergovernmental Authority on Development，IGAD，东非政府间发展组织）南苏丹和平进程专门磋商"。这次会议的主要目的就是支持伊加特斡旋努力，尽快使南苏丹内战停止，恢复到和平的状态。

上述的努力也收到了成果，2016 年 4 月 26 日，南苏丹原副总统即反对派领导人马沙尔终于返回了南苏丹首都朱巴，并宣誓就任过渡政府第一副总统的职务，这也标志着南苏丹的内战暂时告一段落。

从耗散结构理论的视角来看，联合国、伊加特组织、中国政府和南苏丹当局的上述举措不仅推动了南苏丹安全局势的稳定，还具有保护当地外资企业生产安全的作用。使系统内部熵增最小化的同时从外部向系统输入了负熵流。而根据突变论的内容，南苏丹内战的结束，极有可能使系统发生突变进而形成耗散结构。

2. 经济、社会文化与服务因素的熵变

由于中国与原苏丹在经济和基础设施方面的合作多被苏丹政府继承，因而苏丹的经济、社会文化与服务因素好于南苏丹。而作为一个刚刚独立的国家，南苏丹需要从头开始。独立后，南苏丹政府制定了《南苏丹 2011－2013 年发展计划》，该计划把政府组建和制度建设作为独立后的工作核心，先后成立了包括国防部、财政和经济计划部等在内的 50 个政府机构，并逐步开始向国内民众提供最基本的各项服务。

对于苏丹和南苏丹石油投资环境系统，两国政府自身的建设和当地经济发展水平的提高可以直接导致该系统内部熵增的减少。同时，中国石油企业在当地的本土化战略和多方位的经济援助不仅从外部输入负熵流，也同时有助于该系统形成驾驭涨落的自组织状态。

3. 耗散结构形成过程

当前，苏丹与南苏丹石油投资环境系统存在的最严重的两个问题是：政治局势不稳定和经济发展严重落后导致的社会文化和服务环境恶劣。

如图 5-4 所示，为了维护南苏丹政局的稳定，中国、非洲联盟以及联合国从中积极斡旋、促成南北苏丹合作、督促南苏丹停止内战、并派遣联合国维和部队稳定南苏丹局势，南苏丹政府也正在进行着积极的调和。上述举措向南苏丹石油投资环境系统输入了负熵流 dS_{2a}、dS_{2b}、dS_{2c}，同时使系统内部产生了较小的熵增 dS_{1a}。

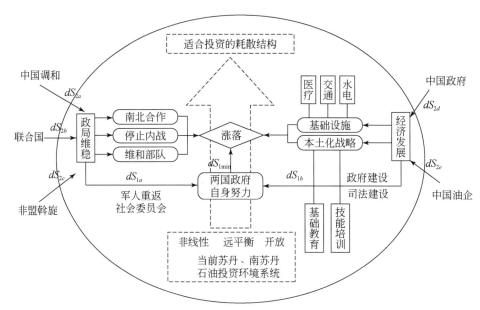

图 5-4　苏丹与南苏丹石油投资环境系统耗散结构形成图

资料来源：何帆，2015。

为了帮助苏丹和南苏丹发展经济，中国政府和石油企业过去对原苏丹、现在也对苏丹和南苏丹进行了大规模的援助。包括医疗、交通、水电等方面的基础设施建设援助和包括基础教育、专业技能培训等的本土化战略都有助于两国经济的发展。南苏丹政府也从政府建设、司法建设等方面逐步完善自身职能。上述举措使苏丹和南苏丹石油投资环境系统从外部引入了负熵流 dS_{2d}、dS_{2e}，同时，使系统内部熵增 dS_{1b} 较小。

综上所述，苏丹与南苏丹石油投资环境系统具备了形成耗散结构的条件，图5-4 显示了该系统形成耗散结构一种可能的方式。

5.4.3　安哥拉石油投资环境系统

根据物元模型，安哥拉的石油投资环境评价结果为"中"，应谨慎对其投资。然而，同苏丹和南苏丹的情况相似，中国与安哥拉的石油合作也是由来已久。安哥拉于 1975 年取得民族独立，安政府开始着力整顿和恢复安哥拉国内的石油工业，到 20 世纪 90 年代，安哥拉的石油产量在撒哈拉以南非洲地区已经排在第二位，仅次于产油大国尼日利亚（汪峰，2011）。中国在 2002 年安哥拉内战结束，国内百废待兴之时，适时进入了安哥拉市场，积极参与该国战后重建工作，并形成了著名的"安哥拉模式"（Campos and Vines，2008），安哥拉对中国的石油出口量也逐年攀升，目前，安哥拉已经成为中国的第二大石油进口来源国。

因此，分析安哥拉的石油产业投资环境对中国的石油安全有重大意义。

安哥拉的石油产业投资环境在部分指标上表现明显好于苏丹，其中平均 GDP 增长率和失业率两个指标的评价结果为优，人均 GDP 和出口贸易额占 GDP 百分比两个指标的评价结果为良，这表明安哥拉的经济环境和政治环境在一定程度上处于非洲国家的领先位置。只是由于资源禀赋和社会文化与服务环境较差，拖累了安哥拉的综合评价结果。

1. 石油产业的历史与现状

根据 *BP Statistical Review of World Energy* 2015，截至 2014 年年末安哥拉的已探明石油储量为 1.27×10^{10} 桶。安哥拉石油产业获得突飞猛进的发展是在 1978 年《石油法》出台之后。该法规定，凡在安哥拉境内发现油田的外国石油公司，可以得到该油田出产原油的25% ~ 30% 的产量，同时对钻进最多、产量增加最快的外国石油公司予以奖励。在该法案颁布后，西方多个国家的石油巨头，如英国石油公司、意大利阿吉普公司、法国道达尔公司、美国雪佛龙-德士吉公司纷纷参与到安哥拉的石油勘探开发中。2007 年 1 月 1 日安哥拉正式成为 OPEC 组织第 12 个成员国，进一步巩固了在国际能源领域的地位。虽然安哥拉在取得民族独立后仍旧饱受内战摧残，但其石油产业保持了发展。

2. 政治环境现状

安哥拉于 1975 年取得民族独立后，国内主要党派为了争夺执政权进行了长达 27 年的武装斗争。直到 2002 年，随着反对派领袖萨文比被政府军击毙，双方才签署和平协议，安哥拉实现了国内的和平。

内战结束后，安哥拉国内政局维持了相对的稳定，执政党安哥拉人民解放运动（MPLA）民众支持率较高，连续三届高票赢得大选。安哥拉人民解放运动的执政目标为"促进增长、优化分配"与"稳定、发展和就业"。安哥拉一贯遵守不结盟和和平共处的对外政策，该国同世界各国建立并保持友善外交关系的前提是相互尊重领土主权完整、平等互利、互不干涉内政。安哥拉国内最大的政治隐患是"卡宾达"问题，这个由于非洲殖民地历史引发的领土主权问题已经持续了近 40 年，困扰着安哥拉当局。

同时，安哥拉政府存在较为严重的腐败问题，该政府在决策透明度、腐败和人权方面的行为十分恶劣。在安哥拉国内，向政府官员表达意见的渠道极为有限，而政府的决策过程几乎是暗箱操作。安政府官员在国内允许经商，他们掌握土地的租售权。

安哥拉在 2013 年全球和平指数报告中排名 158 各国家的第 102 位。在全球清廉指数排名中被列为最腐败的五个国家之一。安哥拉国内腐败行为严重，政府效率较低且内部盛行官僚主义。

3. 经济环境现状

由安哥拉的物元模型评价结果可得，其平均 GDP 增速指标的评价结果为优。该国经济增长速度在非洲主要产油国中表现最好。安哥拉 GDP 的三次产业构成为：第一产业，即石油业、钻石业、农业等占 52.91%；第二产业，即能源、建筑和加工制造业占 16.53%；第三产业即服务业占 30.56%。

可见安哥拉国民经济严重依赖石油与钻石开采两大产业，该国"荷兰病"现象严重。"荷兰病"即指某些中小国家由于某一项初级产品部门的繁荣导致该国经济其他部门的发展严重停滞甚至落后的现象。安哥拉就是"荷兰病"现象的典型。该国是资源输出型经济体，经济长期依赖石油、钻石等矿产品的出口，而其农业、制造业、服务业等产业发展则严重滞后。因此，2008 年金融危机引发的全球石油需求下降和 2015 下半年来的低油价都给安哥拉经济带来了不小的冲击，安哥拉 2008 年的 GDP 增长率较前一年下降了近 10 个百分点，而 2009 年更是下跌到 2.4%，较 2007 年下降了 20.8%。

这种经济结构严重失衡的问题如果不能得到妥善解决，安哥拉的经济就得不到持续、稳定的发展，势必产生较大的波动。这也是安哥拉石油投资环境物元模型评价结果中，C5 指标 GDP 增长率标准差的评价结果为中的原因。

4. 社会文化及服务环境现状

长达几十年的内战导致安哥拉国内基础设施建设严重落后于世界平均水平，已有基础设施年久失修且功能不全。具体到石油产业，由于西方石油公司希望保持安哥拉经济对西方一贯的依附性，在该国奉行"只开采，不炼油"的政策，不愿在安哥拉进行建设勘探、炼油设施等技术性投资，导致安哥拉国内缺少勘探、冶炼等技术性设施。

5. 外国投资者在安哥拉石油产业的投资

2013 年外资投资于安哥拉国内项目总额达 171.5 亿美元，约占该国 GDP 比重的 13%，其中，房地产、石油开采和钻石开采为主要投资对象。具体到石油产业的投资，目前在安哥拉境内进行作业的大型石油公司主要有：BP、雪佛龙公司、美国戴文能源公司、埃克森美孚公司、马士基集团公司、西方石油公司、洛克石油公司、道达尔公司和中国石油天然气集团公司、中国石油化工集团公司等。西方石油企业在安哥拉坚持奉行"只开采，不炼油"的政策，导致安哥拉石油工业下游基础设施薄弱，国内炼油能力低下，目前仅有一座建于20世纪50年代的罗安达炼油厂。而中国石油企业则完全不同，除了惠及安哥拉各项基础设施的"安哥拉模式"以外，仅在石油产业下游基础设施方面，中国石油化工集团公司与安哥拉国家石油公司合资的中国石油化工–安哥拉石油国际公司就曾计划投资建设总价值超过50亿美元的洛比托炼油厂，虽然该项目最后由安哥拉国家石油公司独立承建，但中方仍然是该项目最有潜力的合作伙伴。

根据上述安哥拉石油投资环境系统的现状，可以看到，安哥拉的石油投资环境系统具有以下特点：第一，安哥拉石油资源储量较为丰富但多位于深海或超深海，对开采技术有较高要求，而安哥拉国内缺乏开采技术和炼油设施。第二，安哥拉国内政治环境相对稳定但存在"卡宾达问题"这一隐患和政府腐败的情况。第三，安哥拉经济"荷兰病"现象严重，国民经济过度依靠石油业，国内除石油业、钻石业外的其他产业亟须发展。第四，安哥拉现有的基础设施老旧，电力供应缺口大且国内缺乏技术型劳动力。第五，投资于安哥拉的外资背景复杂，数量众多，如何使外资积极合作，避免冲突也是一个关键问题。

针对安哥拉石油投资环境系统诸多特点中存在的问题，无论是安哥拉政府还是外资企业又或是国际组织，都做出了各种努力使安哥拉石油产业的投资环境得到一定的改善。

（1）政治环境的熵变

独立后的安哥拉，政局较为稳定，安哥拉人民解放运动在大选中始终保持压倒性优势，无论是主要反对党——安哥拉彻底独立全国联盟还是其他小党派均无法对执政党构成有效的威胁。安哥拉人民解放运动主席多斯桑托斯在其上台后的第一次讲话中就强调，维护政治稳定与巩固国家和平是其在这一任中最重要的两项任务。这表明，未来几年中安哥拉的政治环境将基本保持稳定。

虽然安哥拉国内存在"卡宾达问题"和政府腐败的情况，但这两个问题的影响是长期的，并没有在短期发生突变的可能，不会影响安哥拉政治环境的稳定。如果安哥拉政府能在稳定国内政治环境的同时关注腐败问题，并积极寻求解决"卡宾达问题"的办法，那么安哥拉国内的政治环境将更加稳定。

根据耗散结构理论，安哥拉国内政治环境较为稳定，则其政治环境对系统的内部熵增则较小，而解决"卡宾达问题"和治理腐败问题的可能则提供了出现涨落或发生突变的机会。

（2）经济与基础设施条件的熵变

安哥拉政府的工作重心在内战结束以后就完全转移到了恢复经济和社会发展

之上。恢复经济的主要措施包括：首先，调整经济结构，同时加大基础设施建设的力度，把与民生相关的项目摆到最重要的位置以此促进社会的发展；其次，在政府的倡导下进行国企的私有化，鼓励发展私营经济，同时积极寻求与外国投资者的合作，发挥能源外交的作用，从而吸引高质量的外资到安哥拉进行投资活动。为了吸引外资，安哥拉国民议会于 2003 年通过了《私人投资基本法》、《私人投资促进法》和《私人投资税收和关税鼓励法》这三个重要法案。上述法案给予了到安哥拉投资的外国投资者国民待遇，充分保障了外国投资者对所投项目的所有权与自由支配权的同时，还使之享受税收鼓励政策和必要的便利。

在安哥拉与国外投资者合作的各种模式当中，最为典型的就是中–安经济合作的"安哥拉模式"。其具体做法是，中国向安哥拉提供发展基础设施建设所需的贷款，安哥拉以石油资源作为担保，与中国签订石油出口协议，这种"石油–信贷–工程"的一揽子的合作模式即为"安哥拉模式"。中国向安哥拉提供的第一批贷款就超过了 20 亿美元，涉及医疗、教育、能源和水、农业、交通等关系民生的多个领域，共签订 48 个合同。

中–安经济合作的"安哥拉模式"也受到了一些西方国家的非议，某些西方国家媒体甚至把中国比作 19 世纪瓜分非洲的英、法、德等国。而这样的宣传既不被安哥拉民众接受，也没有被西方的学者接受。例如，美国中非问题专家德博拉就指出，中国在非洲并不是以无偿的捐助者姿态出现的，中国向安哥拉提供贷款、设备、服务而安哥拉用石油和其他资源进行偿还，这是一种双赢的模式，并没有破坏稳定、恶化环境。

根据耗散结构理论，中国与安哥拉的经济合作，为改善安哥拉经济结构，治疗安哥拉经济的"荷兰病"问题，起到了一定的作用，同时对安哥拉基础设施建设的改善也做出了贡献，从外部输入了负熵流。而安哥拉政府制定的各种政策，也为外国投资者进入安哥拉市场提供了动力，使系统内部的熵增较小。具备了形成耗散结构的条件。安哥拉经济环境和基础设施条件的变化，有形成涨落进而发生突变从而形成耗散结构的潜力。

(3) 各国投资者合作的可能

在安哥拉参与石油产业的投资，不是某一个国家与安哥拉政府之间的问题，更涉及大国之间的博弈。当前，安哥拉储量较丰富的油田多处于深海和超深海，其勘探难度极高、前期需要大量投入，单凭某一个国家或者某一个公司很难完成油田的开发。这就给各大国的石油企业进行强强联合提供了可能。2012 年，BP、雪佛龙公司、意大利埃尼集团、法国道达尔公司和安哥拉国家石油公司就曾联合提出了一项关于联合开发 LNG（液化天然气）的提议。对于中国石油企业来说，寻求与西方石油企业的合作有助于中国油企学习先进的管理经验和技术，同时也分担了单一国家或企业承受的风险，这是互惠互利的合作。

根据耗散结构理论，投资于安哥拉的外资石油企业合作对油田进行开发，那么将从安哥拉石油投资环境系统外部对该系统输入负熵流，符合系统形成耗散结构的条件。安哥拉政府和安哥拉国家石油公司应积极主导此类合作。

（4）耗散结构形成过程

通过上述对安哥拉石油投资环境系统中存在的五个主要问题的分析，得到图5-5安哥拉石油投资环境系统耗散结构形成的可能路径。

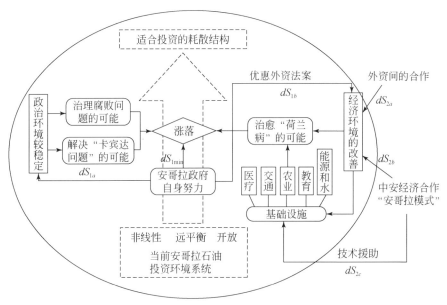

图 5-5　安哥拉石油投资环境系统耗散结构形成图

资料来源：何帆，2015

政治环境方面，安哥拉自身政治环境稳定，内部熵增 dS_{1a} 较小，而治理腐败问题的可能和解决"卡宾达问题"的可能则为系统提供了形成涨落发生突变的机会。

经济环境方面，安哥拉政府推出的一系列优惠外资的法案使系统内部经济环境的熵增 dS_{1b} 较小。而外资间的友好合作对系统输入了负熵流 dS_{2a}。中安经济合作的"安哥拉模式"不仅仅对基础设施建设方面提供了帮助，还对安哥拉进行了石油相关技术方面的援助，对系统输入了负熵流 dS_{2b}，dS_{2c}。"安哥拉模式"中涉及的除石油产业外其他方面的合作。例如，农业方面，则对治愈安哥拉经济的

"荷兰病"问题提供了可能，这种可能也使系统具有了在经济环境方面形成涨落从而发生突变的潜力。

综上所述，安哥拉石油投资环境系统具备了形成耗散结构的条件，图 5-5 显示了该系统形成耗散结构一种可能的方式。

5.5 非洲地区石油投资环境系统的基本认识

非洲地区局势相对动荡，水平相对落后，尤其是围绕石油资源展开的文化矛盾、武装冲突，导致非洲地区石油投资环境系统的研究更多的是针对突变、不确定、极端要素等进行分析。本章综合运用投资环境理论、熵权法、物元分析理论和耗散结构理论，对非洲地区石油投资环境进行了分析，并取得以下基本认识。

5.5.1 非洲地区石油投资环境的短板在于政局不稳、经济落后

非洲整体的石油投资环境为资源禀赋较好但政治局势不稳，存在安全隐患，与此同时，多数非洲国家的经济发展处于起步阶段，这些国家的经济发展水平落后于世界平均水平，基础设施建设薄弱。针对非洲石油投资环境的特点综合选取了资源禀赋、经济环境、政治环境和社会文化与服务环境四大类指标、十三个具体评价指标，其中，石油产量、储产比、GDP 增长率标准差和人均电力产量这四个指标权重较大，对投资环境优劣有较大影响，与实际情况较为符合。

5.5.2 非洲地区石油投资环境系统研究的重点在于极端指标的分析

根据物元模型的计算结果，利比亚的石油投资环境为非洲最优，尼日利亚和加蓬的评价结果为良，安哥拉、阿尔及利亚、刚果（布）和苏丹的评价结果为中，而埃及和乍得的评价结果为差。所采用的指标和数据客观权威，因而有效地避免了评价过程中中主观性较强的问题。根据关联度计算结果和极端指标判断原则，确定了投资非洲各国石油产业时应着重注意的极端指标。

5.5.3 非洲地区石油投资环境系统的耗散结构分析表明系统主要熵增来源

结合已建立的评价指标体系和物元模型评价结果，在耗散结构理论的视角下分析"苏丹–南苏丹石油投资环境系统"和"安哥拉石油投资环境系统"两个系统。指出苏丹–南苏丹石油投资环境系统的主要问题是政治局势不稳定和经济发展严重落后导致的社会文化和服务环境恶劣；安哥拉石油投资环境系统的主要问

题是该国经济体系中"荷兰病"的现象较为严重，基础设施老旧、电力供应短缺而且缺乏专业人才。针对"苏丹-南苏丹石油投资环境系统"与"安哥拉石油投资环境系统"中存在的问题，本章从政治、经济、社会文化与服务和外部因素等方面分析了系统的熵变，探索出了两个系统形成适合外资投资的耗散结构可能的路径。认为两个系统都向着适合外资投资的方向转变。

本 章 小 结

非洲石油投资环境系统的区域性系统结构性较为完整，同时内部要素不确定的典型性较强。以这一特征为基本前提，本章从系统分析的角度出发，结合国际投资环境理论，运用物元分析、熵权法以及耗散结构等技术手段，通过建立具有非洲特色的投资环境综合评价指标体系，探究了非洲石油环境系统演变特征和系统自组织现象，并从实证出发剖分析苏丹、安哥拉等主要产油国的耗散结构特征。

本章主要研究内容和结论要点如下：

1）分析和梳理了非洲石油投资环境的特点，结合系统论的观点，对非洲造成"资源诅咒"和投资环境变化的要素关联进行了分析，认为要素的高度不确定性是分析非洲石油投资环境的重点。

2）运用物元模型，对非洲主要产油国的石油投资环境进行了客观的评价，评价结果分为优、良、中、差四个等级，并列出了各国投资环境中存在的极端指标。结果显示，利比亚的石油投资环境为非洲最优，而埃及和乍得的评价结果最差。

3）在耗散结构理论的视角分析了"苏丹-南苏丹石油投资环境系统"和"安哥拉石油投资环境系统"的特点和当前存在的主要问题，并从政治环境的熵变、经济环境的熵变、社会文化与服务环境的熵变和外国投资者影响等角度，针对目前存在的主要问题，探讨了两个系统形成耗散结构可能的路径。

第6章　海外石油投资风险分析与测度

海外石油投资投入大、周期长、受油价波动和资源国经济政治影响显著，因此分析和度量投资过程中可能产生的风险，制定有效的应对措施对于保障海外石油投资收益、减少损失具有十分重要的意义。然而，由于海外石油投资涉及方面繁多、关联复杂，且这些信息大多模糊程度大又很难量化，导致海外石油投资的风险分析存在很大的不确定性和主观性（魏一鸣，2010），因此必须选择合理的角度运用恰当的方法进行分析和测度，以取得具有决策参考价值的结果。

本章在对海外石油投资风险内涵、风险特征进行界定基础上，归纳整理了两类风险分析评估模型，即投资风险的要素分析模型和期权价值评估模型，并从实证角度运用这两种方法对非洲地区 14 个国家进行了实际测度和比较研究。

6.1　海外石油投资风险的定义及特征

6.1.1　海外石油投资风险的定义

对于风险的定义，国内外众多学者都提出了各自的观点（张跃军和魏一鸣，2013）。由于分析的角度不同，始终没有形成一个广泛的共识，尤其在区分"风险"和"不确定性"这一问题上。综合起来，大致有以下三种观点。

1）风险不同于不确定性，风险可以表现为不确定性。风险只强调损失而不强调获利的可能性。

2）风险不同于不确定性，风险表现为损失的不确定性，风险的结果可能是损失，也可能是收益，或者是既无损失也无收益。

3）风险就是不确定性，不确定性就是风险，两者无法严格区分（Blyth et al.，2007）。

可以看出，三种观点在区分风险与不确定性上就可能造成的损失的认同上基本是一致的，分歧主要产生在对损失之外可能产生的结果（获利、无损失无收益）上。在海外石油投资的过程中，由于石油投资投入成本高、资本回收周期长，投资者在决策时往往遵循最小损失原则而非最大收益原则或最大期望值原则，因此在海外石油投资风险的研究中，其定义普遍认同第三种观点。

投资的过程中为什么会产生风险？按照金融学理论，风险总是和收益相伴随。所以，只要追求收益，就会有风险，这是不可避免的。一方面当国际石油公司在追求高投资回报率的同时，也必须面临高投资风险。但是这似乎没有解释为什么，只是阐述了一个现象而已。另一方面，本章认为，石油跨国投资的风险来自于投资方和被投资方之间的利益冲突，以及外部无法控制因素对目标的影响。如果双方完全一致，没有利益冲突，那么在外部环境不变的情况下，投资方在投资之前预设的投资目标肯定都可以实现。而且，如果所有外部环境都处在可以控制的范围之内，那么所有的风险因素将变得不再是捉摸不定，也就不再存在不确定性了，投资方只需要根据不同情况制定出对应的策略即可完美地实现期初的目标。当然，这两种完美的假设都是不可能存在的，而且当两种力量相互交织时，投资的风险就显而易见了。进一步讲，根据这两个方面的假设，也就可以对所有海外石油投资涉及的风险因素进行分类（张跃军，2008）。

6.1.2 海外石油投资风险的特征

风险具有普遍性，也具有特殊性（于楠和吴国蔚，2006），海外石油投资风险更是如此。客观来说，在同等的外部条件下，不同国家或者地区的不同石油公司都面临着类似的风险因素，即风险的普遍性。主观来讲，不同的石油公司由于其自身技术、资金、竞争对手、投资目标等的不同在投资过程中面临的风险也不同。这种不同既可以是风险种类的不同，也可以是同样的风险因素程度上的差异。

为什么要讨论风险的普遍性和特殊性问题？因为如果我们承认在石油跨国投资过程中，存在风险的普遍性问题，那么我们就可以简化风险控制因素模型，对不同公司在一定程度上使用相同或者相近的分析方法。同时，再针对风险的特殊性加以因素调整，那么最终就可以相对简便地得到投资者所需要的风险评价结果，而不是针对每一个公司都去专门设置风险评价体系。而且这样单一的评价结果虽然可以满足特殊的个别要求，但是无法完成对所有评价目标地区之间横向比较的任务。

（1）风险的普遍性

在海外石油投资的风险分析中，风险因素是存在着普遍性的，这是海外石油投资风险分析乃至投资环境评价等一系列研究的基础。在海外石油投资风险的分析与评价过程中，跨国石油公司需要从各个方面对潜在的风险和收益进行讨论，以最终决定是否在某个国家或者地区进行相关投资。针对潜在被投资地区的评价会涵盖从自然地理到政治经济文化等众多方面，在针对每一个国家进行的分析中，这些因素的投资决策影响的大小，一般会基于历史资料进行回归对比分析，然后选择重要指标作为进一步决策的依据。在把众多针对不同国家和地区的大量分析样本进行综合之后，就会发现在这些样本中，存在着一些因素，在所有样本中都起到主要性的作用，那么这样的风险因素，我们就可以将其看作普遍存在的风险因素，进而在其他的投资决策分析中直接加以利用。

与此同时，需要针对投资目标的具体情况建立一个框架体系，讨论风险因素的在评价中的轻重和取舍问题，以确定最终要选取的因素及这些因素的权重。而在这一过程中，针对不同的潜在被投资国需要从众多风险指标当中选择出最能反映被投资目标特点的一部分。这不仅从认知上体现了对风险要素普遍性的认同，也从实际操作上体现了对风险要素选择流程普遍性的认同。

对于风险存在普遍性的原因，一方面认为是由政治体制决定的，另一方面则认为是由市场导致的，而本书认为是二者共同作用的结果。对于海外石油投资的投资方来说，政治（包括政策）风险和市场风险是最大的投资风险。

首先，政治风险的产生源自于投资者对资源国政治环境的不确定性，而政治不确定性的产生则源于资源国政府态度、行为的不可预测性。尽管这种不可预测性是投资风险普遍具有的，但具体到海外石油投资风险，这却是与资源国政治体制息息相关的。遍观全球主要石油资源国，一个非常重要的特征便是石油资源及国家石油公司都具有国有的成分，这个成分的比例通常非常高，而且越是贫困落后的国家这个比例越大①。这个看似无关紧要的特征实际上却能够反映出资源国政治环境、政治风险的状况。因为尽管政府是国家权力机关，从某种意义上来讲本质终究还是公众服务部门，因此通过服务社会，依据"绩效"（政绩）获取"报酬"（税收）应该是一个理想的政府运作模式。而由于石油资源或石油公司国有成分的存在，政府变相持股，拥有分享石油利润的权利，利润成为政府财政收入中的一部分。对于贫困落后或者深陷财政危机的国家来说，石油收入是一笔巨额的财政收入，甚至远大于税收等常规收入，这极易诱发政府的寻租行为，并进一步提高石油资源的控股比例，从而导致资源国政府从三方管控者变为石油投资中重要的直接利益相关者，因此会增强石油投资的干涉力度，导致政治（政策）风险的增加。

---

① 根据不完全统计以及作者计算，2015 年俄罗斯 52% 的财政收入来自石油、天然气出口；委内瑞拉 50% 的财政收入来自石油工业；沙特阿拉伯 73.1% 的财政收入来自石油，而尼日利亚来自石油的收入比例占 67%。

其次，国际石油市场的高频、高幅波动不仅影响石油公司的利润，也是引发资源国政府对外国石油投资态度多变的直接外在原因。油价波动造成政府财政收入不稳定，加上缺乏完善的资金管理制度，政府难以制定稳健的财政支出计划。此外，由于政府寻租导致的执政、监管部门低效，使得依靠石油利润支撑的社会项目和发展计划取得的效果十分有限，政府税收不见起色，从而进一步加剧政府寻租行为，由此陷入恶性循环。

不难看出，海外石油投资风险的普遍性具体体现在石油资源国国家制度、运作机理的相似及国际原油市场供需、价格波动的难预测。此外，信息传播和沟通技术的发展使得信息共享变得日益迅捷，全球一体化的程度越来越高，高度一致的投资者与资源国的博弈环境使得博弈双方的筹码、策略也越来越透明，越来越一致，这些都是造成海外石油投资风险普遍性的客观因素。

（2）风险的特殊性

从现有的研究来分析，多数研究者都是认可风险的特殊性特征的。这也是为什么现有的研究几乎一致地站在一个国家的立场上去观察石油投资的风险问题，而不是去试图分析整个石油投资市场本身所体现出来的风险特征。或许这些研究者过于强调特殊性而忽略了普遍性，或者是他们认为讨论这样问题的重要性还不够充分。

海外石油投资的风险随着时间的推移而发生变化。对于同一个跨国石油公司来说，在不同的时期，与它们进行合作的某个国家或者地区的政治经济和社会等各个方面的环境都会发生变化。不同的政权、不同的经济状况、不同的社会结构，都将使得跨国公司的谈判对手发生改变。跨国公司本身的一系列变化也会让自身的风险偏好发生改变。单一上游业务的能源公司肯定没有综合性公司的风险承受能力强，而在单一国家开展业务的公司的风险承受力则很可能低于在全球多个国家运营业务的公司。而现在跨国石油公司的一个重要发展趋势就是国际化和综合化，这也使得当今的公司敢于把投资的触角伸向全球任何一个能够提供潜在利润机会的地方。同样，随时间而变的合作模式的变化，也让跨国石油公司的风险偏好与以往不同。在国际化初期，很多公司都借助母国已经开拓的殖民地的便利，利用政治和军事上的优势，签订强势的"合作"合约，很多风险都可以由母国的强大势力加以化解，而今这种便利则已经大大减弱了，跨国石油公司需要自己更多地承担在以往可以由母国承担的众多政治风险。

空间位移的变化同样可以改变风险的性质。即使是同一个公司，在不同的国家和地区开展业务的时候，对同样的风险因素，也会有不同的权重考虑。这主要决定于在诸多风险因素中，潜在的被投资国或者地区所体现出来的显著部分。同样是政治风险，在一个政局稳定、对外资持开放态度的国家，可以做次要考虑，但是在一个政治动荡、派别部落纷争严重、经常发生暴动夺权的国家里，这就成了主要的考虑方面。所以，这就要求在对不同的国家或者地区进行评价的时候，针对其风险因素的特殊性，做出相应的调整，从而达到既可以在一个大框架下分析、又可以体现出不同地区风险特点的结果来。

当然，在海外石油投资的实践中，时间和空间因素的影响并不是单独存在的，而是呈现出相互交错影响，并且不断演化的特征。也就是说，在同一时间同一地点，需要同时考虑这两方面所综合起来带来的影响。针对相同的潜在投资国家或者地区，我们既要考虑风险因素自身的可能演化方向，同时，也要对公司本身特征对风险因素的影响进行考虑，如公司本身的国家背景、资本构成背景、母国与潜在投资国之间的关系演变等。甚至一些来自非直接相关国家的影响因素也需要加以考虑，如相互竞争的两个国家，其中一个去和某个国家谈判合作事宜，而另一个则有可能从背后秘密运作，从而使得该谈判国家面临的风险环境发生显著变化。就像中国在非洲的能源投资，就受到某些西方国家的非议，认为中国企业是"新殖民主义者"，来自中国的投资是对这些被投资国的"掠夺"行为，并利用其控制的媒体制造舆论压力。

投资方式的不同亦可以体现出风险的特殊性。一般认为，跨国直接投资活动主要可以区分为两种方式，即为绿地投资（green field investment）和并购（merger and acquisition，M&A）（张雪霞，2010）。绿地投资（新建投资），指跨国公司投入资本或者其他生产要素，在被投资国家或者地区新建企业。而并购则指跨国公司与被投资国家或者地区的企业进行合并，或者是收购现有企业的一定份额的股份，可以控股，也可以不控股。总体来说，绿地投资的总体风险更大，因为其面临的环境更为复杂，涉及的事项也更多。而对于采取并购方式投资来说，主要的风险在于并购初期的政策法律风险，包括是否会受到立法阻拦，反垄断调查等等，而整合及后续经营管理过程中的文化风险也是一个重要因素。

6.2　海外石油投资风险的识别、分析与评估

风险识别、分析与评估是针对海外石油投资过程中对不确定性因素的感知与测算的主要手段。其中，风险识别是基于专家经验，运用风险树等分析工具，按照标准的分析流程对海外石油投资风险进行感知与判断的一种手段。风险分析与评估则建立在风险识别的基础之上，运用定性和定量分析手段，探究风险的来源、可能产生的影响。其中，风险分析注重于寻找海外石油投资过程中风险的来源，强调风险的根源性；风险评估注重于测算风险的大小，突出和强调客观性与

数理逻辑。

6.2.1 基于风险树的海外石油投资风险识别

风险识别是海外石油投资风险管理的基础，这是因为对风险的所有的防范措施都是建立在正确识别风险的前提下的。风险树分析是一种常用的风险识别方法，其基本原理是以树状图解的方式将投资风险进行分解，然后通过层级分析准确找出风险及来源并直观地反映出来。

海外石油投资的风险树分析流程如图 6-1 所示。

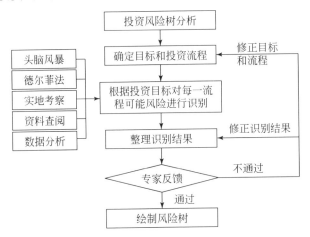

图 6-1 海外石油投资的风险树分析流程

(1) 明确投资目标和流程

一般来讲，明确的投资目标包括期望经济利益最大、期望经济损失最小等。而根据具体的投资项目，梳理投资过程的每一个环节，如海外石油投资一般需要经过招标、谈判、勘探、开发、炼化、运输、销售等多个流程。

(2) 根据目标和流程进行风险识别

基于投资目标对每一步流程进行风险识别。在风险识别过程中，较多地是依赖于项目经验进行主观定性分析，或采取定性定量结合的方式，从政治、经济、政策、社会、技术等多方面进行分析。

(3) 整理识别结果并进行专家反馈

将识别结果进行整理，并由专家进行审阅和修改，形成最终意见。

（4）风险树绘制

根据最终形成意见，绘制成图。

在海外石油投资风险分析中，由于涵盖方面广泛，因此风险树的绘制往往十分复杂，这里简单展示了初级风险的剖析，绘制了分解到二级风险的风险树（图6-2）。在实际操作中，还需要进一步细化。

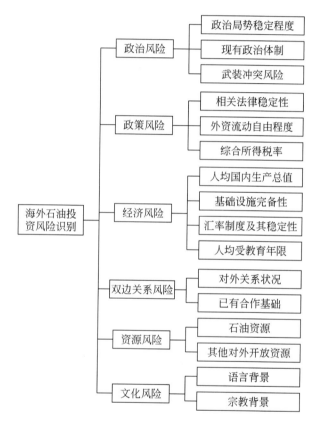

图 6-2　基于风险树分析的海外石油投资风险识别结果

6.2.2　海外石油投资的风险分析

海外石油投资的风险分析主要在于发现风险的根源属性，通过其根源属性对症下药，采取对应的措施。

基于海外石油投资的风险识别结果，根据风险的属性将政治风险、政策风险、经济风险、资源风险、双边关系及文化风险进行了分类。一类是制度约束性的"软"风险，包括政治风险、政策风险及经济风险；另一类是现实性的"硬"风险，包括资源风险、双边关系及文化风险。

1. 制度约束性投资风险

(1) 政治风险

政治风险又称为国家政治风险，是国家层面的宏观风险。其指的是由被投资国家或者地区的政局变动以及政治性措施变化使跨国公司的实际收益偏离其原来预期的可能。一般来说，该风险主要包括战争、国有化（征收）、宏观政策等方面所带来的风险。不论在哪个国家或地区，政治风险都是各种政治力量相互博弈的结果。战争抑或恐怖活动，都是政治力量为了自身利益而斗争的产物。这一过程所产生的对进行跨国直接投资的企业的影响，就演变成了政治风险。

石油和天然气等能源资源的战略重要性，使得能源领域的跨国直接投资成为政治风险一个重要的"关照"目标。随着国际局势的日趋复杂，能源领域跨国投资的政治风险暴露还有进一步增强的趋势。在能源领域，绝大多数资源富集国都是发展中国家，它们需要外资投入到这些资金和技术密集型的产业中去，获得国家经济的发展。然而，一些资源富集国的政治局势动荡不安，部族势力交错、地方武装和中央政府冲突不断、恐怖主义活动经常出现，这都给跨国能源公司的投资带来很大的挑战，成为石油跨国投资的安全的重大威胁。近年来，在非洲、南美洲等很多经济落后国家发生地方武装或反政府武装袭击劫持国际石油公司员工的事件，也证明了国家能源投资活动在政治风险面前的脆弱性。

对于进行跨国投资的能源公司来说，投资国的国有化和征收（没收）是政治风险的重要来源。当然，该风险主要集中爆发于20世纪70年代左右，一批在政治上获得独立的国家纷纷通过国有化手段，将战略能源资源控制在自己手中，以捍卫自己的领土和经济主权。而这些事件也刺激了针对政治风险的一系列研究。时至今日，大规模公开的国有化风险已经大大降低，但是仍然存在于一些比较隐蔽的手段当中，比如限定外国企业投资的股份、利润必须留在被投资国、征收高额的税收进而控制大部分收益等。

(2) 政策风险

所谓"政策风险"，是指由于被投资国的政策和法律，主要是被投资国针对外国投资和环境保护等方面的限制法规发生变化时给跨国投资企业带来的影响。总体上来看，政策风险是被投资国的政治风险因素在具体事务方面的影响的体现，其根本仍然在政治因素上。政策风险已成为跨国投资企业对外投资中最大、最不可预期的风险之一。在评估和规避被投资国的政策风险时，主要考察其财政政策、金融政策、技术政策、资本政策、人事政策和再投资政策等政策法规的制定和变动。

在不同的时期，由于宏观经济状况的不同，相同国家或者地区的政策风险出现变动的特征。一般来说，在经济状况较好的时期，资本充裕，被投资国对外资的态度可能表现得相对严格，限制性的政策也可能比较多。但是，当宏观经济趋于萧条，特别是遇到全球性的经济危机后，整体经济环境变得严酷，各国都需要大量外国直接投资来推动经济发展的时候，各国对待跨国公司的态度可能会变得比较温和。例如，在投资的政府审批方面，政府采取下放审批权限的方式简化外资进入的审批程序，尽可能多地争取外部资金。通过这种方式，跨国公司可以节省投资申请的时间，而被投资国也可以在相对更短的时间内获得外部资金，缓解本国资金紧张的压力。同样，采取缩小审批范围、降低审批标准等举措，也可以起到类似的作用。

在产业准入门槛方面，政策风险也会在不同时期呈现出不同的特点。由于能源产业一般都是各国政府所确定战略性产业，主要由本国企业控制，更有一些国家，如沙特阿拉伯，根本不允许外资参与本国的油气开发。当经济环境趋紧，国内企业的资金链陷入困难，甚至面临破产的威胁的时候，各国就不得不放宽在相关政策上的限制，获得外部资本，以帮助本国企业渡过难关。但是，跨国能源公司可能需要保持谨慎态度。这些政府在困难时期能放松政策约束，当经济形势好转之后，它们的投资有可能会陷入政策重新收缩的风险中。尤其是某些国家的政权，采取极端政策对待外资，相关政策变幻无穷，很难预料在当前的政策后面会接着出现什么样的其他政策。

(3) 经济风险

连秀花和张金水（2005）认为，经济风险指的是因为东道国经济状况和发展等因素（如宏观经济政策的变化、通货膨胀和经济衰退）而导致借款者无法偿还或延期偿还，或投资者无法将资金汇回国的可能性。但作者认为，这只是经济风险一种相对狭义的认识，实际上对石油跨国投资而言，经济风险包括非常广泛的领域。从宏观方面来讲，经济风险主要涉及被投资国的宏观经济发展水平、国民收入水平和分配制度状况、劳动力的总体成本及其素质、母国和投资国之间汇率变动影响、国际上经济形势的影响等众多方面。而在微观经营方面，则会涉及当地居民的消费能力与消费倾向、产品市场、供求关系、竞争对手状况、原材料的供应及其成本等。

外汇风险是指意料之外的汇率变动引起跨国投资企业一定期间内企业资产、

收益或现金流量变化的风险，汇率的变动通过对企业生产成本、销售价格，以及产销数量等的影响，使企业的最后收益发生变化。由于进行石油跨国投资的企业的经营通常都会涉及多个不同国家，因而外汇风险对企业有很大的影响。因为汇率变动引起的不仅是临时的价格变化，而且对利率、需求结构等环境变量有长期的甚至永久性的影响。

石油跨国投资的经营风险主要体现在 3 个方面，即勘探开发、环境保护和操作。在勘探阶段，需要大量的资金和技术投入才能进行，而且失败率高。近年来，即使在勘探成功率比较高的非洲，石油和天然气行业平均的钻井成功率也只有 40%。以石油为例，进行开发的区域往往人迹罕至，道路电力等基础设施严重缺乏，需要跨国能源公司进行大量的基础性准备工作后，才能真正展开投资项目的实质性工作步骤。而严酷的野外自然条件也给跨国公司提出了很多的难题。不管是湿热的热带雨林地区，还是干旱缺水的沙漠地区，都会给工人健康带来严重威胁。随着东道国在环境保护方面要求的不断提升，跨国能源公司在环境污染面前的损失可能会比以前更为巨大。以 BP 在墨西哥湾地区的漏油事故为例，整个事故导致的赔偿可能会高达数百亿美元（穆献中等，2010）。此外，作业过程中的操作风险也是一个重要考虑因素。每年全球各地煤矿事故不断，即使在工人技术水平很高的西方国家，也难以完全避免矿难的发生。而在石油和天然气行业，由于操作失误而导致的事故也层出不穷，而安全防范设备与措施不健全、操作不当、判断失误等，都会成为重要的经营风险来源。

2. 现实性投资风险

与制度约束风险相比较，现实性风险因素不像前者那样多变，常常是在一段较长时间里面保持稳定。所以，相对制度约束风险，该类风险更容易评估和控制，在采取相应措施之后，会变得更为清晰明了。针对石油跨国投资的特点，现实性风险主要包括这几种类型，即资源风险、文化风险和进行跨国能源投资的企业母国和被投资的国家之间关系的风险（双边关系风险）。

(1) 资源风险

对于跨国能源公司来说，资源是企业存在的根本，也是进行海外投资的目标所向。掌握资源的多少，直接影响资源型企业的生死存亡。如果没有了资源，企业将失去任何发展机会。所以，在进行跨国投资的过程中，防范资源风险，是能源公司的一个重要考虑。

在 20 世纪早期，跨国能源公司在进行海外投资时，大多数都采用租让方式，拥有被投资国的资源若干年，持续进行开采。但是随着各国独立后主权意识增强，不断兴起的国有化运动逐渐将资源所有权收归政府所有。后来的投资逐渐演变成了产品分成和许可证制度，也就是投资者不再拥有资源的所有权，而且投入资本和技术等要素，生产出产品后，通过直接分成和税收等其他方式，与被投资国进行利益分享。也有国家仅允许签订服务合同，由外国投资者提供相关专业服务，然后以产品等不同形式提供回报。

由于能源投资的周期都比较长，一旦确定在某一国家或者地区进行投资，则必须进行几十年时间的发展规划，不到万不得已，肯定不会舍弃之前的投资，使之沦为沉没成本。所以，在一个相对较长的时期里，保证资源的稳定性，保障企业的平稳运作，是获得投资收益的关键。

一般来说，从区块招标进行风险勘探，到最后获得可靠的资源储量，需要数年的时间。能源公司需要合理规划从勘探到开发等一系列的活动，从而保障正常经营。对于风险勘探来说，其风险极大，但是总体的资金回报率也比较高。而在激烈的竞争下，生产领域的投资收益相对较低，但是在较为充足在资源和作业任务条件下，这种投资可以为企业带来稳定的收入和现金流，对整个公司的其他也会有带动作用。所以，如何合理安排在资源领域的工作，是跨国能源公司在化解资源风险方面的一个重要步骤。

(2) 双边关系

进行投资的能源公司的母国和和被投资国之间的关系是值得考虑的因素之一。虽然现在国际上的大型能源公司都已经成为公众利益主体，有的甚至在多个国家的证券市场上市，但是，这仍然不足以改变人们对这些公司是某一个国家或者某几个国家的公司的传统看法。所以，国家关系风险就成了现实性风险因素的一个方面。

在实际的考虑过程中，国家关系是整个风险测量和控制过程中的重要考虑，因为该因素会改变某个公司在不同的国家或者地区的风险偏好。在所有的风险因素中，也因为该因素的存在，导致了对其他因素如政治风险和政策风险等的不同看法和评价。

(3) 文化风险

文化包括知识、信仰、艺术、道德、法律、风俗及作为社会成员的人所获得的能力与习惯等多个要素。文化风险，又可以称为跨文化风险，因为其蕴含于两种或者更多种不同文化的差异之间，单独一种文化是谈不上风险问题的。这是跨国能源公司在国际化经营过程中所必须解决的问题，否则必然发生这样或那样的文化冲突，影响公司的正常经营。

文化风险带给跨国公司在经营和培训等多方面的负担，而这很可能会增加公司的运营成本，降低利润。如果母国和被投资国之间的语言背景有很大差异，而且公司在运作的过程中有需要雇佣大量的本地劳动力，那么相关的培训就不可避免。这些培训不仅包括对从本国来的员工的语言和文化背景的培训，也包括对在被投资国所招募员工的关于母国文化的培训。通过这样的双向培训，才可以真正促进员工之间的了解和沟通，在未来的工作接触中减少员工之间由于文化背景差异而导致的冲突。

不同文化背景的员工对于工作的态度和认真程度都有所不同。对于从中国走出去的员工来说，一个鲜明的特点就是能吃苦，敢于去艰苦的地方工作。但是对于其他某些国家的员工来说，同样强度的劳动则是不可能的，因为在他们的传统习惯里面不存在这样的事情。在对非洲和南美洲部分国家的投资过程中，就发生过这样类似的事情，根本原因就在于背后不同的价值观。文化与价值观的不同会导致不同的管理实践。

其他很多涉及跨文化的细微方面，进行跨国投资的能源公司也不能不加以考虑。相同的手势，在不同的文化中有不同的意味。在具体的管理实践中，很多管理者习惯性地去用自己文化背景的思维方式去管理不同文化背景的员工，而很少去考虑这些不同于自己的员工的感受。长此以往，将有可能积累起矛盾，进而引发更为严重的问题。所以，不仅是针对普通员工，所有的培训，应该是针对包括管理者在内的所有人，以尽可能地降低文化风险。

6.2.3 海外石油投资的风险评估

海外石油投资的风险评估是对海外石油投资过程中的风险进行定量分析，对其危害程度进行一个数字化的度量。因此，其根本原则是严格要求分析结果客观性与数理逻辑，把主观要素对分析结果的干扰降到最低限度。

从定量角度，风险评估的一般思路将风险表示为可能性与严重性的函数，即

$$R = f(p_i, c_i)$$

式中，p_i 表示事件 i 发生的概率；c_i 表示事件 i 发生产生的影响，一般为对投资者造成的损失。

这一思想的优点在于清晰、直观，较好地体现了风险评估的基本思想，在项目风险评估中取得了广泛的应用。但在海外石油投资风险评估过程中，这一思想的适用性相对有限。首先，这种风险表述方式体现的是单一事件/要素风险的评估，而海外石油投资是典型的多要素复杂投资活动，几乎不存在单一的要素风险，主要是要素波动引发的连锁反应，如政治波动往往影响政策体系、经济环境乃至社会氛围。其次，要素的交叉扰动直接导致 c_i 的确定十分困难，如果仍然采

用单一要素分析，将最终造成损失直接计算为该要素的风险损失，则会导致多要素风险评估的重复计算，强化了风险损失，而弱化了要素影响。更重要的是，海外石油投资的高风险体现在一旦在投资过程中风险产生且没有采取应对措施，其造成的损失往往是致命的，甚至初期投入完全损失。在 c_i 足够大的情况下，R 对 p_i 的表现不敏感。

因此，在海外石油投资风险的评估研究中，采用 $R = f(p_i, c_i)$ 的分析并不多见。

考虑到海外石油投资初期的巨大投入及较长的资本回收期，海外石油投资风险评估的重点集中在目标投资国家的整体风险状况以及灵活的风险规避策略上。

对于整体风险状况的评估方法主要是沿袭了投资环境综合评价方法思想，将海外石油投资的综合风险进行结构化分解，通过对各个子要素进行评估，然后进行综合汇总。这一方法体系相对成熟和完善。一般采用定性和定量相结合的方法，实用性较强，在企业应用中较为普及。

对于灵活的风险规避策略研究，其根本出发点是海外石油投资可能造成的巨大损失。该方法的基础来源于金融理论，是基于不同参与者对于石油市场未来预期的主观差异和以合理的市场机制和信用保障为前提的，强调投资策略的灵活性。但由于石油市场相对于金融市场缺乏完善的市场保障体系，因此尽管该类方法具有一定的前瞻性，但普及度并不高。

本书对海外石油投资风险评估的两类方法均挑选具有代表性的模型进行介绍，感兴趣的读者可以自行深入研究。

(1) 海外石油投资风险的要素分析模型

要素分析模型是风险定量评估分析中普遍采用的一种研究思路。其基本原理是基于海外石油投资的理论和项目经验，对投资过程中可能对收益造成干扰或威胁的要素进行结构化分析，并进行定量测算。其特点是，要素的不确定性越高、可预见性越差、对投资收益或成本影响越大，则视为风险越大。可以看出，要素风险模型是趋向于保守型投资策略的一种分析模型，是投资者对于投资环境影响较小或投资成本过大时采用的分析模型。由于海外石油投资正符合"投资者对投资环境影响较小"（国际石油公司受资源国经济、政治、文化条件制约，一般难以左右国际原油价格）、"投资成本过大"的特征，因此要素分析模型是海外石油投资风险定量评估的主要研究手段。

风险要素分析模型依托于综合评价模型，将风险要素的分析结果通过加权求和的方式进行汇总，保证了子风险要素的信息在综合风险评估中的体现。其中，权重的确定方法常见的有层次分析法、熵权法等，具体计算方法这里不再赘述。该模型的核心工作主要集中在风险要素的处理上。

1）要素选择上，对于普遍认同的风险因素需要重点研究，包括政治风险、市场风险、资源风险及文化风险等；对于目标国家的特殊风险需要针对分析，如宗教极端主义、地方武装冲突等。

2）要素数量控制上，太多则导致评价结果受到要素间的交叉干扰而强化某些无关信息、覆盖某些重要信息，太少则可能会遗漏某些重要信息。

3）要素重要性分配上，不同的要素对于风险的影响是有差异的，进而对最终的分析结果的影响也是不同的。同时，分析目标的不同，要素重要性的分配也是不同的。因此在权重计算过程中，需要综合考量这些因素，选中定性、定量或者二者结合的计算方法。

4）要素量化上，对于可量化的要素紧密结合历史数据，采用恰当的无量纲处理方法，尽可能完整地保留原始信息；对于不可量化的要素严格参考专家打分流程，准确计量打分结果，尽可能地降低主观要素的干扰。

5）要素比较上，对于跨区域或大范围的国家风险分析，需要考虑风险因素的国别差异，给予不同条件的讨论赋予调整系数，达到既满足在同一框架下讨论的目的，又可以体现不同国家或者地区的特点。从而实现同时顾及风险因素的普遍性和特殊性。

风险要素分析模型的优点在于充分结合了已有项目的历史数据与专家的主观预期，基本的模型构架直观明了，在海外石油投资风险评估的实际应用中较为广泛。但该类方法偏向于静态分析，难以对变化迅速的外部环境做出及时的反应；同时，由于该类模型方法对待不确定性风险相对"消极"，因此风险评估结果相对保守，造成决策者的投资策略往往"防守有余，进攻不足"，常常错失潜在利益。

（2）海外石油投资风险的"期权价值"评估模型

相对于风险要素分析模型趋向于静态、保守的特点，"期权价值"评估模型更加注重动态与灵活的风险评估。由于传统方法忽略了与投资项目相关的各种不确定性因素，导致海外石油投资的价值低估和投资不足，近年来期权模型在海外石油投资中逐渐受到了重视。

"期权价值"评估模型在本书的3.5.3节中有详细的介绍，故这里不再重复，仅介绍其在海外石油投资风险评估中的应用价值。

"期权价值"评估模型是基于国际石油公司和资源国之间对于市场预期的主观判断存在的差异，通过将石油生产的流程进行分离，使得海外石油投资的灵活性大大增加，继而当外部环境发生风险时通过灵活地行使或放弃期权，保证盈利或减少损失。

基于期权定价的灵活投资策略正是一种能够有效地处理风险的方法，它将海外石油投资与金融期权定价的概念相对应，在决策中将投资看作是一个受诸多不确定因素影响的随机过程，根据不同阶段的最新信息更为灵活地分析、量化评价投资项目的当前价值。

海外石油投资的期权主要可以分为看涨期权（学习型期权、扩张型或等待型期权）、转换型期权、看跌期权（放弃型期权）、合约期权等。其中：

1）看跌期权，指实行某项目之后，如果某项目变得无利可图时放弃该项目的期权。这类期权的价值对于需要长期建设的海外石油投资项目来说是客观存在的。

2）看涨期权，指某些项目有等待以接受新信息的期权。有的项目，不必要立即实行，通过等待，公司能够获得关于市场、价格、成本和其他一些事情的信息。例如，国际油气田租赁期间，承租人可以选择合适开发。

3）合约期权，指在合约期内、一定范畴内允许交易的期权。

海外石油投资风险的"期权价值"评估模型的优点在于，通过行使或放弃期权，保证了投资者投资策略的灵活性，有效地规避风险，对于初期投入高，资本回收期长且高度动态的海外石油投资具有较好的针对性。但海外石油投资风险的"期权价值"评估模型也存在一定的局限性，期权价值的定价是该模型的难点。此外，高度的灵活性对于市场的保障机制提出了较高的要求，因而在海外石油投资风险研究中受到了较大的制约。

6.3 非洲石油投资风险的要素分析模型

6.3.1 要素选择

在风险要素的选择上，基于已有项目的历史数据和相关经验，不难发现风险评估的主要要素基本形成体系，不同研究者在要素的选择上大同小异，主干要素涵盖政治风险、政策风险、经济风险、双边关系、资源风险及文化风险6个方面，各个方面下的细化要素也差别不大，具体细微的差别主要体现在分析目标的特点上。

非洲石油投资风险的要素分析模型也遵循这一要素选择体系（冯孝刚，2012），具体如下：

（1）政治风险

非洲地区发展水平对落后，政治环境极不稳定，反动势力暴动、武装起义、政府更迭频发，因此政治风险是非洲石油投资的主要风险。石油投资是一项投入巨大且长期的投资活动，一方面非洲动荡的环境极不利于石油的勘探开发活动，无形中延长了石油资本投资回收期；另一方面，石油是非洲武装势力的重要经济支撑，因此经常发生抢占甚至破坏石油设施的事件，导致初期投入沉没。最重要的是政府更迭常导致新政府不承认原有合同、石油资源所有权变更、石油公司强行收归国有等一系列问题，对投资者造成严重的损失。

非洲石油国家的政治风险主要体现在政治局势稳定性、现有政治体制稳定性、武装冲突风险、族群间关系4个要素上。

（2）政策风险

非洲石油投资的政策风险主要表现为政策变动频繁。首先，政府更迭必然导致政策变动，因此不稳定的政治环境是高政策风险的主要来源。而非洲动荡的环境决定了政策的稳定程度是其石油投资分析中必须考虑的因素。其次，石油收入是非洲石油国家的重要经济来源，油价波动对于非洲国家的经济影响很大。因此当油价发生变动时，非洲国家往往会采取截然不同的国有化政策，当油价高时提高税率甚至强行收归国有，当油价低时降低税率、开放资源。由于石油生产活动通常跨过油价波动周期，因此政策变更对投资者会造成很大影响。另外，非洲国家为了谋求自身发展，会出台限制外国石油公司在资源国取得的利润、要求促进当地就业的相关政策，减少了投资者利润、增加了投资者的社会责任。

非洲石油投资的政策风险主要体现在相关法律稳定性、外资流动自由程度、综合所得税税率上。

（3）经济风险

非洲国家经济相对不发达，基础设施落后，铁路、电力、供水等基础设施常常难以满足石油生产的基本要求，影响石油作业的正常进行。另外，非洲石油国家的经济结构一般依赖于石油出口，产业结构失衡，因此"荷兰病"现象比较普遍，严重影响本国货币的汇率。此外，石油勘探开发对于技术要求较高，因此在基础教育都难以普及的非洲国家存在较大的技术缺口，难以促进当地就业，而雇佣外国技术人员提高了经济成本。

非洲石油投资的经济风险主要体现在人均国内生产总值、基础设施完备性、汇率制度及其稳定性、人均受教育年限 4 个主要要素上。

(4) 双边关系

石油投资风险分析中需要考量非洲国家与投资者国家间的合作关系，双方国家的外交立场决定了海外石油投资风险的基调及发生矛盾时投资者在双方调解中的话语权。

非洲石油投资的双边关系主要体现在双边外交关系状况、已有合作基础上。

(5) 资源风险

非洲石油资源相对丰富，类型多样，常规、非常规资源在非洲国家均有分布，其中北非、西非主要为常规资源，近年来发现的深水及非常规资源集中在东非。加上非洲存在大量的未探索地区，因此非洲的石油资源存在很大的不确定性。相对于其他风险，非洲的资源风险存在很大的有利因素。此外，天然气等其他资源对于石油投资的资源风险也具有很大的影响。

非洲石油投资的资源风险主要体现在石油资源、天然气资源、其他对外资开放资源及非常规对外资开放资源上。

(6) 文化风险

非洲由于其殖民历史，官方语言主要为英语、法语、葡萄牙语、阿拉伯语等世界普遍采用的语言，因此外国投资者一般不存在交流困难。非洲石油投资最大的文化风险来自于宗教冲突。由于非洲自北向南伊斯兰教比例逐渐减少、基督教逐渐增加，并掺杂非洲土著信仰，伊斯兰教与基督教冲突及宗教极端主义在当地频发，因此非洲宗教冲突是影响非洲石油投资文化风险的主要因素。

非洲石油投资的文化风险主要体现在语言背景及可俗背景和差异上。

6.3.2 要素重要性分配及要素量化

在本节非洲石油投资风险分析中，要素重要性分配即风险因素在整体分析中的权重w_i，采用层次分析法（Saaty，1990），利用决策支持专家优选系统软件（Expert Choice Professional）决定。分项风险因素下各细要风险因素在该项因素中的权重，采用类似方法确定，结果见表 6-1。

表 6-1　非洲石油投资各项风险因素的权重分配

分项风险因素	细要风险因素	细要权重	分项权重
政治风险	政治局势稳定性	0.244	0.209
	现有政治体制稳定性	0.192	
	武装冲突风险	0.348	
	族群间关系	0.216	
政策风险	相关法律稳定性	0.283	0.153
	外资流动自由程度	0.237	
	综合所得税税率	0.480	
经济风险	人均国内生产总值	0.161	0.120
	基础设施完备性	0.351	
	汇率制度及其稳定性	0.218	
	人均受教育年限（劳动力素质）	0.270	
双边关系	双边外交关系状况	0.500	0.186
	已有合作基础	0.500	
资源风险	石油资源	0.387	0.242
	天然气资源	0.246	
	其他对外资开放资源	0.204	
	非常规对外资开放资源	0.163	
文化风险	语言背景	0.531	0.090
	习俗背景和差异	0.469	

根据要素分析的基本模型框架，得

$$TR = \sum w_i \times VRF_j$$

式中，VRF_j（value of risk factors）依次为政治风险（PT）、政策风险（PL）、经济风险（EC）、双边关系（FR）、资源风险（RS）和文化风险（CT）的值。

w_i 为要素权重，且

$$\sum w_i = 1$$

在此基础上，采用各国风险调整因子对各国体现出的风险特殊性进行调整。设调整因子 a_i 有：

$$TR = \sum a_i w_i \times VRF_j$$

由于调整因子 a_i 主要起到在各风险因素 w_i 的基础上进一步调整的作用，故设定：

$$\frac{1}{n}\sum a_i = 1$$

调整因子计算结果见表 6-2。

表 6-2 风险因素的国家因素调整系数表

分项风险因素	加蓬	埃及	莫桑比克	坦桑尼亚	乍得	刚果（布）	纳米比亚	毛里塔尼亚	突尼斯	尼日利亚	阿尔及利亚	安哥拉	利比亚
政治风险	1	1	1	1	1	1	1	1	1.1	1	1	1	1.2
政策风险	1	1	1	1	1	1	1	1	1	1	1	1.1	1.1
经济风险	1	1	1	1	1	1	1	1	1	1	1	1	1.1
双边关系	1	1	1	1	1	1	1	1	0.9	1	1	1	0.8
资源风险	1	1	1	1	1	1	1	1	0.95	1	1	0.9	0.8
文化风险	1	1	1	1	1	1	1	1	1.05	1	1	1	1

在确定各个风险项目的权重之后，即可进行项目赋分和综合评分。设单个风险项目的总分值最高为 10 分，最低为 0 分。则每个潜在评价国家或者地区的初步总分值为 10 分。为了符合一般判断的习惯，设定的规则为：某项因素潜在的风险越低，则其分值越高。

选取非洲 13 个国家[①]为海外石油投资环境目标国，包括乍得、阿尔及利亚、利比亚、突尼斯、埃及、毛里塔尼亚、尼日利亚、加蓬、刚果（布）、安哥拉、坦桑尼亚、纳米比亚、莫桑比克。根据选定的分析项目，样本选取的区间为 2010～2016 年，共 7 个年度的数据，由于篇幅限制，各要素的评分表这里不再展示。

在此结果的基础上，辅以国家调整因子的作用，则可以得到经过进一步调整之后的结果。该结果反映了特定投资者在认识相同国家或者地区时的风险偏好的差异，以及在不同跨国投资企业间不同国家或者地区表现出的风险特殊性。

6.3.3 非洲石油投资风险计算结果

通过基于要素的风险投资模型分析，对非洲主要石油国家（不含苏丹）的风险要素计算结果进行梳理，并进行最终的汇总（非洲主要石油国家风险评价基础数值见附录1）。

---

① 苏丹分裂前是非洲国土面积最大的国家，也是非洲重要石油资源国家之一，尤其在石油勘探开发领域与中国有着长期且深入的合作，但鉴于苏丹国家分裂后的政治、经济及对外合作政策等要素的模糊性与复杂性，要素分析模型也许无法对其进行科学有效的评估，故在本节的风险要素分析模型中暂且把对苏丹的风险评价结果搁置。

(1) 政治风险

就 2010 年以来近 7 年非洲 13 个产油国的政治风险来看，利比亚、突尼斯及埃及的政治风险呈现出较大的波动，这主要体现在叙利亚卡扎菲政府的倒台及 2010 年以来阿拉伯世界爆发的"阿拉伯之春"浪潮，其中影响较大的包括 2011 年突尼斯发生的"茉莉花革命"、"埃及革命"等。政治环境动荡成为这些石油国家主要的不确定因素，导致投资者不得不降低在这些国家的投资预期。从平均水平来看，居于政治风险后位的几个国家基本与高波动性的几个国家相符（图 6-3），表明非洲石油国家的政治风险水平与波动程度具有一定的一致性。

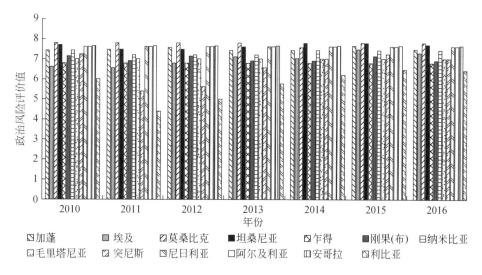

图 6-3　非洲主要石油国家的政治风险

(2) 政策风险

相对来说，非洲 13 个国家中政策风险尽管差异较大，但整体来看波动性不大（图 6-4）。其中莫桑比克的评估结果最高，接近 7.3 水平，其次为尼日利亚和阿尔及利亚。这主要是由于一方面，该 3 国经济体基本以资源出口为主且相对稳定，均出台了吸引外资的政策；另一方面，该 3 国保持了较高的政策执行力度，避免了腐败、贪污、受贿等现象，提高了政策的执行效率，降低了政策风险。

(3) 经济风险

总的来看，尽管非洲石油国家经济风险在国别上存在较大的差异，但从时间趋势上来看，即便是近年来油价出现明显的下滑，也没有表现出明显的波动性

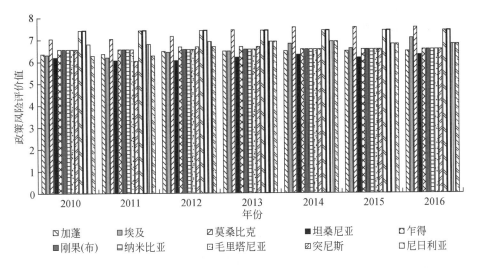

图 6-4　非洲主要石油国家的政策风险

（图 6-5）。究其原因，主要有两方面的因素：一是非洲石油国家普遍经济水平欠发达，经济总量不高，加上石油开采成本相对较低，供需较为稳定，没有出现南美委内瑞拉这种较为极端的情况，因此受油价波动干扰较小；二是非洲石油国家基础设施、教育水平等相对落后，近年来通过积极的对外合作获得了较大的发展，一定程度上弥补了石油出口的不景气。非洲经济实力排在前列的几个国家（如埃及、尼日利亚、阿尔及利亚）基本表现出较低的经济风险，而实力较差的乍得、毛里塔尼亚则表现出较高的风险。

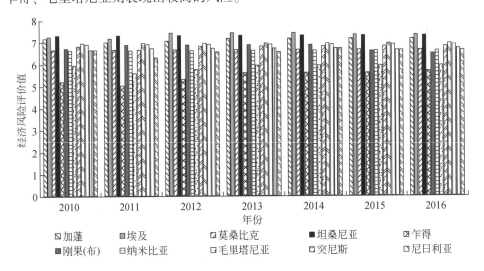

图 6-5　非洲主要石油国家的经济投资风险

（4）双边关系

双边关系的测量取决于国家外交关系及已有项目的合作积累。非洲石油国家对外基本采取了较为积极的开放态度，吸引了大量外资进入。但从已有项目的积累来看，较为成功的项目合作积累国家基本都集中在非洲发达经济体国家中（图6-6）。因此可以从某种意义上认为，良好的双边关系促进了非洲石油国家的经济发展。

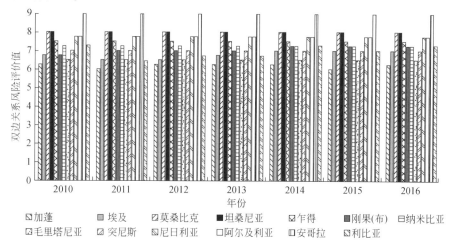

图6-6　非洲主要石油国家的双边关系风险

（5）资源风险

非洲石油资源主要集中在北非和西非国家，不难发现北非、西非国家表现出了较为突出的资源优势。但由于近年西非、北非石油国家一直没有新的大型储量发现，导致资源潜力增长疲软，资源风险增加。而近年在东非新发现的深水油气储量一定程度上弥补了东非国家在石油储量上的劣势，但相较于传统石油国家成熟的开发经验和完善的管理体系，东非国家在石油勘探开发过程中仍存在较大的不确定性（图6-7）。另外，由于非洲地区存在大量的未探索区域，因此非洲石油资源存在很大的潜力。

（6）文化风险

由于非洲的殖民历史，西方文明对于非洲石油国家的文明发展产生了深远的影响。在非洲13个石油国家中，官方语言集中为英语、法语、葡萄牙语和阿拉伯语，这些语言在国际上普遍采用和认可，投资者在非洲国家基本不存在语言交

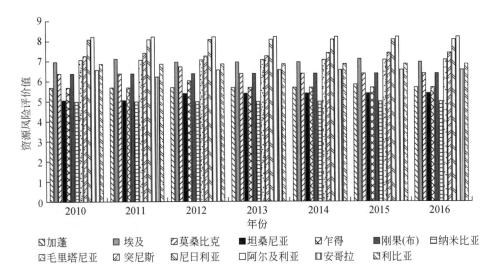

图 6-7 非洲主要石油国家的资源风险

流障碍。非洲石油国家的文化风险主要来自于宗教，从 2010 年的"阿拉伯之春"可以看出，非洲石油国家受伊斯兰文化影响深远，但动荡的宗教背景无疑增加了这些国家石油投资的文化风险（图 6-8）。信仰伊斯兰教的毛里塔尼亚、埃及、乍得均呈现出较高的文化风险，而文化风险较低的加蓬、莫桑比克、刚果（布）信仰则相对多样，包括天主教、基督新教、原始宗教、伊斯兰教。

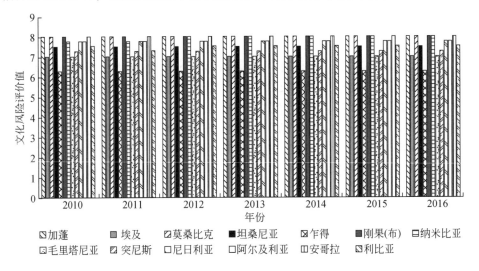

图 6-8 非洲主要石油国家的文化风险

根据非洲13个石油国家的风险计算结果绘制风险雷达图（图6-9），直观地展示了各国风险的均衡状况。其中，风险评价的设定是基于"分数越高，风险越低"的前提，故雷达图中内陷的风险项表明该国该项风险较大。比较明显的为加蓬的资源风险、利比亚的政治风险、乍得的经济风险等。

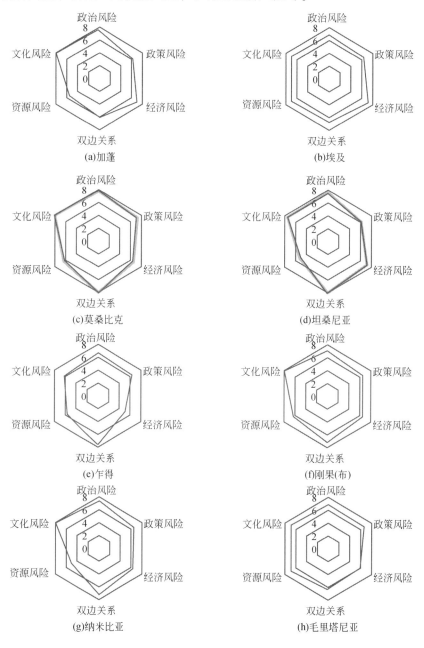

(a)加蓬

(b)埃及

(c)莫桑比克

(d)坦桑尼亚

(e)乍得

(f)刚果(布)

(g)纳米比亚

(h)毛里塔尼亚

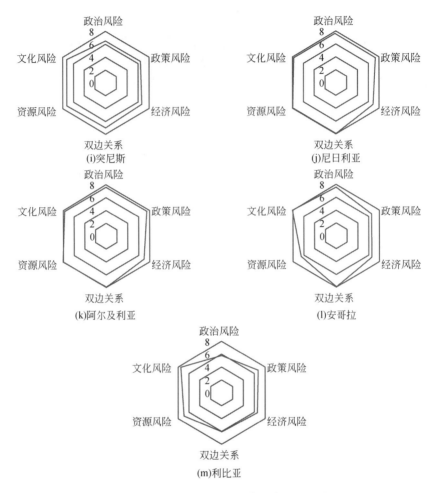

图 6-9   非洲主要石油国家风险雷达图

综合来讲，雷达图越接近正六边形的国家表明该国的风险相对均衡，表明该国的体制相对稳定；而出现明显短板的国家表明该国的该项风险在石油投资中需要格外注意，做好防范措施。

通过对非洲石油国家的各项风险评价值进行汇总，得到图 6-10。

从图 6-10 容易看出，投资风险较高的第一梯队由尼日利亚和阿尔及利亚组成，这两国的综合风险从 2010 年以来一直处于高位；第二梯队由安哥拉、莫桑比克、埃及组成，这些国家的风险评价较好，但一般存在某项风险的缺陷，但不是非常严重。同时，由于其他投资风险相对较小，弥补了缺陷，拉动了整体水平。剩下的国家为第三梯队，这些国家普遍存在较严重的风险和系统失衡，如整治内乱、武装冲突、经济危机等，大大增加了该国石油投资风险。

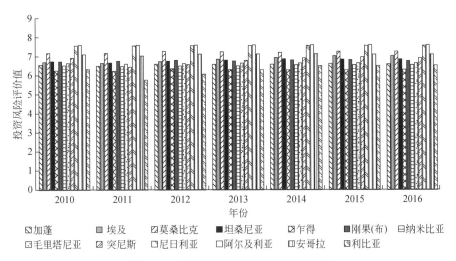

图 6-10　非洲主要石油国家风险汇总图

同时，为了体现非洲石油投资风险在时间维度的变化，绘制了非洲主要石油国家风险波动图（图 6-11）。其中，横轴为非洲石油国家投资综合风险的近 7 年的均值，纵轴为其标准差。

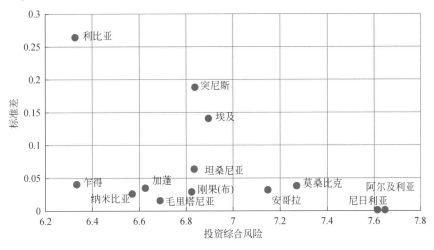

图 6-11　非洲主要石油国家风险波动图

非洲石油国家的投资风险整体来看，波动性不大，密集分布于标准差低于 0.05 的水平。其中，整体水平较好的阿尔及利亚和尼日利亚的波动性最低，而且大部分投资风险较低的国家基本波动性也不大。而波动性较大的利比亚、突尼斯、埃及，由于"阿拉伯之春"的影响，近年主要是政治风险发生了较大的波动，因此出现在了波动图的中上部。同时政治风险波动也对北非石油国家的整体投资风险造成了较大的影响。

通过上述分析，投资风险的要素分析模型需要常态化和动态化相结合。在针对非洲石油国家的风险评价中，需要结合横向和纵向数据进行分析。这是因为横向数据可以反映出在一个时间点上各国的总体和分项风险情况，但是不能够反映出这些风险因素的变动情况。所以，针对潜在投资国家或者地区的风险评价需要进行常态化的工作。只有在实现常态化之后，才能够有更充足的数据，反映随时间推移各项风险因素的变化情况，这样的结果才更具有参考价值。最为理想的情况莫过于针对潜在被投资国家或者地区的风险，进行长期的数据积累，当需要时，根据这些数据，进行时间序列的分析。当数据足够丰富之后，甚至可以应用计量经济学等多种方式进行数据的处理工作。

6.4　海外石油投资风险的期权模型

近年来，随着海外石油投资研究的不断深入，对风险的定量评估已经不满足于要素分析与综合评价分析[①]。一些专家和学者尝试将金融风险分析模型引入海外石油投资风险的研究中，并取得了不错的应用效果。其中，实物期权模型是目前接受比较广泛的分析方法，其特点在于运用期权的思想，用不确定性（风险）的金融价值来量化评价海外石油投资的风险。

6.4.1　数据的获得及处理

实物期权的理论和模型在第2、第3章有详细的介绍，这里不再重复，直接从数据的获得与处理开始说明。选取非洲14个国家为海外石油投资环境目标国，包括苏丹[②]、乍得、阿尔及利亚、利比亚、突尼斯、埃及、毛里塔尼亚、尼日利亚、加蓬、刚果（布）、安哥拉、坦桑尼亚、纳米比亚、莫桑比克。这些国家在财税政策、政治稳定性、经济发展水平、石油资源品质和开采条件等方面均有较大差距，单位石油资源的投资价值也不尽相同。

其中所得税税率、矿区使用费和产量分成比例的数据主要来自安永会计师事务所2013年发布的油气税务指南和相关网站及文献当中提供的财税数据。由于

---

① 需要特别说明的是，由于实际数据资料的局限，本章对非洲（尤其是苏丹）及相关国家风险测度和期权价值分析实证分析，数据时效性有点过时，故本章部分实证计算结果只是为验证相关模型，有兴趣的读者可以更新数据重新计算。

② 南北苏丹统称。苏丹于2011年2月10日分裂为北苏丹和南苏丹，我国于苏丹投资建设的石油作业项目在南北苏丹均有分布；另外，由于苏丹90%的产油来自南苏丹，但主要的石油管线等设施集中于北苏丹，因此在分析的过程中很难完全地将南北苏丹划分开来。

各国石油财税普遍十分复杂，许多税种的税率随产量，生产和勘探年限，海上、陆上变化而不同，因此为了简化计算，使用最高和最低税率的中间值作为该国的计算税率。由于无数据，假设目标国为乍得，单位产量的开发成本为0.4，计算出各国的单位石油资源的开采成本（表6-3）。

表6-3 非洲主要石油国家财税政策

国家	政治波动性	实际获得比例	单位开采成本
乍得	0.076	0.375	0.400
尼日利亚	0.024	0.480	0.457
阿尔及利亚	0.052	0.282	0.223
加蓬	0.020	0.225	0.188
毛里塔尼亚	0.037	0.510	0.423
安哥拉	0.265	0.250	0.374
苏丹	0.035	0.520	0.235
利比亚	0.028	0.507	0.302
突尼斯	0.012	0.240	0.311
埃及	0.022	0.440	0.341
刚果（布）	0.102	0.850	0.426
莫桑比克	0.042	0.620	0.491
坦桑尼亚	0.019	0.575	0.442
纳米比亚	0.038	0.600	0.420

不同国家的政治经济环境变动较为复杂，我们选取世界银行提供的近10年各国的通货膨胀的标准差作为政治经济环境变动的衡量指标。石油价格变动率假设为10%，资本的时间价值为5%。对于单位石油储量1，每年开采1/20，开采年限为20年的油田项目，放弃的残值回收比率 k 为5%。运用模型计算各国的放弃型期权价值及最佳的行权时间（表6-4）。

表6-4 非洲主要石油国家退出投资期权价值

排名	国家	期权价值	行权时间
1	加蓬	0.0871	19.88
2	安哥拉	0.0394	19.68
3	利比亚	0.0378	19.82
4	埃及	0.0232	19.84
5	莫桑比克	0.022	19.84

续表

排名	国家	期权价值	行权时间
6	苏丹	0.0215	19.82
7	阿尔及利亚	0.0213	19.88
8	乍得	0.0201	19.8
9	坦桑尼亚	0.0199	19.76
10	尼日利亚	0.0198	19.76
11	刚果（布）	0.0189	19.66
12	纳米比亚	0.0188	0.0188
13	毛里塔尼亚	0.0185	19.72
14	突尼斯	0.0183	19.78

注：模型模拟路径数选取 50，进行求解。

6.4.2 退出开发期权价值的评价结果

根据实物期权理论，放弃的期权价值越大，则说明通过有效的管理可以较大限度地减少由于不确定性造成的损失。从图 6-12 的结果中可以看出，加蓬、安哥拉和利比亚的投资期权价值最大，刚果（布）、纳米比亚、毛里塔尼亚和突尼斯等国的投资期权价值较小。

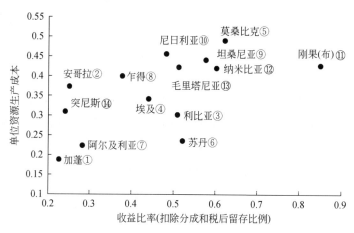

图 6-12　主要石油国家投资价值分布情况

资料来源：李凯，2015

放弃期权价值的大小由政治经济变动风险、财税政策和投资环境调整后的开采成本共同决定。从图 6-12 中可以看出，加蓬①、阿尔及利亚⑦、苏丹⑥、利比亚③、埃及④影响开采成本的投资环境较好，刚果（布）⑪、莫桑比克⑤、纳米比亚⑫、坦桑尼亚⑨等国的财税政策较为宽松，跨国石油投资企业进行投资活动获得的收益更多。但是考虑到各国的政治环境风险不同，加蓬、安哥拉、利比亚、埃及等国的综合风险较大，管控风险带来的价值也较大。

6.4.3 非洲石油投资环境国别分析

随着我国经济迅速增长，工业制造能力不断增强，经济规模不断扩大，我国的能源消耗总量快速攀升，未来很长一段时间增长态势不会改变。石油作为重要的能源资源和制造业原料，是我国进行工业化现代化建设必备可少的要素。能源走出去和能源多元化战略下，需要我国石油企业进行跨国投资，在非洲开辟新的油气资源（穆献中和李凯，2014）。

而非洲各国之间经济水平、民族、宗教、政治派别方面的巨大差异与我国有限的用于海外投资的资本和能力存在明显矛盾，这就要求首先对非洲石油投资进行区位选择。

近10年来，我国已经投资的非洲主要油气资源国包括苏丹、乍得、阿尔及利亚、利比亚、突尼斯。经过10年时间发展，苏丹油气生产及相关配套的基础设施建设已经初具规模，开采成本在14个评价国中属于中等水平，财税政策较为宽松，政治经济波动较小，整体来看，风险价值在14个评价国中属于中等，较适宜继续进行油气投资。乍得经济发展水平落后，政府关于油气的财税政策收紧，政治经济波动性加大，风险价值同样较小，因此整体不宜继续投资（图6-13）。

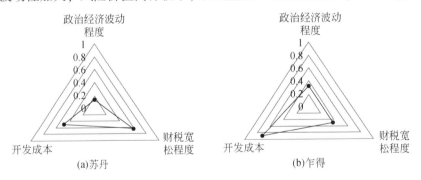

图6-13 苏丹和乍得的石油投资环境

阿尔及利亚政治经济波动和开发成本均属中等，油气财税政策较紧，风险价值也属中等。利比亚和突尼斯在"茉莉花革命"之前整体政治风险较小，开发成本较为适中，利比亚财税政策也较为宽松（图6-14）。从以上分析可以获得结论，苏丹是已投资国中最为适宜继续投资的。

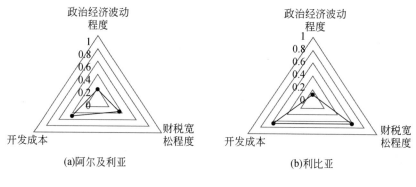

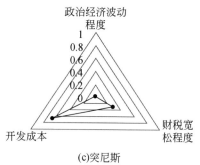

图6-14　阿尔及利亚、利比亚、突尼斯的石油投资环境

其他9个潜在油气资源投资国，加蓬属于中等收入国家，政治经济波动较小，国内基础设施建设程度较高，开发成本较低，但财税政策较为严格，总体来看风险价值较高。

埃及作为北非最重要的国家，国内基础设施建设，尤其是发达便利的交通使得其石油开发成本较低，政治经济波动较小，财税政策也较为宽松，更具评价模型，其风险价值较高，也适宜进行投资。

安哥拉则政治经济环境十分不稳定（图6-15），开发成本较高。近年来虽然国内政治经济逐步步入正轨，通货膨胀率逐步下降，但可延续性仍然值得怀疑。根据模型建立的基础，结合历史数据，将其未来政治经济波动率设定为较高水平，因此，得出其风险价值较大，这既意味着安哥拉未来投资环境的不确定性较大，也意味着通过有效管理能够获得较丰厚的风险收益。

从图6-15中可以看出，毛里塔尼亚、莫桑比克、纳米比亚、尼日利亚和坦桑尼亚的开发成本均较高，而油气财税政策较为宽松，国内政治经济环境较为稳定，也较为适合进行石油开发投资。

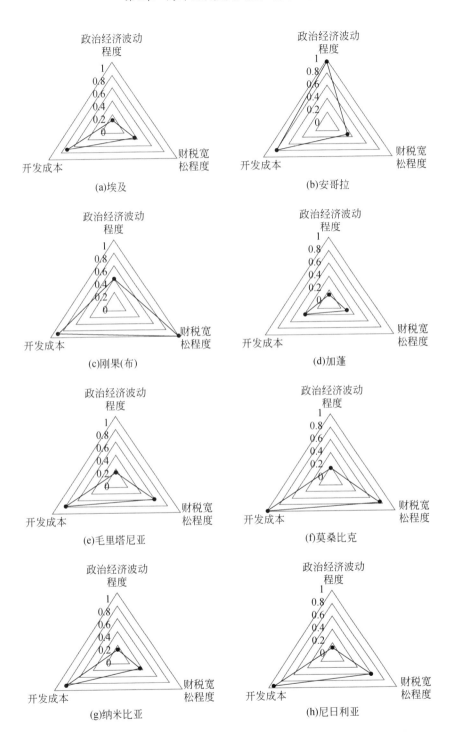

(a)埃及

(b)安哥拉

(c)刚果(布)

(d)加蓬

(e)毛里塔尼亚

(f)莫桑比克

(g)纳米比亚

(h)尼日利亚

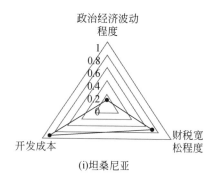

(i)坦桑尼亚

图 6-15　非洲潜在油气资源投资目标国投资环境情况

6.5　海外石油投资风险的基本认识

海外石油投资活动由于其自身特点，导致在投资过程中面临的风险相较于一般性投资活动有较大的差别。这种差别主要体现在较长的投资周期导致轻微波动极易被放大和积累；政策和人文因素对石油投资产生的影响一般大于对其他投资活动；高资本投入和技术门槛增加了风险来源等。

通过对海外石油投资风险的认知、识别、分析和评估，得到了以下基本认识。

（1）海外石油投资风险分为"软"风险和"硬"风险

根据基于风险树分析的海外石油投资风险识别结果，海外石油投资风险可以具体分为政治风险、政策风险、经济风险、资源风险、双边关系和文化风险6大类。按照风险来源的性质将海外石油投资风险区分为制度约束性风险和现实性风险，即"软"风险和"硬"风险。其中，政治风险、政策风险、经济风险属于制度约束性风险，资源风险、双边关系、文化风险属于现实性风险。

（2）风险要素分析模型和期权模型是海外石油投资风险主要的两类测度模型

根据风险分析的目的，海外石油投资风险测度的方法和模型可以分为两类，即风险要素分析模型和期权模型。这两类模型的区别在于，前者通过综合评价风险要素，对海外石油投资风险形成一个相对完整综合的认识；后者通过对海外石油投资过程中不确定性的价值评估判断风险的潜在价值。在海外石油投资风险的评估中，两者的用途也存在一定的差异，前者的原理更接近于对投资环境中不确定性的定量评估，重于投资风险的宏观把握，一般与投资环境评价同步进行，并且随着外部环境的变化需要不断调整；而后者则是建立在投资者对于不确定性的主观认识差异，往往在实际运用中偏向于微观的决策或风险规避，贯穿于整个石油投资活动过程中。

（3）基于两类风险测度模型，非洲地区主要石油国家仍存在一定的投资风险

运用风险要素分析和实物期权两种模型对非洲地区石油投资风险进行评估与测度。要素风险分析模型首先分析了不同石油国家政治、经济、文化等6种风险，计算结果中比较突出的是利比亚、突尼斯及埃及政治风险较大，乍得、毛里塔尼亚经济风险较大，毛里塔尼亚、埃及、乍得文化风险较大。然后通过将多重风险进行汇总，得出了非洲主要国家的综合石油投资风险，结果表明尼日利亚和阿尔及利亚投资风险较小。实物期权模型对非洲地区14个主要石油国家投资风险的期权价值进行计算，结果显示加蓬、阿尔及利亚、苏丹、利比亚、埃及影响开采成本的投资风险较小，刚果（布）、莫桑比克、纳米比亚、坦桑尼亚等国的财税政策较为宽松，跨国石油投资企业进行投资活动获得的收益更多。但是考虑到各国的政治环境风险不同，加蓬、安哥拉、利比亚、埃及等国的综合风险较大，管控风险带来的价值也较大。

（4）两类风险测度模型适用性和可靠性较高，但侧重点不同

经对比不同分析模型对非洲石油投资风险的评估结果，两种结果尽管在细节处存在一定的差异，但总体来说已经达成了比较一致的结论，也验证了两种方法对于海外石油投资风险评估与测度的可靠性。

通过运用两种不同的风险评估方法对非洲主要产油国家进行分析，不难发现风险的要素分析模型更加注重横向对比，即所得的结果一般为相对结果，国家的排序重于单一国家风险的绝对数值。由于该类方法相对保守，因此趋向于接受雷达图没有明显短板，波动性不强的国家。实物期权模型更加注重单一国家的风险价值评估，因此风险的绝对数值重于国家排序，所得结果为绝对结果。由于不同类风险的衡量尺度不同，所以不同类别间风险的横向对比意义不大。

本 章 小 结

本章对有关海外石油投资风险的定义、来源、分类以及特征进行了梳理，运用风险要素分析模型和实物期权模型对海外石油投资风险进行了定量评估并进行了实证分析。

取得的主要结论要点如下：

1）由于石油投资的自身特点，在海外石油投资研究中一般将风险等同于不确定性。海外石油投资的风险识别结果分为制度约束性风险及现实性投资风险，前者涉及政治、政策、经济等方面，后者包含资源禀赋、人文环境等方面。

2）基于海外石油投资风险的要素分析模型，对非洲主要石油国家的政治风险、政策风险、经济风险、双边关系、资源风险、文化风险进行了分析，并综合比较了各国的投资风险。

3）基于实物期权理论分析非洲主要油气资源国进行风险价值评估，首先从财税政策、政治稳定性、经济发展水平、石油资源品质和开采条件等方面对海外石油投资的退出期权价值进行计算，然后对非洲主要产油国家投资风险的期权价值进行比较。

第7章 海外石油投资环境
评价系统设计及开发

基于前述章节理论方法体系，应用现代信息管理技术，作者研制了海外石油投资环境系统分析数据支撑体系及综合评价系统软件。本章将系统阐述该软件平台的设计目标、设计原则、系统需求、数据结构、处理流程、逻辑体系及系统结构等。在此基础上，以应用演示方式，介绍该软件的运行环境、输入/输出及功能模块等。

7.1 软件概述

7.1.1 简介

海外石油投资环境评价系统是作者及其团队成员依托相关研究工作编制的应用软件系统。本软件的设计思路、数学原理及计算方法均来源于前述章节中构建的海外石油投资环境理论框架与方法体系，同时严格遵循海外石油投资环境评价工作流程和软件工程标准化管理体系，具有完全知识产权。

海外石油投资环境评价系统软件是作者研究团队研究工作的成果积累与工具实现，也是本书梳理构建的海外石油投资环境系统分析理论方法体系的实体展示。本软件由输入模块、数据库模块、功能模块、图形及输出模块四个主要模块构成，其中功能模块集成了包括层次分析法、熵权法、灰色综合评价、实物期权分析在内的目前主流海外石油投资环境评价分析模型，以及物元模型、灰熵分析等作者及其研究团队在海外石油投资环境分析中首创的模型算法。经过实证检验，这些方法模型能够基本满足海外石油投资环境评价的应用需求，提供可靠的分析结果和决策依据。

7.1.2 设计目标

海外石油投资环境评价系统是作者及其研究团队海外石油投资环境系统分析成果的工具实现，功能定位是海外石油投资环境领域科研人员定量分析、模拟、评价集成平台及非技术型决策者辅助自动化决策工具。

本软件的设计目标是基于海外石油投资标准化决策流程，运用其经济、政治、文化及外部风险等指标的实时数据，选取科学评价方法对具体地区进行综合评价和计算，评估优选出有利区域；甄别各地区的投资潜力并能筛选出有利目标和类别，实现投资风险的动态监控，实现海外石油投资环境评价工作的"科学化、规范化、信息化"，为投资决策提供支持。

7.1.3 设计原则

1. 可靠性原则

可靠性原则保证了软件在运行过程中能够尽可能地避免发生故障，而且一旦发生故障，能够解决和排除故障，是软件安全运行的基本保证。海外石油投资环境评价系统数据处理量大、计算性能要求高，因此对软件的运行环境和可靠性要求较高。

2. 健壮性原则

健壮性原则允许软件对于规范要求以外的输入能够判断出这个输入不符合规范要求，并能有合理的处理方式。海外石油投资环境评价系统数据处理量大，难免存在个别不符合规范的数据，软件应具有甄别和合理处置这些数据的能力，避免因此而出现错误计算甚至系统崩溃的情况。

3. 易用性原则

易用性原则保证了软件具有清晰的逻辑结构和友好的用户交互，使软件的操作简单，输出结果具有可读性。海外石油投资环境评价系统不仅面向专业技术人员，还面向科研人员等普通功能用户，因此需要保证软件的易于使用和操作。

4. 效率原则

效率原则要求软件在满足性能的前提下，运行所需时间和占用存储容量和性能尽可能小。海外石油投资环境评价系统的运行涉及大容量、高频数据读写和高性能计算，必须保证软件的运行效率，优化数据结构和算法，降低性能门槛，减少运行时间和存储容量。

5. 可修改原则

可修改原则要求软件的设计必须是科学的，并保证有良好的结构和完备的文档，使系统功能易于调整。海外石油投资环境是变化的，因此无论是数据还是模型都需要不断更新，海外石油投资环境评价系统必须满足可修改原则，允许软件数据和功能的升级。

6. 标准化原则

标准化原则要求软件在结构上实现开放，基于业界开放式标准，符合国家和信息产业部的规范。海外石油投资由于高资本投入、高风险的特性，加上往往涉及国家战略利益，必须基于标准化的数据，遵循标准化的评价流程和方法进行目标区域石油投资环境评价、比选，为科学决策提供支撑，因此无论是软件设计结构还是数据处理流程都必须符合标准化原则。

7.1.4　运行环境

海外石油投资环境评价系统在 Windows 平台下基于 Java 开发，运行环境推荐使用 32/64 位 Windows 7、Windows 8/8.1、Windows 10 操作系统，并安装 2013 版本以上的 Microsoft Office 办公软件。

计算机的硬件配置要求如下。

CPU：Intel 双核 @ 2.50GHz 或以上；

硬盘：40G 以上；

内存：1G 以上；

显示器：分辨率 1024×768 或以上；

外设：USB 接口，键盘鼠标。

7.2　软件总体结构

7.2.1　模块部署

海外石油投资环境评价系统模块设计围绕核心功能模块展开，主要功能为海外石油投资环境评价及投资风险分析。除了功能模块进行核心设计外，还需要针对功能模块的输入、输出要求进行模块部署。

由于海外石油投资环境评价工作的数据处理量大、评价模型多样且分类复杂、数据输出形式不直观，单纯地依靠人工录入不现实也不符合本软件的设计原则。因此作者研究团队在"输入模块–功能模块–输出模块"的通用部署设计的基础上进行了适当拓展，增加了数据库模块及图形模块，形成了一套相对完整的模块设计（图 7-1）。

其中，功能模块的输入部分由输入模块和数据库模块共同完成。输入的内容

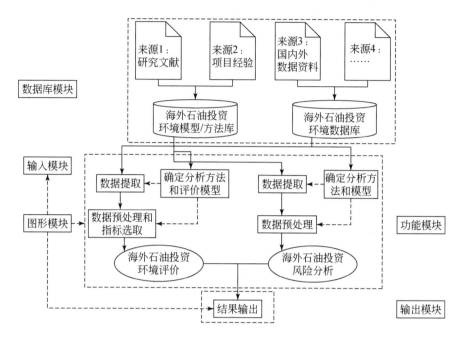

图 7-1　海外石油投资环境评价系统模块示意图

包括人工直接数据录入、根据评价目标从海外石油投资环境数据库中直接选取数据、根据评价需求从海外石油投资环境模型/方法库中选择模型和方法。

功能模块则是根据输入的数据和选择的方法进行运算，由于海外石油投资环境评价和投资风险分析的计算流程、数据及模型方法都存在较大的差别，所以功能模块又细分两个子模块并进行专门化设计，以提高运算效率。

功能模块的输出部分包括输出模块和图形模块，主要是将功能模块的计算结果直接以数据形式输出或更直观地以图形的方式表达。

7.2.2　处理流程

海外石油投资环境评价系统的处理流程如图 7-2 所示：

本软件处理流程有以下几点需要说明。

1）本软件可处理数据的输入形式有三种：用户自行输入、外部数据导入、数据库调用。用户自行输入主要是针对某些有用户自定义需求的数据形式，通过新建表或修改已有表进行数据录入；外部数据导入主要针对有完整外部数据文件的情况，目前支持的外部文件格式包括 . xls/xlsx、. txt；数据库调用形式则为从本系统的内置数据库中调用。

2）对于不满足本系统数据处理格式或中途需对处理数据修改的情况，需返

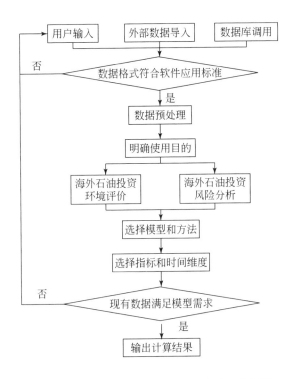

图 7-2　海外石油投资环境评价系统处理流程图

回数据输入步骤对数据进行修改。

3）在明确了使用目的后，根据需求选择使用的模型，并选择模型使用的指标及数据的时间维度，如选择的数据不满足需求可以返回修改。

4）当模型方法、数据选择完成后，若满足软件的运行要求，可输出计算结果。输出的计算结果根据用户需求可选择图形化展示、保存计算结果及保存图形。

7.3　全局数据结构说明

7.3.1　数据逻辑结构设计

海外石油投资数据类目繁多且多为时间序列，普遍是三维数据，因此需要对数据逻辑结构进行设计，避免在操作中出现混乱。本系统处理及存储的数据格式采用规范化统一标准，力求简洁明了，严格参照 SQL Server 数据库的数据存储类型标准。

表 7-1 描述了石油国家的基本信息的数据类型及其他说明，这里由于篇幅限制仅展示了部分字段信息。

表 7-1　石油国家基本信息表

变量名称	数据类型	是否为空	说明
country_ID	INT（4）	NOT NULL	国家序号（主键）
country_Name	CHAR（16）	NULL	国家名称
country_Location	CHAR（16）	NULL	国家位置
lastReserve	FLOAT（53）	NULL	最新储量
lastGDP	MONEY	NULL	最新 GDP
…	…	NULL	其他指标
comment	VARCHAR（200）	NULL	注释

以国家石油储量基本信息表为例（表 7-2），由于国家石油储量是国家–储量–年份的三维数据信息，因此采用了分段式的存储方式，将年份信息也作为了变量名称，以实现储量数据的全面覆盖。其他信息表如 GDP、石油产量、石油出口量等采用了相同的定义形式，这里不再赘述。

表 7-2　国家石油储量基本信息表

变量名称	数据类型	是否为空	说明
country_ID	INT（4）	NOT NULL	国家序号（主键）
reserve_Year1980	FLOAT（53）	NULL	1980 年储量
reserve_Year1981	FLOAT（53）	NULL	1981 年储量
…	FLOAT（53）	NULL	…
reserve_Year2015	FLOAT（53）	NULL	2015 年储量
lastReserve	FLOAT（53）	NULL	最新储量

7.3.2　数据物理结构设计

本系统内置数据库中存储的通用数据随软件安装过程自动存储在硬盘介质中。系统运行过程中录入、产生的临时数据存储于内存中，随系统关闭丢失，如有需求请及时保存。临时数据的默认存储位置为软件安装根目录：\ OilInvestment \ TEMP \ Data，存储文件的格式为 Microsoft Office Excel 文件。

7.4 模 块 设 计

7.4.1 输入模块设计

输入模块主要针对软件处理数据三种来源中的用户输入和外部数据引用。具体流程如图 7-3 所示：

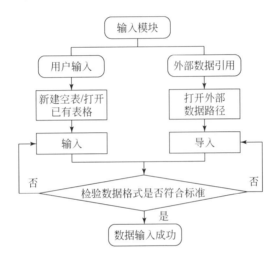

图 7-3　海外石油投资环境评价系统输入模块流程图

在录入或导入数据后，需对数据格式进行检验，否则输入的数据不能进行下一步的运算。

7.4.2 数据库模块设计

数据库模块指用于存储输入评价指标或专家信息的数据库，包括专家输入选项和指标存储选项两类。在模型设计时，投资环境数据、业务潜力数据、投资项目参数之间是独立的数据存储结构。

具体这三个具体模块数据格式，需要作出以下几点说明。

1）投资环境数据大多难以定量赋值，因此其数据格式以专家赋值为主；

2）海外业务潜力指标主要是调查数据，可以与调查报表连接，也可以单独输入数据；

3）投资项目评价数据相对比较规范，可参照相关参数表、成本表等数据格式输入数据。

233

4）依据通用性和可移植性原则，本系统在保证数据安全的前提下应设计数据库与用户之间可以交互的接口。用户和管理员可以编辑录入数据，以完成相关操作，但考虑到数据安全，用户编辑过的基础数据，只能暂时存放在数据库中特定的区域，操作完成之后自动销毁，释放内存空间。用户评价方案所涉及的参数数据、评价方案和结果数据存入数据库，以备下次使用。管理员有权限编辑录入基础数据，以完成数据库的更新（表7-3）。

表7-3　海外石油投资环境评价系统数据库操作权限表

	基础数据	参数数据	评价方案和结果数据
用户	×	×	√
管理员	√	√	√

为方便使用，数据的输入以批量导入为主，即对大多数数据提供数据文件导入支持，但需要注意的是，原始数据文件应处理成统一的文件类型和文件格式后方可导入，这样有助于管理数据。其余数据的输入方式灵活处理，如用户选择参数数据时，可采用数据条的滑动，以确定参数数据的值；用户创建评价方案时，以数据框的方式接受用户的输入。

管理员和授予权限的用户对数据可以进行以下操作。

（1）查询

查询是用户与数据库之间联系的一个接口，这个接口允许用户查看部分数据，而无法知道这些数据在数据库中的结构是怎样的，也无法改变这些数据的值。查询的内容如下：①基础数据的查询，具体为指定国家在指定的时间区间内的一项或多项指标的数据，如尼日利亚2000～2013年国内生产总值和人口的数据；②评价方案的查询，方案名称为查询的主要关键字，一个方案名称对应一个评价方案，该查询为精确查询，应精确匹配与输入完全一致查询结果；③新闻信息和研究成果信息的查询，采用字段查询，结果将显示标题中包含该字段的新闻或者研究成果，该查询为泛型查询，只需输入与目标内容相符的关键字即可。

（2）比较

该系统中的数据之间比较有以下内容：①基础数据之间的比较。不同的国家在同一时间区间的不同指标数据的比较，一个国家在任意时间区间内的一个或多个指标的历史数据，能反映该评价指标在该国的发展变化趋势；②不同的评价方案之间的比较。比较统一方法下不同国家的石油投资环境评价结果，也可比较同一国家在不同评价方法下的投资环境，变量是方法。

（3）修改和删除

系统中的修改和删除主要针对评价方案。在查询的基础上，用户可以修改评价方案的指标的参数值，无法修改方案名称，以及评价的国家和评价所使用的模型。用户可以删除评价方案。

数据库模块包括 4 个子模块：参数选择、数据展示、数据统计、图形展示（图 7-4）。

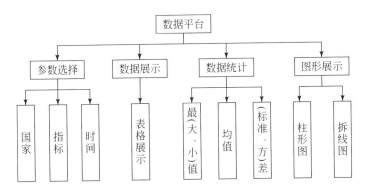

图 7-4   海外石油投资环境评价系统数据库功能结构图

1）参数选择。本系统中的基础数据均有三个维度（属性）：国家、指标、时间，这三个维度一旦确定，数据便唯一确定了。最终输出的数据可以是一个值，也可以是一个向量，甚至一个矩阵，这取决于选择参数时所选国家和指标的个数、时间的长度。

参数选择子模块是数据平台模块的基础，其余三个子模块的运行须在已经设置好参数的前提下。其余三个子模块之间是并列的关系。

2）数据展示。本模块将用户所查询的数据以表格形式展示出来。

3）数据统计。数据统计模块对用户所查询的数据进行统计分析，让用户对数据有更深的认识。统计的类别有最大值和最小值、均值、方差和标准差。

4）图形展示。图形展示模块将用户所查询的数据以图形的形式展示出来，能更加清晰地反映数据随时间变化的规律和趋势，或者数据的大小关系。本模块中的图形包括柱形图和折线图。柱形图如果用于反映数据在时间上的变化，主要是将不同时间段的数据值大小进行对比。而折线图则是通过各数据点之间的连线，反映出数据在不同时间段变化的趋势。这两者的有机结合，相辅相成，为用户提供更加强有力的数据支撑。

7.4.3 功能模块设计

系统功能模块集成了多种评价方法，实现了对海外化石能源投资环境评价方案的动态管理，该模块运用不同的模型，通过归一化和无量纲化处理，把不同种类的投资环境相关指标纳入同一个体系中，使投资环境的评价工作更加科学、高效。

该功能模块包括创建方案、评价计算、方案管理、结果显示 4 个子模块。其功能结构如图 7-5 所示：

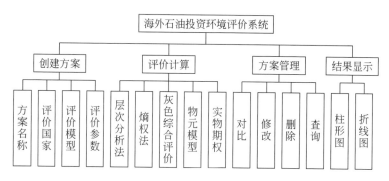

图 7-5 海外石油投资环境评价系统功能模块结构图

1. 创建方案

评价方案有四个基本属性，即方案名称、评价国家、评价模型以及评价参数。其中，方案名称是评价方案的最基本属性，在查询检索时方案名称是识别方案的主键，这是因为对一个国家可以创建多种评价方案，一个模型也可以运用于不同的国家，这两个属性都不具有唯一确定的特点，无法将其设定为基本属性。然而，虽然方案名称可以唯一确定一个方案，但仅凭方案名称却无法知道更多的关于该评价方案细节方面的信息，因此用户在创建新方案时应在名称上下点工夫，如"尼日–熵–高"就是一个不错的方案名称，它提醒用户该方案是"运用熵权法对尼日利亚的投资环境作出的乐观评价"。而随意取名的"方案一"、"方案二"等，会让用户在下一次使用本系统时不知所云，只得重新创建，这样的方案是毫无意义的。因此建议用户在创建方案时采用"国家–模型–参数情景设置等级"的格式为方案命名。不同的用户可以有自己的情景设置等级。

2. 评价计算

海外石油投资环境评价的方法包括层次分析法、熵权法、灰色综合评价法、物元模型等，海外石油投资风险分析的方法包括实物期权等。

在后续的软件升级中，会对该模块的模型方法进行更新。

3. 方案管理

方案一旦创建，便保存到数据库中。用户可以自行对方案进行管理，可完成查询、修改、删除等操作。修改只针对方案的参数而言，不允许对方案名称、评价国家及评价模型进行修改（试想，若改变了一个人的身份证号、籍贯、学历，还是那个人吗？或许，能改变的只有这个人知识、技能、性格等参数）。比较的对象可以是同一模型条件下不同国家的投资环境；也可以是一个国家在不同的模型下的投资环境。

4. 结果显示

与数据平台中图形显示子模块类似，本模块使用可视化技术，将评价结果以图形的形式展示出来，让用户能更加直观地判断各个国家投资环境的好坏。

7.4.4　图形及输出模块设计

在本软件基本架构中，本软件系统的用户界面（含软件模块和基本组件）应具有以下逻辑特征和功能，当然这也需要在设计者提供的《软件用户使用说明书》中予以详细说明。对于用户界面的细节，如特定对话框的布局，应该写入一个独立的用户界面规格说明中。

软件设计表达要求包括以下几个方面。

1）软件需求设计可以用若干种方法来表达，如通过输入、输出说明；使用代表性的例子；用规范化的模型。软件开发者应尽可能地使用模型的方式，因为这是表达复杂需求的精确和有效的方法，如用统一建模语言（UML）来描述需求。

2）在软件编码设计阶段，系统开发者应根据《软件设计报告》及用户相关需求报告中对数据结构、算法分析和模块实现等方面的设计要求，开始具体的编写程序工作，分别实现各模块的功能，从而实现对目标系统的功能、性能、接口、界面等方面的要求。

3）软件输出及界面设计应当遵循以下原则：采用图形用户界面（GUI）通用设计风格，界面布局清晰简洁，设置"帮助"信息说明，对功能按钮和导航链接进行注解及快捷键设计。

1. 数据输出

（1）解决的问题

实现对评价系统的基础参数、预测结果的保存、打印。该数据输出包含在每个子模块中，同时系统也提供统一的结果输出功能。

（2）范围

根据当今评价系统的基本输出需求，对基础数据、参数数据、成果数据提供快捷、开放的数据报表和图形显示功能并可以输出、打印。

（3）技术要求和约束条件

本评价系统提供以 Office 办公软件兼容的输出格式文件，如 Excel 文件（*.xls）等格式的数据表输出功能。同时，系统也支持输出到文件、粘贴板和打印机的功能。

系统用户可以自己定义常规的文件输出格式（*.xls，*.txt 两种格式的任意一种）。

2. 图形输出

从计算机技术实现的角度可以将输出数据成图归纳为几种类型，即模板类、统计图类、专题图、平面图类等，而从表现形式可以分为散点图、线性回归图、直方图、三角图、极点图、玫瑰图等。

7.5 海外石油投资环境系统展示

本节对海外石油投资环境系统的操作流程进行分步演示，便于读者更加直观地了解海外石油投资环境评价系统的实际使用步骤。

首先对软件的系统界面、主要功能进行介绍，然后以北美石油产量与拉美经济发展水平为案例，建立北美石油产量与拉美主要石油国家 GDP 的灰色关联度分析，得出二者之间的关系。

当前画面为海外石油投资环境评价系统进入界面（图 7-6），表示已成功登入系统，点击"进入"按钮进入软件。

此界面为进入系统后的主界面（图 7-7），工具栏内有"菜单"、"编辑"、"计算"、"输出"、"视图"和"帮助"按钮。点击"菜单"按钮可以打开软件的基本功能，点击"编辑"按钮可以对当前界面内的主要内容进行操作，点击"计算"实现本软件的核心功能，包括数据预处理及模型计算等功能，"输出"按钮主要实现对计算结果的数据输出及图形输出功能，"视图"按钮主要为数据的可视化功能，包括历史数据的直观展示及计算结果的可视化等，"帮助"功能介绍本软件的基本信息，版本号及基本的软硬件环境要求等。

图7-6 海外石油投资环境评价系统进入界面

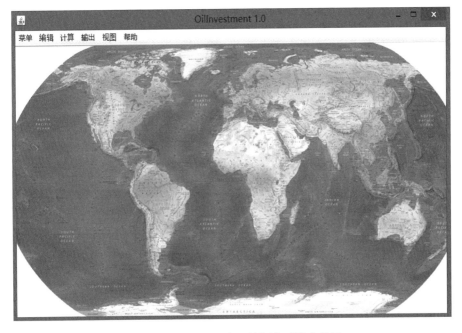

图7-7 海外石油投资环境评价系统主界面

菜单包括基本的文件操作和软件操作（图7-8）。其中对文件的操作包括"打开"，"保存"，以及"另存为"，其功能及操作与Windows系统中的常规功能一致，这里不着重介绍。

"设置"主要针对软件，可以对软件的基本性能、参数进行设置，满足用户的个性需求。

"打印"实现对计算结果的打印输出。

点击"退出"按钮则立即退出本软件。

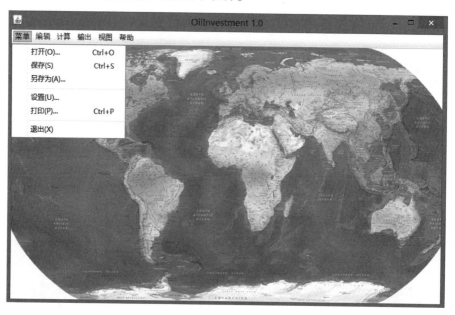

图7-8　菜单选项

编辑按钮包括"撤消"、"剪切"、"复制"、"粘贴"、"删除"、"查找"、"全选"功能（图7-9）。

"撤消"功能为取消上一步操作，包括用户的误操作、修改等，多次操作可以通过多次"撤消"来实现。

"剪切"功能为将选中的数据或文字内容读入剪切板，并删除原来位置的内容，剪切板中的内容可以通过"粘贴"功能再次读出。

"复制"功能为将选中的数据或文字内容读出，同时保留原来位置的内容，复制的内容可以通过"粘贴"功能读出。

"粘贴"功能为将剪切或复制的内容读出，输出到指定位置，粘贴的内容可以为文字、数值、表格、图片等，但不能为声音、文件夹和应用程序。同时，粘贴的对象不仅局限于海外石油投资环境评价系统内部的"剪切"、"复制"内容，

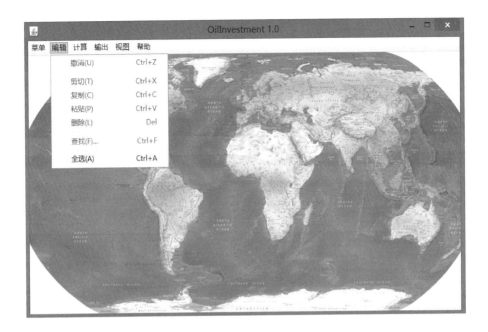

图 7-9　编辑选项

也可以为操作系统或其他应用程序中"剪切"、"复制"的内容。

"查找"功能主要针对海外石油投资环境评价系统中打开的文件中查找指定文字、数值或符号等内容，但不能查找声音或图片等其他内容。

"删除"功能可以删除选中的字段，但这一功能当且仅当选中字段是可编辑的。被误删除的字段可以通过"撤消"来恢复，但仅当被误删除的操作为当前可数的有限次操作内，且本次操作的时间段内海外石油投资环境评价系统未被关闭或内存未被清理过。

点击"菜单"–"打开"弹出打开界面（图7-10），选择目标文件所在的文件夹，并选择需要打开的文件，本系统支持的文件格式包括 Microsoft Office Excel文件及记事本文件，后缀名为.xls，.xlsx，.txt。

选择文件后点击打开按钮。或点击取消按钮取消本次操作。

下面以运用灰色关联度分析方法分析石油输出国家油价、石油产量及 GDP间关系为例演示本系统的使用过程。演示的流程遵循一般的关联分析流程，其他的功能使用过程与本演示流程类似。

首先按前文所演示的过程，点击"菜单"–"打开"打开目标数据文件，打开文件后如图7-11所示。文件中数据的展示形式取决于目标文件中数据的保存形式。

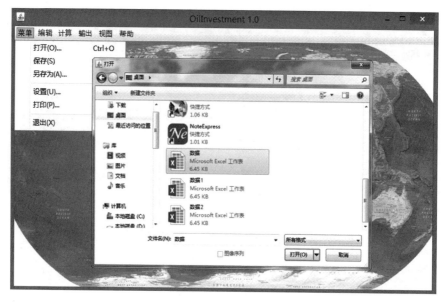

图 7-10　打开文件

	A	R	S	T	U	V	W	X	Y	Z	AA	AB
1		2004	2005	2006	2007	2008	2009	2010	2011	2012	2013	2014
2	US	29.3	29.9	29.4	30.5	28.4	30.9	35.0	39.8	44.2	48.5	48.5
3	Canada	179.6	180.0	179.4	178.8	176.3	175.3	174.9	174.2	173.6	172.9	172.9
4	Mexico	14.8	13.7	12.8	12.2	11.9	11.9	11.7	11.4	11.4	11.1	11.1
5	Argentina	2.5	2.2	2.6	2.6	2.5	2.5	2.5	2.5	2.4	2.3	2.3
6	Brazil	11.2	11.8	12.2	12.6	12.8	12.9	14.2	15.0	15.3	15.6	16.2
7	Colombia	1.5	1.5	1.5	1.5	1.4	1.4	1.9	2.0	2.2	2.4	2.4
8	Ecuador	5.1	4.9	4.5	4.0	6.5	6.3	6.2	7.2	8.4	8.2	8.0
9	Venezuela	79.7	80.0	87.3	99.4	172.3	211.2	296.5	297.6	297.7	298.3	298.3
10	Azerbaijan	7.0	7.0	7.0	7.0	7.0	7.0	7.0	7.0	7.0	7.0	7.0
11	Denmark	1.3	1.3	1.2	1.1	0.8	0.9	0.9	0.8	0.7	0.7	0.6
12	Italy	0.5	0.5	0.5	0.5	0.5	0.5	0.6	0.6	0.6	0.6	0.6
13	Kazakhstan	9.0	9.0	9.0	30.0	30.0	30.0	30.0	30.0	30.0	30.0	30.0
14	Norway	9.7	9.7	8.5	8.2	7.5	7.1	6.8	6.9	7.5	7.0	6.5
15	Romania	0.5	0.5	0.5	0.5	0.5	0.6	0.6	0.6	0.6	0.6	0.6
16	Russian Federation	105.5	104.4	104.0	106.4	106.4	105.6	105.8	105.7	105.5	105.0	103.2
17	Turkmenistan	0.5	0.5	0.6	0.6	0.6	0.6	0.6	0.6	0.6	0.6	0.6
18	United Kingdom	4.0	3.9	3.6	3.4	3.1	2.8	2.8	3.1	3.0	3.0	3.0
19	Uzbekistan	0.6	0.6	0.6	0.6	0.6	0.6	0.6	0.6	0.6	0.6	0.6
20	Iran	132.7	137.5	138.4	138.2	137.6	137.0	151.2	154.6	157.3	157.8	157.8
21	Iraq	115.0	115.0	115.0	115.0	115.0	115.0	115.0	143.1	150.0	150.0	150.0
22	Kuwait	101.5	101.5	101.5	101.5	101.5	101.5	101.5	101.5	101.5	101.5	101.5
23	Oman	5.6	5.6	5.6	5.6	5.6	5.5	5.5	5.5	5.5	5.0	5.2
24	Qatar	26.9	27.9	27.4	27.3	26.8	25.9	24.7	23.9	25.2	25.1	25.7
25	Saudi Arabia	264.3	264.2	264.3	264.2	264.1	264.6	264.5	265.4	265.9	265.9	267.0

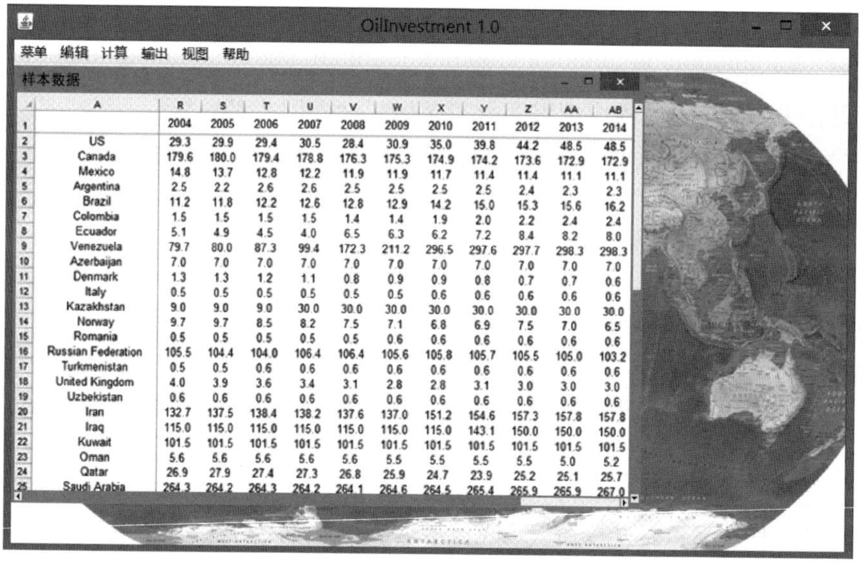

图 7-11　导入数据

按照灰色关联度分析的流程，首先选择目标国家的对应指标的时间序列。根据实际的研究需求只需点击对应的指标，并点击“向右”的箭头，表示把对应的指标加入分析中。而选择右边的指标点击“向左”的箭头则表示将对应的序列移除出分析中（图 7-12）。

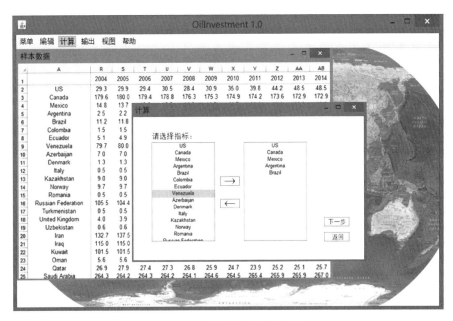

图 7-12 选择指标或分析对象

选择好后点击"下一步",或点击返回取消当前操作并关闭当前窗口。

在选择好分析的指标并点击"下一步"后进入当前界面,选择对应指标的时间序列,如图 7-13 所示。按照分析的需求通过设置不同的时间起始和终点确定不同的时间段。

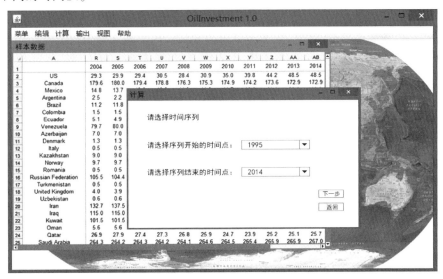

图 7-13 选择时间序列

选择好后点击下一步进行后续操作，或点击返回按钮返回上一步指标选择操作。需要注意的是点击返回后当前的操作不会被保存。

根据灰色关联度分析的计算步骤，首先需要对指标的时间序列进行无量纲化处理。如图 7-14 所示，根据时间序列中数据的特点以及实际分析的需求可以选择不同的无量纲化方法对数据进行处理，普遍采用的方法为标准化。在这里本次分析选择"标准化"方法，选择并点击"下一步"。

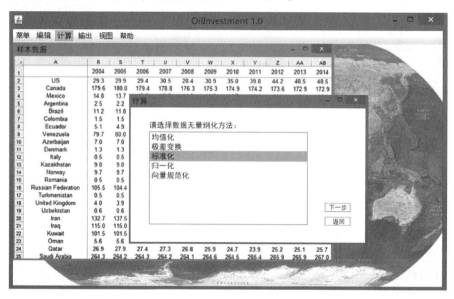

图 7-14　选择数据无量纲化方法

到上一步为止进行的操作主要为分析的准备工作，当进行到当前界面时表示开始进入到本次分析的核心部分，即根据实际需求和目的选择对应的方法模型。

如前文所说，本次演示运用的方法是灰色关联度分析。找到关联度分析类目下"灰色关联度分析"子选项，选中并点击"下一步"，系统会自动根据之前步骤选中的数据以提前系统预设的计算方法对指标进行计算（图 7-15）。

当然根据实际需求的不同，可以选择其他类目下的其他方法模型进行计算，或点击自定义自行输入序列的处理方法。本系统目前包含的主要类目包括关联度分析、综合评价、预测。其中关联度分析下包含相关性分析与灰色关联度分析；综合评价下包含灰色综合评价、模糊综合评价及物元模型；预测下包含 GM（1，1）及 ARIMA 模型，在后续的系统更新中，会对现有模型方法库进行扩充，使本软件更加符合实际应用。

如图 7-16 所示为前文所选取的产油国家油价–石油产量–GDP 的灰色关联度序列。

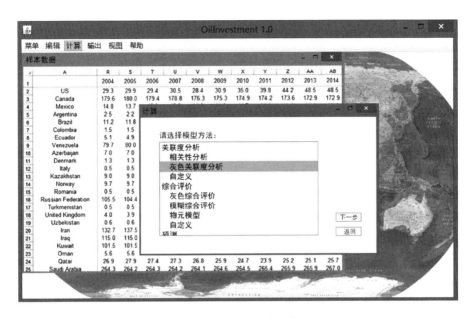

图 7-15　选择模型方法

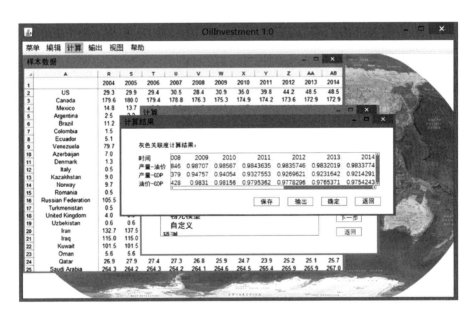

图 7-16　灰色关联度计算结果展示

点击"保存"可将计算结果以文件的形式保存到计算机中,点击"输出"则将计算结果以图形的形式展示,需要说明的是当前系统只能以曲线图的形式展示，并不能实现其他形式。当前功能性的欠缺可能在用户的使用过程只造成一定的不变，这将是未来本系统升级的重点。

计算结果的图形展示如图 7-17 所示。

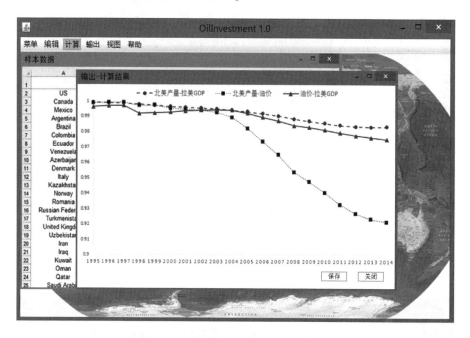

图 7-17 灰色关联度计算结果的图形展示

通过以灰色关联度分析重点石油输出国家油价–石油产量–GDP 的关联为例展示海外石油投资环境评价系统的基本使用流程和模块介绍。

在展示的过程中不难看出本系统目前仍存在功能性及多样性上的欠缺，但基本满足了海外石油投资环境评价的基本要求，符合"科学化–规范化–信息化"的使用要求。而针对当前系统存在的缺陷，在未来的系统版本升级中，本课题组会尽量完善，以实现用户个性化和多样化的需求。

本 章 小 结

本章依据前述章节构建的理论构架和方法体系，基于适用性、标准化、协同性及实用性的基本原则，完成了数据库建设及系统开发与设计，实现了海外石油投资环境评价系统的软件设计，主要包括数据库模块、功能模块及输入/输出等。

1）数据库模块：明确海外石油投资环境评价系统的数据内容和存储规范，规定对数据可进行的操作及各用户组对数据的操作权限，有利于保证数据一致性、减少数据冗余、避免操作混乱，提高数据的读写性能。

2）功能模块：以易用性为基本原则，根据海外石油投资环境评价读取数据–选取指标–选择模型方法的基本流程进行设计，提供灵活的操作方式和多样化的模型和方法。

3）输入/输出：为保障软件的运算性能，对输入模块进行了规范化设计，保证输入的数据符合软件的运算标准。同时对输出模块进行了多样化设计和图形输出设计，保证输出的灵活性与友好性。

第8章 结论与展望

目前，海外石油投资环境的实证研究工作偏多，尤其是企业层面的研究，但对该领域理论探究和模型构建工作相对薄弱，造成许多新接触这一领域的研究人员缺乏一个完整的知识体系和系统的理论认知。

本书在梳理海外石油投资环境的研究背景、研究状况及选题切入空间基础上，按照理论探究、方法梳理、模型构建、系统实现到实证应用的研究思路循序渐进，逐次展开。在理论探究和方法体系梳理过程中，除了顺承正统投资理论、投资环境评价研究的理论构架，对于其中牵扯的资源经济、区域经济、能源经济及国际直接投资理论在海外石油投资环境评价中的理论根基进行了逐一的分析，对模型构建中蕴含的系统经济学、复杂性理论、工程经济学及石油资源评价学科方法体系进行了重新认识，对实证分析中应用的信息科学技术、最优化理论、物元分析、灰色系统预测、"全生命周期"评价及期权博弈等方法体系和技术手段进行了系统的梳理。

本章对本书主要章节内容、学术认知及未尽完善之处归纳如下：

8.1 取得的主要结论

石油关乎国家安全、能源供需等敏感问题，加上石油投资自身的特殊性，导致海外石油投资环境系统具有鲜明的系统性、复杂性、动态性、区域性特征。因此，相较于一般的海外投资，海外石油投资环境研究牵扯多领域、多维度、多学科，故对应用的理论、方法设置了较高的学术门槛。

1）海外石油投资环境的理论体系是涉及研究目标–理论基础–研究方法–技术工具的"四层塔形"结构。当代石油投资研究已经上升到全球范围内能源工序配置和动态博弈的战略层面，远非简单的资本逐利、风险规避。随着海外石油投资环境研究的不断深入，学科交叉、理论复合的趋势已经越来越明显。从近年的研究发展来看，海外石油投资研究已经不单是投资理论和石油科学的简单结合，而是涉及经济学、管理学、系统科学、信息科学等多学科的交叉复合。因此从战略高度来解析海外石油投资环境更加强调了多学科交叉、多理论复合的必要性。这也是当代海外石油投资环境研究的发展趋势和时代要求。基于这一认识，本书构建了以全球石油资源的"优化配置"为研究目标,系统科学为理论支撑的多学科方法论体系,结合新兴学科技术手段的"四层塔形"体系,明晰各级研究结构和研究目的,理清各学科在海外石油投资环境中的研究范围,为各种方法工具在研究中的合理应用提供参考。

2)海外石油投资环境系统评价遵循"人–机–交互"组合架构的基本流程。随着信息技术的发展,海外石油投资环境信息的不对称性正在逐渐减小,但高度的信息共享加速了市场反应,造成传统的静态分析及单方面的决策已经很难满足实际需求,而更加强调投资者、资源国家、投资环境之间的反馈,基于对方的反应进行动态博弈,从而做出最适合的决策。为此,作者研究团队基于"四层塔形"的理论体系构建了"人–机–交互"的海外石油投资环境系统评价理论构架,从抽象的理论("人智")到具体的技术方法模型("机智"),再到高度动态的"交互",形成一套完善的海外石油投资环境系统评价基本流程,确保研究的严谨性和完备性。

3)当代国际石油投资环境更加突出系统性和复杂性,无论对研究的理论、思路和方法都提出了更高的要求。海外石油投资环境是对关乎投资结果的一切要素、要素间的关联及要素的行为所构成的复杂系统,涉及资源、经济、政治、文化、技术等诸多方面。这些方面细化成数量庞大的具体因素和指标,并且彼此相互影响、相互制约,处于一个动态平衡的状态,从而形成复杂大系统,这显然已经超出了传统的静态结构分析的研究范畴。基于此,本书尝试将系统经济学、复杂性理论、物元分析、"全生命周期"评价、期权价值评估等新的研究思路和方法模型应用到海外石油投资环境的研究中。这样做不仅拓展了研究思路,丰富了分析视角,也从一定程度上对传统研究方法进行了改进和补充,完善了理论方法构架,形成适用于当代国际石油投资环境的模型方法体系。

4)拉美、非洲地区的实证研究验证了海外石油投资环境研究新思路、新理论、新方法的可行性。本书提出了基于系统经济学、复杂性理论的研究框架及基于物元分析和耗散结构分析的分析体系,是作者研究团队基于多年海外石油投资研究经验及对当代海外石油投资环境的认识做出的思路、理论、方法方面的创新。为了验证这一理论方法体系的可行性,选取了拉美地区和非洲地区进行了实证分析。由于拉美地区相对平稳,强调系统性,而非洲地区相对动荡,强调不确定性,因此选用了两种不同的研究思路进行分析。取得的结论包括拉美地区石油投资环境的结构缺陷、非洲地区石油投资环境的评价排序等,这里不再重复。分析结果具有一定的决策参考性,这也体现出本书提出的研究体系具有一定的可行性。

5）海外石油投资风险的识别、分析及评估为海外石油投资的风险评价和风险规避提供了定性和定量分析支撑。海外石油投资由于投入大、周期长、高动态、关联密集的特点，导致对风险的识别、分析及评估一直是研究的难点。通过对海外石油投资风险进行识别、梳理和分析，将海外石油投资风险区分为制度性风险和现实性风险，并对其根源性进行了探讨。考虑到海外石油投资自身的特点，其风险评估的两条主要思路包括目标投资国家的整体风险评价及灵活的风险规避策略。前者属于定性定量结合的方法，实用性较强，但相对保守；后者强调投资策略的灵活性，但需要体系保障。

6）设计海外石油投资环境评价系统，实现海外石油投资环境评价的信息化。信息技术的发展、大数据技术的兴起，以及海外石油投资环境评价的即时性、数字化需求带动了海外石油投资环境评价系统的发展。作者研究团队基于海外石油投资环境评价的实际需求设计了具有自主版权的海外石油投资环境评价系统，实现海外石油投资环境评价的数字化、自动化，为决策提供科学参考。

8.2　研究工作展望

本书是在国内石油供需矛盾和国际石油供需调整的背景下，在已完成相关研究课题成果基础上编写而成的，旨在梳理总结海外石油投资环境理论和方法，为海外石油投资决策提供技术支撑和学术参考。本书所述内容及成果也仅代表作者及其研究团队自身学术认知，尤其是基于系统科学理论视角，开展海外石油投资环境评价理论、模型及具体应用研究，未免显得偏颇。尽管书中提出了部分理论架构认知，也试图从"全生命周期评估"、"期权价值"评估等学术视角探究海外石油投资环境评价问题，但限于诸多主客观因素影响，很多问题并没有做到完美或尽量正确，在此做几点研究说明或未尽完善工作建议。

1）海外石油投资环境研究涉及资源评价、区产数据整合、系统模拟、价值评估、风险监测、战略决策博弈等一系列综合内容，其覆盖广泛，动态复杂。本书试图从理论方法层面着手，构建一套相对完善、适用于当前形势的海外石油投资环境系统研究理论方法体系，而非编写一套具体的工程手册，故整体趋于抽象的构架分析，而对具体的细化流程涉及不多。因此，在梳理海外石油投资环境评价流程的过程中可能存在对个别流程或细节的分析不够透彻或缺省。此外，由于海外石油投资项目本身就是一个实践性非常强的工程，因而本书在实际背景和具体项目的分析上可能存在过于理论化、抽象化的倾向。

2）海外石油投资是一项风险大、周期长的投资活动，因此对其投资环境的分析极其注重信息的完整性和时效性。但在本书的应用部分中，出于对本书编写宗旨和主题的考虑，更多的是侧重于理论、方法、模型的梳理及对其可行性、适用性的检验。因此无论是研究对象还是研究方法的选择上，都优先保证所进行的系统分析、体系构建及方法应用所必需的资源在研究团队能力范围之内。此外，由于石油、经济、政策数据动态性高、时效性强、信息量大，难免造成资料纰漏、数据时效欠佳等问题，使得研究精度很难达到理想状态，造成在本书中的分析结果存在一定局限甚至偏颇，难以对实际项目提供直接参考。

3）海外石油投资是围绕海外石油勘探开发、长距离集输及加工销售利用等所进行的一种活动，这涉及海外石油产业"上、中、下游"全产业链的资本投入与产出，而非简单的短期投资逐利或期货交易活动。本书试图将"全生命周期"评价方法论引入海外石油投资环境系统分析和价值评估中，意图解决常规经济分析无法触及的伴生资源综合利用、"三废"排出物的正向评价问题。可以预见，在当前"互惠互利"的海外能源战略时代大背景下，这将是未来海外石油投资环境系统分析的趋势所在。

然而有点遗憾的是，在本书的理论架构和方法设计中，只是对"全生命周期"评价在海外石油投资研究中的必要性、适用性及工作流程进行了初步的阐述，对区域系统架构、评价指标体系、工艺流程和产业链条尤其是"全生命周期"评价模型构建并没有系统的阐述，也没有具体的案例实证分析。此外，对于关键节点的物质流、能源流的经济计量和拟合分析值得继续深入研究。

4）在拉美石油经济体系和非洲石油投资环境的系统分析实证部分，本书试图将研究层次锁定到系统分析层面，并从系统复杂性、自组织行为、耗散结构等角度完成对海外石油投资环境的系统分析。但受制于作者学术视角的局限、对复杂系统认知局限及实际资料的不足，该部分内容仅从系统学角度对拉美和非洲石油投资环境系统研究进行了学术探索，而运用的研究方法和取得的结论也仅仅只是一种学术认知和研究切入点，并不足以完全支撑海外石油投资环境评价工作的需要。希望在后续的研究工作中，结合投资目标区域的具体情况、实际需求及针对性的系统分析工具，进行更深入的分析和进一步的探索。

5）对于海外石油投资风险的分析评价中，引入了实物期权理论对海外石油投资风险进行定量评估。然而，由于实物期权理论的基础在于买卖双方对未来市场的预期不一致，这不可避免地牵扯到双方的竞合策略与博弈行为，因此在实际运用中实物期权理论与博弈论具有相当高的契合度，在具体项目中该组合方法也具有一定的前瞻性。但本书主要目标是致力于海外石油投资环境理论、方法体系的系统构建和初步集成，因此对所有方法都全面、详尽地介绍是不切实际的。尽管本书仅引入了实物期权评价理论，但并没有涉及博弈论方面的知识，缺乏了一定的理论方法完整性。

在未来研究工作中，作者会针对性地对一些前瞻性研究进行系统梳理归纳。当然，也希望业内专家学者对相关问题进行深入探究和错误修正。

附录1 非洲主要石油国家风险评价基础数值

由于篇幅限制，在 6.3 节非洲石油投资风险的要素分析模型计算中只列出了风险评价的计算结果。

为了方便读者计算，在此以附录方式将非洲加蓬、埃及、莫桑比克、坦桑尼亚、乍得、刚果（布）、纳米比亚、毛里塔尼亚、突尼斯、尼日利亚、阿尔及利亚、安哥拉、利比亚共 13 个国家的政治风险、政策风险、经济风险、双边关系、资源风险、文化风险基础数值表列出（附表 1-1～附表 1-13）。

附表 1-1 加蓬石油投资风险评价的要素基础数值

加蓬	细要风险因素	2010 年	2011 年	2012 年	2013 年	2014 年	2015 年	2016 年
政治风险	政治局势稳定性	7.5	7.6	7.4	7.5	7.5	7.6	7.6
	现有政治体制稳定性	8	8	8	8	8	8	8
	武装冲突风险	7	7	7.5	7	7	7.5	7
政策风险	相关法律稳定性	8	8	8	8	8	8	8
	外资流动自由程度	7	7	7.5	7.5	7.5	7.5	7.5
	综合所得税税率	5	5	5	5	5	5	5
经济风险	人均国内生产总值	7.5	7.5	7.5	7.5	7.5	7.5	7.5
	基础设施完备性	7	6.5	7	7	7	7	7
	汇率制度及其稳定性	7	7	6.5	7	7	7	7
	人均受教育年限	7	7	7	7	7	7	7
双边关系	对外关系状况	7	7	7	7	7	7	7
	已有合作基础	5.5	5	5.5	5.5	5.5	5	5.5
资源风险	石油资源	5	5	5	5	5	5	5
	其他对外资开放资源	7	7	7	7	7	7.5	7
文化风险	语言背景	8	8	8	8	8	8	8
	宗教背景	8	8	8	8	8	8	8

附表1-2 埃及石油投资风险评价的要素基础数值

埃及	细要风险因素	2010年	2011年	2012年	2013年	2014年	2015年	2016年
政治风险	政治局势稳定性	6.5	6.3	6.7	7	6.9	7	7
	现有政治体制稳定性	7.4	7.4	7.5	7.5	7.5	7.5	7.5
	武装冲突风险	6.3	6.4	6.5	7	6.9	8	7.5
政策风险	相关法律稳定性	7	7	7	8	7.5	8	8
	外资流动自由程度	7	7.5	7.5	7.5	8.5	8	8
	综合所得税税率	5.5	5	5.5	5.5	5.5	5	6
经济风险	人均国内生产总值	8	7.5	8	8	8	7.5	7.5
	基础设施完备性	7	7	7.5	7.5	7.5	7.5	7.5
	汇率制度及其稳定性	7	7	7	7	7	7	7
	人均受教育年限	7	7	7	7	7	7	7
双边关系	对外关系状况	7.5	7	7	7.5	8	8	8
	已有合作基础	6	6	6	6	6	6	6
资源风险	石油资源	7.3	7.3	7.3	7.3	7.3	7.3	7.3
	其他对外资开放资源	6	6.5	6	6	6	6.5	6
文化风险	语言背景	7	7	7	7	7	7	7
	宗教背景	7	7	7	7	7	7	7

附表1-3 莫桑比克石油投资风险评价的要素基础数值

莫桑比克	细要风险因素	2010年	2011年	2012年	2013年	2014年	2015年	2016年
政治风险	政治局势稳定性	7.5	7.5	7.5	7.5	7	7.5	7.5
	现有政治体制稳定性	8	8	8	8	8	8	8
	武装冲突风险	8	8	8	8	8	8	8
政策风险	相关法律稳定性	7	7	7	8	8	8	8
	外资流动自由程度	7	7	7.5	7.5	8	8	8
	综合所得税税率	7	7	7	7	7	7	7
经济风险	人均国内生产总值	6	6	6	6	6	6	6
	基础设施完备性	7	7	7	7	7	7	7
	汇率制度及其稳定性	7	7	7	7	7	7	7
	人均受教育年限	6	6	6	6	6	6	6
双边关系	对外关系状况	8	8	8	8	8	8	8
	已有合作基础	8	8	8	8	8	8	8
资源风险	石油资源	6	6	6.5	6	6	6	6
	其他对外资开放资源	7	7	7	7	7	7	7
文化风险	语言背景	8	8	8	8	8	8	8
	宗教背景	8	8	8	8	8	8	8

附表1-4 坦桑尼亚石油投资风险评价的要素基础数值

坦桑尼亚	细要风险因素	2010 年	2011 年	2012 年	2013 年	2014 年	2015 年	2016 年
政治风险	政治局势稳定性	7.5	7	7	7.5	7.5	7.5	7.5
	现有政治体制稳定性	7.5	7.5	7.5	7	8	8	7.5
	武装冲突风险	8	8	8	8	8	8	8
政策风险	相关法律稳定性	7	6.5	6.5	7	7	6.5	7
	外资流动自由程度	7.5	7.5	7.5	7.5	8	8	8
	综合所得税税率	5	5	5	5	5	5	5
经济风险	人均国内生产总值	7	7	7	7	7	7	7
	基础设施完备性	7	7	7	7	7	7	7
	汇率制度及其稳定性	8	8	8	8	8	8	8
	人均受教育年限	7	7	7	7	7	7	7
双边关系	对外关系状况	8	8	8	8	8	8	8
	已有合作基础	8	8	8	8	8	8	8
资源风险	石油资源	5	5	5.5	5.5	5.5	5.5	5.5
	其他对外资开放资源	5	5	5	5	5	5	5
文化风险	语言背景	7.5	7.5	7.5	7.5	7.5	7.5	7.5
	宗教背景	7.5	7.5	7.5	7.5	7.5	7.5	7.5

附表1-5 乍得石油投资风险评价的要素基础数值

乍得	细要风险因素	2010 年	2011 年	2012 年	2013 年	2014 年	2015 年	2016 年
政治风险	政治局势稳定性	6.5	6.5	6.5	6.5	6.5	6.5	6.5
	现有政治体制稳定性	7	7	7	7	7	7	7
	武装冲突风险	7	7	7	7	7	7	7
政策风险	相关法律稳定性	7	7	7	7	7	7	7
	外资流动自由程度	7	7	7.5	7.5	7	7	7
	综合所得税税率	6	6	6	6	6	6	6
经济风险	人均国内生产总值	5	4	4.5	5	5	5	5.5
	基础设施完备性	4	4	4.5	5	5	5	5
	汇率制度及其稳定性	5	5	5	5	5	5	5
	人均受教育年限	5	5	5	5	5	5	5
双边关系	对外关系状况	8	8	8	8	8	8	8
	已有合作基础	7	7	7	7	7	7	7
资源风险	石油资源	5	5	5.5	5	5	5	5
	其他对外资开放资源	7	7	7	7	7	7	7
文化风险	语言背景	6.5	6.5	6.5	6.5	6.5	6.5	6.5
	宗教背景	6	6	6	6	6	6	6

附表1-6 刚果（布）石油投资风险评价的要素基础数值

刚果（布）	细要风险因素	2010年	2011年	2012年	2013年	2014年	2015年	2016年
政治风险	政治局势稳定性	7.5	7	7.5	7	7	7.5	7
	现有政治体制稳定性	6.5	6.5	6.5	6.5	6.5	6.5	6.5
	武装冲突风险	7	7	7	7	7	7	7
政策风险	相关法律稳定性	7	7	7	7	7	7	7
	外资流动自由程度	7	7	7	7	7	7	7
	综合所得税税率	6	6	6	6	6	6	6
经济风险	人均国内生产总值	6	6	7	7	7	6	6
	基础设施完备性	6	6	6	6	6	6	6
	汇率制度及其稳定性	7	7	7	7	7	6.5	6
	人均受教育年限	7.5	7.5	7.5	7.5	7.5	7.5	7.5
双边关系	对外关系状况	7.5	7.5	7.5	7.5	7.5	7.5	7.5
	已有合作基础	6	6.5	6.5	6.5	7	7	7
资源风险	石油资源	6	6	6	6	6	6	6
	其他对外资开放资源	7	7	7	7	7	7	7
文化风险	语言背景	8	8	8	8	8	8	8
	宗教背景	8	8	8	8	8	8	8

附表1-7 纳米比亚石油投资风险评价的要素基础数值

纳米比亚	细要风险因素	2010年	2011年	2012年	2013年	2014年	2015年	2016年
政治风险	政治局势稳定性	7.5	7	7	7	7.5	7.5	7.5
	现有政治体制稳定性	8	8	8	8	8	8	8
	武装冲突风险	7	7	7	7	7	7	7
政策风险	相关法律稳定性	7	7	7	7	7	7	7
	外资流动自由程度	7	7	7	7	7	7	7
	综合所得税税率	6	6	6	6	6	6	6
经济风险	人均国内生产总值	8	8	8	8	8	8	8
	基础设施完备性	6	6	6	6	6	6	6
	汇率制度及其稳定性	7	7	7	7	7	7	7
	人均受教育年限	6	6	6	6	6	6	6
双边关系	对外关系状况	8	8	8	8	8	8	8
	已有合作基础	6.5	6.5	6.5	6.5	6.5	6.5	6.5
资源风险	石油资源	4	4	4	4	4	4	4
	其他对外资开放资源	7	7	7	7	7	7	7
文化风险	语言背景	8	8	8	8	8	8	8
	宗教背景	7.5	7.5	8	8	8	8	8

附表 1-8 毛里塔尼亚石油投资风险评价的要素基础数值

毛里塔尼亚	细要风险因素	2010 年	2011 年	2012 年	2013 年	2014 年	2015 年	2016 年
政治风险	政治局势稳定性	7	7	7	7	7	7	7
	现有政治体制稳定性	7	7	7	7	7	7	7
	武装冲突风险	7	7	7	7	7	7	7
政策风险	相关法律稳定性	7	7	7	7	7	7	7
	外资流动自由程度	7	7	7	7	7	7	7
	综合所得税税率	6	6	6	6	6	6	6
经济风险	人均国内生产总值	6	6	6	6	6	6	6
	基础设施完备性	5	4	4.5	5	5	5	5
	汇率制度及其稳定性	7	7	7	7	7	7	7
	人均受教育年限	6	6	6	6	6	6	6
双边关系	对外关系状况	7	7	7	7	7	7	7
	已有合作基础	6	6	6	6	6	6	6
资源风险	石油资源	7	7	7	7	7	7	7
	其他对外资开放资源	7	7	7	7	7	7	7
文化风险	语言背景	7	7	7	7	7	7	7
	宗教背景	7	7	7	7	7	7	7

附表 1-9 突尼斯石油投资风险评价的要素基础数值

突尼斯	细要风险因素	2010 年	2011 年	2012 年	2013 年	2014 年	2015 年	2016 年
政治风险	政治局势稳定性	7.5	5	5.5	6	7	7.5	7
	现有政治体制稳定性	7	7	7	7	7	7	7
	武装冲突风险	7	5	5	7	7	7	7
政策风险	相关法律稳定性	7	6	7	7	7	7	7
	外资流动自由程度	7	6	7.5	7.5	7	7	7
	综合所得税税率	6	6	6	6	6	6	6
经济风险	人均国内生产总值	7	6	7	7	7	7	7
	基础设施完备性	7	7	7	7	7	7	7
	汇率制度及其稳定性	7	7	7	7	7	7	7
	人均受教育年限	6	6	6	6	6	6	6
双边关系	对外关系状况	7	7	7	7	7	7	7
	已有合作基础	7	7	7	7	7	7	7
资源风险	石油资源	7.5	7.5	7.5	7.5	7.5	7.5	7.5
	其他对外资开放资源	6.5	7	6.5	6.5	7	7	7
文化风险	语言背景	7.5	7.5	7.5	7.5	7.5	7.5	7.5
	宗教背景	7	7	7	7	7	7	7

附表 1-10　尼日利亚石油投资风险评价的要素基础数值

尼日利亚	细要风险因素	2010 年	2011 年	2012 年	2013 年	2014 年	2015 年	2016 年
政治风险	政治局势稳定性	7.5	7.5	7.5	7.5	7.5	7.5	7.5
	现有政治体制稳定性	8	8	8	8	8	8	8
	武装冲突风险	7.5	7.5	7.5	7.5	7.5	7.5	7.5
政策风险	相关法律稳定性	7.5	7.5	7.5	7.5	7.5	7.5	7.5
	外资流动自由程度	8	8	8	8	8	8	8
	综合所得税税率	7	7	7	7	7	7	7
经济风险	人均国内生产总值	7	7	7	7	7	7	7
	基础设施完备性	7	7	7	7	7	7	7
	汇率制度及其稳定性	7	7	7	7	7	7	7
	人均受教育年限	6.5	6.5	6.5	6.5	6.5	6.5	6.5
双边关系	对外关系状况	8	8	8	8	8	8	8
	已有合作基础	7.5	7.5	7.5	7.5	7.5	7.5	7.5
资源风险	石油资源	8	8	8	8	8	8	8
	其他对外资开放资源	8	8	8	8	8	8	8
文化风险	语言背景	8	8	8	8	8	8	8
	宗教背景	7.5	7.5	7.5	7.5	7.5	7.5	7.5

附表 1-11　阿尔及利亚石油投资风险评价的要素基础数值

阿尔及利亚	细要风险因素	2010 年	2011 年	2012 年	2013 年	2014 年	2015 年	2016 年
政治风险	政治局势稳定性	7.5	7.5	7.5	7.5	7.5	7.5	7.5
	现有政治体制稳定性	8	8	8	8	8	8	8
	武装冲突风险	7.5	7.5	7.5	7.5	7.5	7.5	7.5
政策风险	相关法律稳定性	7.5	7.5	7.5	7.5	7.5	7.5	7.5
	外资流动自由程度	8	8	8	8	8	8	8
	综合所得税税率	7	7	7	7	7	7	7
经济风险	人均国内生产总值	6.7	6.7	6.7	6.7	6.7	6.7	6.7
	基础设施完备性	7	7	7	7	7	7	7
	汇率制度及其稳定性	7	7	7	7	7	7	7
	人均受教育年限	6.5	6.5	6.5	6.5	6.5	6.5	6.5
双边关系	对外关系状况	8	8	8	8	8	8	8
	已有合作基础	7.5	7.5	7.5	7.5	7.5	7.5	7.5
资源风险	石油资源	8.2	8.2	8.2	8.2	8.2	8.2	8.2
	其他对外资开放资源	8	8	8	8	8	8	8
文化风险	语言背景	8	8	8	8	8	8	8
	宗教背景	7.5	7.5	7.5	7.5	7.5	7.5	7.5

附表 1-12 安哥拉石油投资风险评价的要素基础数值

安哥拉	细要风险因素	2010 年	2011 年	2012 年	2013 年	2014 年	2015 年	2016 年
政治风险	政治局势稳定性	8	8	8	8	8	8	8
	现有政治体制稳定性	8	8	8	8	8	8	8
	武装冲突风险	7	7	7	7	7	7	7
政策风险	相关法律稳定性	7	7	7	7	7	7	7
	外资流动自由程度	7	7	7.5	7.5	7.5	7	7
	综合所得税税率	6.5	6.5	6.5	6.5	6.5	6.5	6.5
经济风险	人均国内生产总值	7	7.5	7.5	7.5	7.5	7	7.5
	基础设施完备性	6.5	6.5	6.5	6.5	6.5	6.5	6.5
	汇率制度及其稳定性	7	7	7	7	7	7	7
	人均受教育年限	6	6	6	6	6	6	6
双边关系	对外关系状况	8	8	8	8	8	8	8
	已有合作基础	8	8	8	8	8	8	8
资源风险	石油资源	6.5	6	6.5	6.5	6.5	6.5	6.5
	其他对外资开放资源	6.5	6.5	6.5	6.5	6.5	6.5	6.5
文化风险	语言背景	8	8	8	8	8	8	8
	宗教背景	8	8	8	8	8	8	8

附表 1-13 利比亚石油投资风险评价的要素基础数值

利比亚	细要风险因素	2010 年	2011 年	2012 年	2013 年	2014 年	2015 年	2016 年
政治风险	政治局势稳定性	6	4	4.5	5	6	7	6.5
	现有政治体制稳定性	6	6	7	7	7	7	7
	武装冲突风险	6	4	4.5	6	6	5.5	6
政策风险	相关法律稳定性	6	6	7	7	7	7	7
	外资流动自由程度	6	6	6.5	7.5	7.5	7	7
	综合所得税税率	6.5	6.5	6.5	6.5	6.5	6.5	6.5
经济风险	人均国内生产总值	7	6	6.5	6.5	7.5	7	7
	基础设施完备性	6.5	6	6.5	6.5	6.5	6.5	6.5
	汇率制度及其稳定性	7	7	7	7	7	7	7
	人均受教育年限	6	6	6	6	6	6	6
双边关系	对外关系状况	6	6	6	6	6.5	6	6.5
	已有合作基础	7	5.5	6	6	6.5	6.5	6.5
资源风险	石油资源	7.2	7.2	7.2	7.2	7.2	7.2	7.2
	其他对外资开放资源	5.9	5.9	5.9	5.9	5.9	5.9	5.9
文化风险	语言背景	8	8	8	8	8	8	8
	宗教背景	7	6.5	7	7	7	7	7

附录 2　关键变量名词注释

本书在对海外石油国家投资环境的分析建模及评价系统软件编写中涉及大量变量的运用。为方便起见，在变量的运用当中并没有使用完整的中文名称，而是采用了英文缩写的变量标识。为保证全书变量的一致性，将部分变量注释表作为附录供参考（附表 2-1），而个别变量在本表中没有出现的，请读者根据变量名称的规律进行推断。

附表 2-1　关键变量注释表

变量名	说明	单位	注释
country_ID	ID		国家 ID
country_Name	名称		国家名称
country_Location	位置		国家地理位置
country_GDP_year	GDP	亿美元（2010 年）	国家某年 GDP
country_population_year	人口	人	国家某年人口
country_reserves_year	石油储量	亿 t	国家某年石油储量
country_production_year	石油产量	千桶/d	国家某年石油产量
country_consumption_year	石油消费量	千桶/d	国家某年石油消费量
country_agri_value_year	第一产业占比	%	国家某年第一产业 GDP 占比
country_indus_value_year	第二产业占比	%	国家某年第二产业 GDP 占比
country_serv_value_year	第三产业占比	%	国家某年第三产业 GDP 占比
country_oil_gdp_year	石油产业占比	%	国家某年石油产业 GDP 占比
country_oil_exp_year	石油出口量	亿 t	国家某年石油出口量
country_oil_imp_year	石油进口量	亿 t	国家某年石油进口量
country_oil_rents_year	政府石油收入	亿美元（2010 年）	国家某年政府石油收入
country_rail_year	铁路数量	km	国家某年铁路数量
country_elec_reqtime_year	电力普及	日	国家某年通电所需平均时间
country_water_pop_year	净水普及	%	国家某年净水使用人口占比
country_inflation_year	通货膨胀率	%	国家某年通货膨胀率
country_currency_ratio_year	汇率	当地货币/美元	国家某年对美元汇率

续表

变量名	说明	单位	注释
country_export_year	出口总额	亿美元（2010 年）	国家某年出口总额
country_import_year	进口总额	亿美元（2010 年）	国家某年进口总额
country_religion	宗教		国家宗教信仰
country_lang	语言		国家官方语言
total_reserve_year	总储量	亿 t	全球某年石油总储量
total_production_year	总产量	千桶/d	全球某年石油总产量
total_consumption_year	总消费量	千桶/d	全球某年石油总消费量
oilprice_year_month	油价	美元/桶	布伦特某年月原油均价

附录 3 部分模块代码

本附录是海外投资环境评价集成系统部分源代码和部分伪代码，其设计原理以下拉式菜单形式集成，辅之以 JAVA、HTML/CSS、Matlab 等混合编程技术手段。为了兼顾整体构架设计与核心算法的独立性，将分为两部分进行说明，一部分为软件通用设计代码，包括界面整体布局、数据模块、图形模块等；另一部分为评价模型算法，包括本书介绍的灰色关联度、层次分析法以及期权评价模型等。

一、整体框架

本部分节选软件框架设计的部分代码进行展示，便于设计者和用户对软件基本界面和结构有一个相对直观的了解。出于对软件知识产权保护及方便本书读者阅读的目的，将源代码进行了适当改写。

1. 界面整体布局

软件界面的整体结构布局，包括菜单栏、按钮的位置、标题、内容以及风格设计。

```
<div class="panel"id="services">
    <div class="col_380 float_l">
        <h1>Service Overview</h1>
        <img src="images/templatemo_image_04.jpg"alt="image 04"class="image_wrapper image_fl"/>
        <p align="justify">Sed eu libero quis neque laoreet cursus.
Aliquam sit amet odio vitae dui blandit elementum. Ut eu dolor nunc. Nam in
nunc sed mi adipiscing lacinia suscipit eget tortor. Vivamus lacinia lectus
in velit aliquet ac placerat magna euismod. Fusce elit metus, elementum nec
consequat a, interdum vitae est. </p>
        <p align=" justify"> Integer eget nibh eu libero cursus
ultricies. Nam ac eros erat. Integer varius pulvinar molestie. <a href="#">
Vestibulum pellentesque</a> felis eget nibh pulvinar accumsan. Etiam non
```

urna at ipsum condimentum tempus at eu mauris. Vivamus eget ante augue. Phasellus ut sapien tellus,placerat cursus augue. </p>

```
        </div>
        <div class="col_380 float_r">
            <h1>Specialized Services</h1>
            <p>Lorem ipsum dolor sit amet,consectetur adipiscing elit. Sus-
pendisse in lectus turpis. Credit goes to <a href="http://www. icojoy. com"
target="_blank">Onebit icons</a> for icons. </p>
            <ul class="service_list">
                <li><a href="#"class="service_one">Sed nec eros egestas
nisl</a></li>
                <li><a href="#"class="service_two">Morbi sed nulla ac est
cursus</a></li>
                <li><a href="#" class="service_three">Curabitur
ullamcorper nibh</a></li>
                <li><a href="#" class="service_four">Pellentesque
adipiscing</a></li>
                <li><a href="#"class="service_five">Vestibulum urna purus
</a></li>
            </ul>
        </div>
    </div>
    <div class="panel"id="gallery">
        <h1>Our Gallery</h1>
        <div id="gallery_container">
            <div class="gallery_box">
            <a href="http://www. cssmoban. com/"target="_parent"><img src
="images/gallery/image_01. jpg"alt="1"/></a>
            <h4>Project Title 1</h4>
                <p>Lorem ipsum dolor sit amet, consectetur adipiscing
elit. Aenean nec ligula vitae ipsum blandit condimentum. Nam fringilla
luctus mauris,non ornare turpis lobortin. </p>
                <div class="btn_more"><a href="#">Visit <span>&raquo;</
span></a></div>
                <div class="cleaner"></div>
            </div>
            <div class="gallery_box">
            <a href="#"target="_parent"><img src="images/gallery/
```

image_02. jpg"alt="2"/></a>
                    <h4>Project Title 2</h4>
               <p>Donec ac eros ac nunc blandit hendrerit. Vestibulum tincidunt, odio at ultricies sollicitudin, ante felis luctus justo, non venenatis quam mauris non tortor. </p>
                  <div class="btn_more"><a href="#">Visit <span>»</span></a></div>
                     <div class="cleaner"></div>
                  </div>
                  <div class="gallery_box">
                    <a href="#" target="_parent"><img src="images/gallery/image_03. jpg"alt="3"/></a>
                  <h4>Project Title 3</h4>
                  <p>Mauris ligula tortor, congue laoreet rutrum eget, suscipit nec augue. In congue consectetur est, sit amet hendrerit velit adipiscing eget. </p>
                     <div class="btn_more"><a href="#">Visit <span>»</span></a></div>
                        <div class="cleaner"></div>
                  </div>
                  <div class="gallery_box">
                    <img src="images/gallery/image_04. jpg"alt="4"/>
                    <h4>Project Title 4</h4>
                  <p>Curabitur iaculis, erat pharetra porttitor sollicitudin, turpis lectus placerat arcu, ac mattis eros sem ut metus. Nunc congue iaculis lectus in interdum. </p>
                    <div class="btn_more"><a href="#">Visit <span>»</span></a></div>
                      <div class="cleaner"></div>
                  </div>
                  <div class="gallery_box">
                    <img src="images/gallery/image_05. jpg"alt="5"/>
                  <h4>Project Title 5</h4>
                  <p>Curabitur iaculis enim dolor. Sed quis augue ligula. Quisque aliquet egestas felis, in egestas turpis sodales et. In ac diam ut orci viverra bibendum. </p>
      <div class="btn_more"><a href="#">Visit <span>»</span></a></l

```
div>
                    <div class="cleaner"></div>
                </div>
                <div class="gallery_box">
                    <img src="images/gallery/image_06.jpg" alt
="6"/>
                    <h4>Project Title 6</h4>
                    <p>Sed in viverra nulla. Duis rutrum vehicula
ligula, non tempor nunc congue et. Nunc sit amet tortor nulla, ut eleifend
enim sed condimentum tellus vestibulum in. </p>
    <div class="btn_more"><a href="#">Visit <span>&raquo;</span></a></
div>
                    <div class="cleaner"></div>
                </div>
                <div class="cleaner"></div>
            </div>
        </div>
```

2. 数据模块

对数据的格式、内容、数据类型和存储形式进行设定，并进行检验，保证数据格式的一致性，便于后续计算。

```
<div class="panel" id="shujufenxi">
    <h1>数据模块</h1>
    <div class="cleaner_h10"></div>
    <div class="col_380 float_1">
        <div id="shujufenxi_form">
            <form method="post" name="fenshufenxi" action="#">
                <table border="2">
                    <tr>
                        <td>
                            <label >国家:</label>
                                <select name="guojia">
                                    <option value="jiapeng">加蓬</option>
                                    <option value="angela">安哥拉</option>
    <option value="libiya">利比亚</option>
    <option value="aiji">埃及</option>
    <option value="mosangbike">莫桑比克</option>
```

```
<option value="aerjiliya">阿尔及利亚</option>
<option value="zhade">乍得</option>
<option value="tansangniya">坦桑尼亚</option>
<option value="niriliya">尼日利亚</option>
<option value="sudan">苏丹</option>
<option value="nansudan">南苏丹</option>
<option value="gangguo">刚果(布)</option>
<option value="namibiya">纳米比亚</option>
<option value="maolitaniya">毛里塔尼亚</option>
<option value="tunisi">突尼斯</option>
                </select>
            </td>
            <td>
                <label>时间:</label>
                <select name="shijian">
                    <option value="2016">2016</option>
                    <option value="2015">2015</option>
                    <option value="2014">2014</option>
                    <option value="2013">2013</option>
                    <option value="2012">2012</option>
                    <option value="2011">2011</option>
                    <option value="2010">2010</option>
                </select>
            </td>
            <td>
                <label>GDP:</label><input type="text"name
="gdp"id="gdp"/>
            </td>
        </tr>
        <tr align="center">
          <td colspan="3">
                <input type="submit"class="submit_button"name
="submit"id="submit"value="提交"/>
                 <input type="reset"class="submit_button"name
="reset"id="reset"value="重置"/>
            </td>
        </tr>
    </table>
```

```
        </form>
      </div>
    </div>
    </div>
  </div>
  <div id="footer">
  </div>
```

3. 系统评价模块

本模块的功能为根据用户的选择，调用相应的功能模块。其中，选择的对象包括评价目标和基础数据选取、评价方法选取，模型参数设定、输出形式等内容。选择的形式为在当前窗口下的直接目标点选、拖选及滑动滚动条进行选择，最后点击"确定"按钮执行选择的命令或点击"取消"按钮取消当前操作。这里节选部分代码。

```
<div class="panel"id="gallery">
    <h1>Our Gallery</h1>
        <div id="gallery_container">
        <div class="gallery_box">
<a href="http:/www. cssmoban. com"target="_parent"><img src="images/
gallery/image_01. jpg"alt="1"/></a>
        <h4>Project Title 1</h4>
        <p>Lorem ipsum dolor sit amet, consectetur adipiscing elit.
Aenean nec ligula vitae ipsum blandit condimentum. Nam fringilla luctus
mauris,non ornare turpis lobortin. </p>
        <div class="btn_more"><a href="#">Visit <span>&raquo;</span>
</a></div>
            <div class="cleaner"></div>
        </div>
        <div class="gallery_box">
         <a href="#"target="_parent"><img src="images/gallery/
image_02. jpg"alt="2"/></a>
        <h4>Project Title 2</h4>
        <p>Donec ac eros ac nunc blandit hendrerit. Vestibulum
tincidunt, odio at ultricies sollicitudin, ante felis luctus justo, non
venenatis quam mauris non tortor. </p>
        <div class="btn_more"><a href="#">Visit <span>&raquo;</
span></a></div>
```

```
                <div class="cleaner"></div>
        </div>
        <div class="gallery_box">
  <a href="#"target="_parent"><img src="images/gallery/image_03.jpg"
alt="3"/></a>
                <h4>Project Title 3</h4>
                <p> Mauris ligula tortor, congue laoreet rutrum eget,
suscipit nec augue. In congue consectetur est, sit amet hendrerit velit ad-
ipiscing eget. </p>
                    <div class="btn_more"><a href="#">Visit <span>
&raquo;</span></a></div>
                    <div class="cleaner"></div>
        </div>
        <div class="gallery_box">
                <img src="images/gallery/image_04.jpg"alt="4"/>
                <h4>Project Title 4</h4>
                <p> Curabitur iaculis, erat pharetra porttitor
sollicitudin,turpis lectus placerat arcu, ac mattis eros sem ut metus. Nunc
congue iaculis lectus in interdum. </p>
                    <div class="btn_more"><a href="#">Visit <span>
&raquo;</span></a></div>
                    <div class="cleaner"></div>
        </div>
        <div class="gallery_box">
                 <img src="images/gallery/image_05.jpg"alt="
5"/>
                    <h4>Project Title 5</h4>
                    <p> Curabitur iaculis enim dolor. Sed quis augue
ligula. Quisque aliquet egestas felis, in egestas turpis sodales et. In ac
diam ut orci viverra bibendum. </p>
    <div class="btn_more"><a href="#">Visit <span>&raquo;</span></a></
div>
                    <div class="cleaner"></div>
        </div>
        <div class="gallery_box">
                    <img src="images/gallery/image_06.jpg"alt="
6"/>
                    <h4>Project Title 6</h4>
```

```
                    <p>Sed in viverra nulla. Duis rutrum vehicula
ligula, non tempor nunc congue et. Nunc sit amet tortor nulla, ut eleifend
enim sed condimentum tellus vestibulum in. </p>
                            <div class = "btn_more"><a href = "#">Visit <
span>&raquo;</span></a></div>
                            <div class = "cleaner"></div>
                    </div>
                    <div class = "cleaner"></div>
                </div>
            </div>
```

4. 图形显示

将选择的数据或结果以一定的图形形式展示，展示的形式包括曲线图、柱状图、散点图等。这里仅节选了部分代码。

```javascript
<script type = "text/javascript">

    isFullScreen = false;   //是否全屏
    chartstyle = "FCF_Line. swf";   //折线图
    MSchartstyle = "FCF_MSLine. swf";   //折线图
    //      chartwidth = "640"; //绘图区宽度
    //      chartheight = "400"; //绘图区高度

    //初始化时绘制曲线的函数
    function first2D() {
        var chartwidth = "640";
        var chartheight = "400";      //400
        var xmlhttp;
        if (window. XMLHttpRequest) {
            xmlhttp = new XMLHttpRequest();
        }
        else {
            xmlhttp = new ActiveXObject("Microsoft. XMLHTTP");
        }
        var actionName;
        var actionParam;
        var ChartDiv;
        var ChartID;
```

```
        var Cstyle;
        actionName = "DepartmentXML";actionParam = "";ChartDiv = "De-
partment2D"; ChartID = "advantageParametersCompareBarFlash"; Cstyle = "
FCF_MSColumn2D. swf";
        xmlhttp. onreadystatechange = function () {
            if (xmlhttp. readyState == 4 && xmlhttp. status == 200) {
                xmlDoc = xmlhttp. responseText;
                var str = "? PBarLoadingText = Loading oil price data,
please wait... ";
                var chartobj = new FusionCharts ("/Content/flash/Fusion-
Charts/"+Cstyle +str,ChartID,chartwidth,chartheight);
                if (isFullScreen) {
                    chartObj. setAttribute (' style ', ' position: fixed;
left:0px;top:0px;z-index:100;');
                }
                chartobj. addParam('wmode','opaque');
                chartobj. setDataXML(xmlDoc);
                chartobj. render(ChartDiv);
            }
        };
        xmlhttp. open ("GET","/CEDAS/"+ actionName + "?"+ actionParam,
true);
        xmlhttp. send();
    }

    first2D();
</script>
```

二、评 价 方 法

这一部分主要介绍软件中集成模型的基本算法 matlab 代码，这里主要展示灰色关联度、熵权法、主成分分析、层次分析法、多元线性回归、数据包络分析、退出期权模型的核心算法。

1. 灰色关联度

function GreyRelationDegree(A) % A 是一个 m×n 的评价矩阵，即 m 个评价对象、n 个评价指标

```
optArray=max(A,[],1);   % 原始评价矩阵及样本序号
[r,c]=size(A);          % A 的行数和列数,即评价对象的个数及评价指标的个数
samNo=1:r;              % 样本序号
%% 数据规范化处理,将各指标数据与参考数列一起规范化到 0-1 之间
stdMatrix=zeros(r+1,c);   % 给标准化矩阵分配空间,第一行为参考数列的标准化
值,第二行至最后一行为原始评价矩阵的标准化值
optArryAndStat=[optArray;A];
maxOfCols=max(optArryAndStat);   % 包括参考数列在内的各列的最大值
minOfCols=min(optArryAndStat);   % 包括参考数列在内的各列的最小值
for j=1:c
    for i=1:r+1
stdMatrix(i,j)=(optArryAndStat(i,j)-minOfCols(j))./(maxOfCols(j)-
minOfCols(j));   % 计算标准化指标值
    end
end


%% 计算关联系数
absValue=zeros(r,c);   % 给绝对差值序列分配空间
R_0=stdMatrix(1,:);    % 标准化处理后的参考数列
for i=2:r+1
    absValue(i-1,:)=abs(stdMatrix(i,:)-R_0);   % 绝对差值序列计算
end
minAbsValueOfCols=min(absValue,[],1);   % absValue 每一列的最小值
maxAbsValueOfCols=max(absValue,[],1);   % absValue 每一列的最大值
minAbsValue=min(minAbsValueOfCols);     % absValue 的最小值
maxAbsValue=max(maxAbsValueOfCols);     % absValue 的最大值
defCoeff=0.5;          % 设置分辨系数为 0.5
relCoeff=(minAbsValue+defCoeff* maxAbsValue)./(absValue+defCoeff*
maxAbsValue);   % 关联系数计算


%% 计算关联度
% 这里采用熵权法求客观权重。
% 在实际应用中可采用不同的方法确定权重,然后在这里修改相应的代码
weights=EntropyWeight(stdMatrix(2:r,:));   % 权重
P=zeros(r,1);          % 给关联度序列分配空间
for i=1:r
    for j=1:c
        P(i,1)=relCoeff(i,j)* weights(j);   % 关联度计算
```

```
        end
    end
    P
```

2. 熵权法

function shangquan(A)   % A 是一个 m×n 的评价矩阵,即 m 个评价对象、n 个评价指标

```
% 标准化
LA=min(min(A));
UA=max(max(A));
A=(A-LA)/(UA-LA);
% 计算各指标的信息熵
[m,n]=size(A);
P=zeros(m,n);
Q=zeros(m,n);
lam=1/log(n);
H=zeros(m,1);
for i=1:m
    P(i,:)=A(i,:)/sum(A(i,:));
    for j=1:n
        if P(i,j)~=0
            Q(i,j)=P(i,j)* log(P(i,j));
        end
    end
    H(i)=-lam* sum(Q(i,:));
end
% 确定各指标的变异度
D=1-H;
% 确定各指标熵权
W=D/sum(D);
disp(W);
W=1./W
W=diag(W)
End
```

3. 主成分分析

function std=cwstd(A)

```
cwsum=sum(A,1);
[a,b]=size(A);
for i=1:a
    for j=1:b
        std(i,j)=A(i,j)/cwsum(j);
    end
end


function result=cwfac(A);
fprintf('相关系数矩阵:\n')
std=CORRCOEF(A)      % 计算相关系数矩阵
fprintf('特征向量(vec)及特征值(val):\n')
[vec,val]=eig(std)      % 求特征值(val)及特征向量(vec)
newval=diag(val);
[y,i]=sort(newval);         % 对特征根进行排序,y为排序结果,i为索引
fprintf('特征根排序:\n')
for z=1:length(y)
    newy(z)=y(length(y)+1-z);
end
fprintf('% g\n',newy)
rate=y/sum(y);
fprintf('\n贡献率:\n')
newrate=newy/sum(newy)
sumrate=0;
newi=[];
for k=length(y):-1:1
    sumrate=sumrate+rate(k);
    newi(length(y)+1-k)=i(k);
    if sumrate>0.85 break;
    end
end                  % 记下累积贡献率大85%的特征值的序号放入newi中
fprintf('主成分数:% g\n\n',length(newi));
fprintf('主成分载荷:\n')
for p=1:length(newi)
    for q=1:length(y)
        result(q,p)=sqrt(newval(newi(p)))* vec(q,newi(p));
    end
end                       % 计算载荷
```

```
disp(result)
```

4. 层次分析法

```
[n,n]=size(A);
[V,D]=eig(A);  % 求得特征向量和特征值
tempNum=D(1,1);
pos=1
for h=1:n
    if D(h,h)>tempNum
        temNum=D(h,h);
        pos=h;
    end
end
w=abs(V(;,pos));
w=w/sum(w)
t=D(pos,pos);

% 一致性检验
CI=(t-n)/(n-1);
RI=[0,0,0.52,0.89,1.12,1.26,1.36,1.41,1.49,1.52,1.54,1.56,1.58,1.59,
1.60,1.61,1.615,1.62,1.63];
CR=CI/RI(n);
If CR<0.10
disp('一致性检验通过');
    disp('CI=');disp(CI);
    disp('CR=');disp(CR)
else disp('一致性检验失败,重新评分');
end
```

5. 多元线性回归

```
% 多元线性回归求解
X=[];                    % 用户输入多指标输入矩阵 X
Y=[];                    % 用户输入多指标输出矩阵 Y
[m,n]=size(x);
X=[ones(m,1) x];
[m1,n1]=size(X);
[m2,n2]=size(y);
```

```matlab
for i=1:n2
    % b 为参数,bint 回归系数的区间估计,r 为残差,
    % rint 为置信区间,stats 用于回归模型检验
    [b(:,i),bint,r,rint,stats(i,:)]=regress(y(:,i),X);
    [mm,nn]=size(b);
    for jj=1:m1
        temp=0;
        for ii=1:mm
            yy(jj,i)=temp+b(ii,i)*X(jj,ii);
            temp=yy(jj,i);
        end
    end
    xiangdui_wucha(1,i)=abs(abs(y(1,i))-abs(yy(1,i)))/abs(y(1,i));
    if n2 ~=1
        subplot(2,n2/2,i);
        rcoplot(r,rint)% 残差分析,作出残差及其置信区间
    else
        rcoplot(r,rint)% 残差分析,作出残差及其置信区间
    end
end
disp('参数');
b           % 参数计算
disp('预测结果');
yy
% 检验回归模型:相关系数 r^2=stats(1,:)越接近 1 回归方程越显著
% F=stats(2,:)值越大回归方程越显著、p=stats(3,:)<0.01 时回归模型成立
disp('回归模型检验:');
format long
stats
for i=1:n2
    if (stats(i,4)<0.01)&(stats(i,1)>0.6)
        disp('回归方程显著-------模型成立');
    end
end
format short
disp('相对误差');
xiangdui_wucha% 第一行原始值与预测值的相对误差
```

6. 数据包络分析

PC^2R 模型

```
X=[];                         % 用户输入多指标输入矩阵 X
Y=[];                         % 用户输入多指标输出矩阵 Y
n=size(X',1);m=size(X,1);s=size(Y,1);
A=[-X'  Y'];b=zeros(n,1);
LB=zeros(m+s,1);UB=[];
for i=1:n
   f=[zeros(1,m) -Y(:,i)'];
   Aeq=[X(:,i)'zeros(1,s)];beq=1;
   w(:,i)=LINPROG(f,A,b,Aeq,beq,LB,UB);        % 解线性规划,得 DMUi 的最
佳权向量 W
   E(i,i)=Y(:,i)'* w(m+1:m+s,i);               % 求出 DMUi 的相对效率 E
   end
w                                  % 输出最佳权向量
E                                  % 输出相对效率值 E
omega=w(1:m,:)                     % 输出投入权向量
mu=w(m+1:m+s,:)                    % 输出产出权向量
```

$D^\varepsilon C^2R$ 模型

```
X=[];    % 用户输入多指标输入矩阵 X
Y=[];    % 用户输入多指标输出矩阵 Y
n=size(X',1); m=size(X,1); s=size(Y,1);
epsilon=10^(-10);
f=[zeros(1,n) -epsilon* ones(1,m+s) 1];    % 目标函数的系数矩阵;
A=zeros(1,n+m+s+1); b=0;    % <=约束;
LB=zeros(n+m+s+1,1); UB=[];    % 变量约束;
LB(n+m+s+1)=-Inf;    % -Inf 表示下限为负无穷大。for i=1:n;
aeq=[X  eye(m)   zeros(m,s)   -X(:,i)
Y  zeros(s,m)   -eye(s)    zeros(s,1)];
   beq=[zeros(m,1)            Y(:,i)];
w(:,i)=LINPROG (f,A,b,aeq,beq,LB,UB);    % 解线性规划,得最佳权向量 w;
end
w    % 输出最佳权向量
lambda=w(1:n,:)
s_minus=w(n+1:n+m,:)    % 输出 s-
```

```
s_plus=w(n+m+1:n+m+s,:)    % 输出 s+
theta=w(n+m+s+1,:)
```

7. 退出期权模型

```
%% 蒙特卡洛模拟%%%
function [value,G] = fans2(C0,T,K,sigma)
% C0 是初始的单位开采量的实物成本
tic;
E=1;% 总可采储量
N=20;% 开采年限
e=1/N;% 年开采量
% T 是所得税分成比例
% K 是残值率
r=0.05;
% sigma 是波动率
M=10;

%% 生成 M 条样本路径
w=randn(M,N);
S=zeros(M,N);
G=0;
vpa(G,5);
% 生成 M 条 N 年的成本变化路径
for i=1:M
for j=1:N
S(i,j)=(E-e*j)*(1-exp(log(C0)+j*(-sigma^2/2+sigma*w(i,j))))*(1-T);
vpa(S,5);
end
End
% 生成离散化的 S
% vpa(S,5)取 5 位有效数字
%% 逆向求解出对每条样本路径而言最优的执行时间,并求出其相应的期权收益
tt=ones(M,1);
tt=N*tt;% 初始化最优执行时间
F=zeros(M,N);
E=zeros(M,N);
I=max(K-S,0);% 执行期权的收益
```

```
F(:,N)=max(K-S(:,N),0);% T=N-1 期持有期权的价值
E(:,N)=F(:,N);
j=N;
for i=1:M
    while (j>=1)
        F(i,j)=exp(-r*(N-j))*S(i,j);% 回归的 Y 值
        a=polyfit(S(:,j),F(:,j),2);% 回归系数
        E(:,j)=a(3)+a(2)*S(:,j)+a(1)*S(:,j).^2;
        if F(i,j)<I(i,j)
            tt(i)=j;
        end
        F(:,j)=max(I(:,j),E(:,j));% 期权收益
        j=j-1;
    end
end
% tt
% 对每条样本路径对应的期权收益进行贴现,然后求均值
value=0;G=0;
for i=1:M
value=exp(-r*tt(i))*F(i,tt(i))+value;
G=tt(i)+G;
end
value=value/M
G=G/M
V=zeros(M,N);
for j=1:N
    for i=1:M
    V(i,j)=S(i,j)+V(i,j);
    end
    V(j)=V(i,j)/M;
end
j=1:N;
plot(j,V(j))
toc
```

参 考 文 献

安丰春，魏军，张大明．2005．国际石油勘探开发合作项目的经济评估方法．石油天然气学报，27（4）：531-532．

安海忠，陈芙蓉，雷涯邻．2007．能源资源国际合作环境评价指标体系的设计．改革与战略，23（11）：45-49．

安瑛晖，张维．2001．期权博弈理论的方法模型分析与发展．管理科学学报，（1）：38-43．

白永平．1999．赣州京九铁路沿线地区工业投资环境系统诊断与调控方略．地理科学进展，18（2）：129-136．

白玉光．2006．石油工业建设项目经济评价方法与参数论文集．北京：石油工业出版社．

薄启亮，张映红，薛良清，等．2005．油公司跨国投资环境的双重属性及目标规划方法．石油勘探与开发，32（03）：135-137．

蔡建功．2009．我国石油企业海外投资风险分析．北京：中国石油大学硕士学位论文．

曹华锋．2009．EaR 在我国石油市场风险管理中的应用．厦门：厦门大学硕士学位论文．

柴立和，蒋田田，袁梦．2011．基于复杂性科学的跨国石油公司的组织演化模型．http：//www. paper. edu. cn/releasepaper/content/201103-912［2011-03-23］．

陈芙蓉，安海忠，雷涯邻．2007．国际油气资源合作环境评价与排序．山西财经大学学报，29（2）：21-22．

崔宏楷．2007．中国区域投资环境评价研究．哈尔滨：东北林业大学硕士学位论文．

崔民选．2006.2006 中国能源发展报告．北京：社会科学文献出版社．

崔民选．2007.2007 中国能源发展报告．北京：社会科学文献出版社．

崔民选．2008.2008 中国能源发展报告．北京：社会科学文献出版社．

崔民选．2009．中国能源发展报告（2009）．北京：社会科学文献出版社．

崔民选．2010．中国能源发展报告（2010）．北京：社会科学文献出版社．

邓鸿．2004．GIS 技术在城市投资环境评价中的应用．韶关学院学报，25（6）：17-20．

邓聚龙．1990．灰色系统理论教程．武汉：华中理工大学大学出版社．

邓田生，刘慷豪．2006．中部主要城市投资环境评价．统计与决策，（16）：46-48．

刁凤琴．2007．石油储量动态经济评价研究．武汉：中国地质大学出版社．

丁辉等．2012．城市能源系统分析模型研究：基于北京的案例分析．北京：科学出版社．

丁同玉．2007．资源—环境—经济（REE）循环复合系统诊断预警研究．南京：河海大学博士学位论文．

丁文利，马文卿．2007．集团公司进行人力资源价值评估的基本方法初探．集团经济研究，（19）：30-31．

董秀成，贺清君，曹文红．2001．石油跨国投资决策多层次灰色综合评价模型．中国石油大学学报：自然科学版，25（2）：129-131．

董秀成，朱瑾．2005．我国石油企业的跨国经营环境模糊综合评价——以南美三国为例．石油大学学报：社会科学版，21（1）：7-11．

杜德权 . 2003. 房地产投资环境评价应用研究 . 重庆：重庆大学硕士学位论文 .

杜云星，孙滨斌，何顺利，等 . 2012. 阿尔及利亚油气工业投资环境分析 . 国际石油经济，（11）：47-52.

冯孝刚 . 2012. 石油跨国投资风险研究 . 北京：北京工业大学硕士学位论文 .

付海波，孔锐 . 2010. 基于熵权法的矿产资源竞争力比较评价，资源与产业，12（3）：66-70.

高新伟，李振 . 2010. 基于灰色多层次分析的中国石油国际竞争力评价 . 管理学报，07（9）：1410-1415.

葛艾继，郭鹏 . 2003. 利比亚勘探生产及油气合作投资环境 . 石油规划设计，14（3）：3-5.

葛家理，胡机豪，张宏民 . 2003. 我国石油经济安全与监测预警复杂战略系统研究 . 中国工程科学，4（1）：75-80.

管清友，何帆 . 2007. 中国的能源安全与国际能源合作 . 世界经济与政治，（11）：45-53.

管清友 . 2007. 流动性过剩与石油市场风险 . 国际石油经济，15（10）：1-11.

郭思佳，方伟，曾金芳，等 . 2012. 中东地区油气资源投资环境评价及优选 . 资源与产业，14（6）：99-106.

郭祎 . 2011. 基于 Swarm 的石油政策仿真研究 . 北京：中国地质大学（北京）硕士学位论文 .

郝洪 . 2001. 油气投资项目经济评价若干问题探讨 . 国际石油经济，9（12）：38-40.

何波，安海忠，方伟，2012. 等 . 亚太地区油气资源投资环境的分析与评价 . 资源与产业，14（6）：110-115.

何帆 . 2016. 非洲石油投资环境定量研究及实证分析 . 北京：北京工业大学硕士学位论文 .

何凌云 . 2007. 石油市场复杂性及仿真研究 . 合肥：中国科学技术大学博士学位论文 .

何贤杰，吴初国，刘增洁，等 . 2006. 石油安全指标体系与综合评价 . 自然资源学报，21（2）：245-251.

何晓颖 . 2011. 基于计量经济学的电力投资分析与模型研究 . 北京：北京交通大学硕士学位论文 .

贺文萍 . 2014. 多样非洲：2013 年的非洲政治、安全与经济发展 . 亚非纵横，01：12-26，121-124.

侯君，戴国汗，危杰，等 . 2014. 委内瑞拉奥里诺科重油带油藏特征及开发潜力 . 石油实验地质，（11）：725-730.

胡传机 . 1987. 非平衡系统经济学 . 石家庄：河北人民出版社 .

胡广文 . 2016. 基于复杂性理论的区域石油经济系统研究 . 北京：北京工业大学硕士学位论文 .

黄梅莺，王应明 . 2012. 基于数据包络分析的区域投资环境评价——以沿海 9 省为例 . 工业技术经济，（1）：140-146.

黄正华，胡宝清 . 2005. 模糊粗糙集理论研究进展 . 模糊系统与数学，19（4）：125-134.

黄祖熹 . 2006. 中外油气勘探项目的评价方法对比及应用分析 . 北京：中国地质大学（北京）硕士学位论文 .

金吾伦，郭元林 . 2004. 复杂性科学及其演变 . 复杂系统与复杂性科学，（1）：1-5.

景东升 . 2007. 我国海外油气资源投资风险分析 . 国土资源情报，（4）：44-47.

科内 . 2010. 中国石油企业对非洲投资的战略模式研究 . 武汉：武汉大学硕士学位论文 .

李博，侯丽娜，刘晓鹏．2009．灰色综合评价法在城市投资环境评价中的应用——以中原城市群 7 个地市为例．苏州科技学院学报：工程技术版，22（2）：51-54．

李鸿飞，李宁．2007．中国石油企业跨国投资环境评价模型的构建与分析．国际石油经济，15（4）：41-46．

李华启，黄旭楠，马振炎．2003．油气勘探项目可行性研究指南．北京：石油工业出版社．

李凯．2015．基于实物期权的海外石油投资环境研究．北京：北京工业大学硕士学位论文．

李霜．2006 基于 GIS 的投资环境评价系统的设计与实现．大连：大连理工大学硕士学位论文．

李兴国．2008，促进我国企业海外能源投资的国际法层面探析．西安石油大学学报：社会科学版，17（2）：62-65．

李友俊，徐可达．2005．国外油气开发项目经济评价研究．油气田地面工程，24（8）：68．

李玉蓉，陈光海，胡兴中．2004．国际石油勘探开发项目经济评价指标体系与综合评价．勘探地球物理进展，27（5）：383-387．

李玉蓉．2004．国际石油合作勘探开发项目经济评价研究．成都：西南石油学院硕士学位论文．

李玉顺，樊利钧，郑德鹏．2003．土库曼斯坦油气投资环境与合作对策研究．国际石油经济，11（8）：39-42．

连秀花，张金水．2005．国家风险与重新安排债务的概率——亚洲 5 国的实证研究．统计研究，（10）：50-56．

林伯强．2014．高级能源经济学．北京：清华大学出版社．

林敏．2006．石油价格系统的随机模拟研究．成都：西南石油大学硕士学位论文．

刘豹．1981．能源系统工程和能源数学模型．能源，（06）：10-11．

刘蓓．2010．石油金融化与我国石油金融体系的构建．知识经济，（23）：41-42．

刘存柱．2004．石油市场风险管理理论与方法研究．天津：天津大学硕士学位论文．

刘大伟．2009．国际石油贸易格局与复杂网络特征分析．天津：天津大学硕士学位论文．

刘广生，陈明．2014．海外油气投资风险管理体系构建．财会通讯，（2）：116-118．

刘宏杰，马如静．2008．中国石油企业对外直接投资区域的战略选择．山东工商学院学报，22（2）：10-14．

刘金兰，陈丽华，郝建春．2005．石油行业基于模糊决策理论的投资组合优化模型方法．工业工程，8（4）：74-76．

刘浚．2011．基于能源安全的我国石油金融化研究．上海：上海财经大学硕士学位论文．

刘思峰，吕恬生，王琦．2000．产品设计质量灰色系统综合评价方法的研究．机械科学与技术，19（5）：747-749．

刘增洁．2005．非洲油气资源潜力及投资环境分析．国土资源，（2）：52-53．

娄承．1999．国际油气勘探开发中的政治风险管理．国际石油经济，（2）：42-45．

鲁明泓．1997．外国直接投资区域分布与中国投资环境评估．经济研究，（12）：37-44．

罗东坤，俞云柯．2002．油气资源经济评价模型．石油学报，23（6）：12-15．

罗东坤．2002．油气勘探投资经济评价方法．油气地质与采收率，9（1）：21-23．

罗文军．2009．基于 GIS 下经济开发区投资环境评价研究．厦门：厦门大学硕士学位论文．

麻彦春，郑克国，刘世峰．2006．投资软环境综合评价体系研究．商业时代，（25）：61-62．

穆龙新，韩国庆，徐宝军．2009．委内瑞拉奥里诺科重油带地质与油气资源储量．石油勘探与开发，(12)：784-789.

穆龙新．2010．委内瑞拉奥里诺科重油带开发现状与特点．石油勘探与开发，(6)：338-343.

穆献中，冯孝刚，张志强．2010．石油企业应在发展低碳经济中有所作为．石油科技论坛，(1)：24-27.

穆献中，何帆．2015．非洲五大产油国石油投资环境评价——基于熵权法和物元模型．企业经济，(5)：119-122.

穆献中，胡广文．2016a基于GRA和熵权以及Fuzzy-AHP组合模型的石油出口影响因素的分析——以拉美石油国家为例．数学的实践与认识，(1)：85-92.

穆献中，胡广文．2016b基于管理熵和管理耗散结构的委内瑞拉石油经济模式分析．商业研究，(01)：51-55.

穆献中，李凯．2014．基于实物期权法的非洲石油投资环境评价．国际经济合作，(12)：70-74.

穆献中，李凯．2015．投资环境评价方法评述．商业时代，(7)：64-66.

穆献中．2010．中国油气产业全球化发展研究．北京：经济管理出版社．

聂万隆．2014．基于模糊物元法的中国石油企业国际竞争力评价．大庆：东北石油大学硕士学位论文．

潘继平，王越，申延平，等．2009．中国境外油气勘探开发的机遇、挑战和对策．国际石油经济，17(5)：54-57.

潘霞，范德成．2007．区域投资环境的评价研究—以中国内地31个省、市、区为例．经济问题探索，(8)：40-45.

彭新媛．2006．哈萨克斯坦的油气投资环境．国际经济合作，(8)：58-60.

彭勇行．1996．组合决策在国际投资环境评价应用中的新探讨．统计与决策，(9)：13-14.

彭勇行．1997．国际投资环境的组合评价研究．系统工程理论与实践，(11)：13-17.

齐国强．2015．非洲经济发展与外资流入：趋势及挑战．国际经济合作，9：4-8.

邱大雄．1995．能源规划与系统分析．北京：清华大学出版社．

屈耀明，张煜，赵鹏大．2010．基于境外油气勘探开发的投资环境评价指标体系设计．资源与产业，12(S1)：130-133.

屈耀明．2010．基于境外油气资源勘探开发的投资环境评价研究．北京：中国地质大学（北京）硕士学位论文．

任佩瑜，张莉，宋勇．2001．基于复杂性科学的管理熵、管理耗散结构理论及其在企业组织与决策中的作用．管理世界，(6)：142-147.

任佩瑜．1998．论管理效率中再造组织的战略决策．经济体制改革，(3)：98-101.

赛格，门明．2010．中国企业对非洲投资的政治风险及应对．西亚非洲，(3)：62-67.

邵士君，何童．2004．中东地区油气投资合作的法律风险．中国石化，(11)：60-62.

申炼．1998．石油复杂系统智慧学研究．北京：中国石油大学（北京）硕士学位论文．

史凌涛．2004．非洲地区石油工业投资环境．国际石油经济，12(10)：30-35.

世界银行．2007．政府治理、投资环境与和谐社会——中国120个城市竞争力的提升．北京：

中国财经出版社.

税成志.2009.中国对非洲直接投资研究.成都：西南财经大学硕士学位论文.

宋勇.2008.中国石油企业海外投资项目评价体系研究.哈尔滨：哈尔滨理工大学硕士学位论文.

单文华,任翔,贺艳,等.2012.中国海外资源能源投资法律问题调查报告.国际经济法学刊,
　　（2）91-133.

隋平.2011.海外能源投资法律与实践.北京：法律出版社.

孙洪波.2007.拉美国家应对债务危机的财政调整.拉丁美洲研究,29（2）：43-47.

孙琳.2008.基于VaR-Garch模型的石油市场风险管理研究.厦门：厦门大学硕士学位论文.

孙倩.2008.中国石油企业海外勘探开发投资项目风险的研究.哈尔滨：哈尔滨工业大学硕士
　　学位论文.

陶短房.2014.南苏丹内战祸及中国"石油存在".南风窗,02：75-77.

陶峰.2010.中国石油企业投资非洲环境评价模型的构建——基于主成分分析法.中国石油大
　　学学报：社会科学版,26（1）：7-12.

陶杰.2015.数据包络分析模型理论改进及其在能源经济中的应用研究.北京：华北电力大学
　　（北京）硕士学位论文.

田立新,孙梅.2011.能源供需系统分析.北京：科学出版社.

田立新.2005.能源经济系统分析.北京：社会科学文献出版社.

田照军,吴迪.2011.论区域投资环境诸要素与吸引投资的关系.经济研究导刊,（14）：
　　63-64.

仝雪莹,张品先,卢爱珠.1997.模糊数学在国际投资环境评价中的应用.石油大学学报,
　　21（6）：108-109.

童晓光,窦立荣,田作基.2003.21世纪初中国跨国油气勘探开发战略研究.北京：石油工业
　　出版社.

万君康.1996.技术经济学.武汉：华中理工大学出版社.

汪东进,李秀生.2012.基于情景规划的跨国油气投资战略性风险评价.中国石油大学学报：
　　自然科学版,36（2）：191-195.

汪峰.2011.中国与安哥拉石油合作探析.中国石油大学学报：社会科学版,01：7-12.

王成洁.2010.基于粗糙集理论的我国能源消费影响因素分析.北京：华北电力大学（北京）
　　硕士学位论文.

王大鹏,陈建梁.2007.中国石油企业的竞争优势及对外直接投资策略.国际经贸探索,
　　23（5）：58-62.

王耕.2009.中国石油企业跨国经营市场进入模式及区位选择研究.广州：广东外语外贸大学
　　硕士学位论文.

王庆金.2008.投资环境评价.北京：中国标准出版社.

王小马.2008.石油经济复杂性的初步分析.中国矿业,17（4）：1-4.

王晓耕,薛天菲.2008.国际投资中我国开发区投资环境评价.中国科技信息,（5）：287-288.

王笑寒.2009.区域投资环境评价体系研究.苏州：苏州商学院硕士学位论文.

王宗帅,穆献中.2014.基于指标分类的石油海外投资环境评价模型的应用及启示——以南美

洲为例．企业经济，（3）：38-42．

魏一鸣，范英，韩智勇．2006．中国能源报告（2006）：战略与政策研究．北京：科学出版社．

魏一鸣．2010．国外油气与矿产资源利用风险评价与决策支持技术．北京：地质出版社．

魏一鸣．2013．高级能源经济学．北京：清华大学出版社．

温丽．2011．基于多层次灰色关联法的石油企业国际竞争力评价．大庆：东北石油大学硕士学位论文．

文余源，邓宏兵，段娟．2003．基于神经网络的城市投资环境评价探讨．现代城市研究，（4）：71-74．

文余源．2007．基于多准则评价模型的区域投资环境诊断．统计与决策，（9）：4-6．

吴刚．2006．石油安全的若干管理科学模型及其应用研究．合肥：中国科学技术大学硕士学位论文．

夏抢友，刘清志．2007．对当前海外石油投资环境分析初步探讨．北方经济，（2）：57-59．

小岛清．1987．对外贸易论．天津：南开大学出版社．

肖胜奎．2003．石油勘探国际合作产品分成模式研究．大连：大连理工大学硕士学位论文．

邢云．1996．国际石油投资环境分析．中国海上油气，10（6）：413-420．

邢建国．2003．对外直接投资．北京：经济科学出版社．

熊学兵．2010．基于耗散结构理论的知识管理系统演化机理研究．中国科技论坛，（4）：108-112．

徐凯，常军乾．2010．我国石油安全的灰色物元分析研究．中国矿业，（3）：29-31．

徐可达．2005．海外油气田开发经济评价方法研究．大庆：大庆石油学院硕士学位论文．

徐丽娟．2013．我国海外石油投资项目决策研究．青岛：中国石油大学（华东）硕士学位论文．

徐喜君．2009．能源领域国际投资中的准入与风险法律问题．上海：复旦大学硕士学位论文．

徐小杰，王也琪，方小美．2005．当前海外重点地区油气投资环境及未来变化趋势．国际石油经济，13（4）：57-61．

许坤，胡广文，王世洪，等．2015．低油价下我国石油企业发展策略探讨．石油科技论坛，（4）：1-4．

闫晶晶，沙景华．2006．我国矿业外商投资环境评价与优化．中国矿业，15（9）：12-14．

严陆光，陈俊武．2007．中国能源可持续发展若干重大问题研究．北京：科学出版社．

晏力．2008．基于粗糙集理论的西部投资环境因素重要性分析．西华大学学报：自然科学版，27（5）：35-38．

杨静，李志祥．2008．石油资源开发利用及目标市场投资环境评价分析．商业现代化，（533）：197-199．

杨宁．2006．粗糙集理论及其在投资环境因素分析中的应用研究．成都：西南交通大学硕士学位论文．

杨瑞霞．2012．陕西省资源-环境-经济复合系统诊断评价与管理研究．西安：西安财经学院硕士学位论文．

杨欣荣．2006．煤炭投资项目风险分析与蒙特卡洛模拟．北京：中国地质大学硕士学位论文．

杨炘，王鸿冰，邢云，等．2006．中国国际石油投资模糊数学综合评价方法．清华大学学报：

自然科学版，46（6）：855-857.

殷焕武，张宝柱.2006.城市投资环境综合评价方法研究.城市问题，（8）：54-57.

尹赐舜.2006.乌兹别克斯坦油气投资环境评估.科技资讯，（13）：124-125.

雍斌.2007.我国对外直接投资的动因及国家风险防范.中国纳税人，（8）：110-111.

于楠，吴国蔚.2006.我国企业"走出去"中的政策风险防范.管理现代化，（03）：22-24.

余建华.2006.非洲油气开发与中非合作.西亚非洲，（08）：46-51.

余为政.2006.基于面板数据的计量经济模型构造及其应用.长沙：湖南大学硕士学位论文.

余晓钟.2002.石油项目投资风险多层因素模糊综合评价.西南石油大学学报：自然科学版，
　　24（05）：71-73.

袁正之.2008.拉美石油投资的政治风险分析.国际石油经济，16（3）：11-17.

约翰·霍根.1997.科学的终结.呼和浩特：远方出版社.

昝廷全，郭鸿雁，刘彬.2003.中国区域资源位研究.管理世界，（11）：111-117.

昝廷全.1997.系统经济学的公理系统：三大基本原理.管理世界，（2）：212，217.

昝廷全.2003.系统经济：新经济的本质——兼论模块化理论.中国工业经济，（9）：23-29.

昝廷全.2014.系统经济学名词解释（Ⅰ）.中国传媒大学学报：自然科学版，（3）：61-72.

曾金芳.2011.基于熵权法的油气资源投资环境综合评价研究.北京：中国地质大学硕士学位
　　论文（北京）.

曾铁铮.2011.战略性新兴产业投资环境评价研究.长沙：中南大学硕士学位论文.

张安平，李文，于秋波.2011.中国与苏丹石油合作模式的实证分析.西亚非洲，03：3-
　　11，79.

张海颖.2014.能源安全视角下的全球石油贸易格局复杂性研究.北京：中国科学院大学硕士
　　学位论文.

张宏民，葛家理，胡机豪，等.2002.石油金融化及我国石油经济安全的对策研究.石油大学
　　学报：社会科学版，18（4）：1-3.

张建华.2009.美伊关系前景及伊朗能源投资和贸易环境分析.国际石油经济，17（5）：
　　58-61.

张葵叶.2007.基于协同理论的石油企业国际竞争力探析.北京：北京化工大学硕士学位论文.

张雷.2007.能源生态系统——西部地区能源开发战略研究.北京：科学出版社.

张力军.2006.鄂尔多斯盆地油气资源勘探与投资分析评价.西安：西北大学硕士学位论文.

张秋明.2007.浅谈我国海外能源（主指石油）投资与地缘政治风险.国土资源情报，（9）：
　　39-43.

张卫国.2006.中国地级城市投资环境评价研究.管理学报，3（2）：195-198.

张祥生，肖厚智.2003.系统科学.武汉：武汉理工大学出版社.

张雪霞.2010.金融危机下我国企业海外投资所遇到的法律政策风险及对策.烟台：烟台大学
　　硕士学位论文.

张艳，朱列虹.2005.海外石油投资中的风险管理体系.兰州大学学报：社会科学版，
　　33（4）：138-142.

张艳.2004.中油集团海外石油投资中的风险管理体系构建.兰州：兰州大学硕士学位论文.

张耀龙. 2012. 基于期权博弈理论的石油企业海外项目投资策略研究. 天津：天津大学硕士学位论文.

张永峰, 杨树锋, 贾承造, 等. 2006. 石油勘探开发项目实物期权特性分析. 石油勘探与开发, (1)：115-118.

张跃军, 魏一鸣. 2013. 石油市场风险管理：模型与应用. 北京：科学出版社.

张跃军. 2008. 石油市场复杂系统风险管理模型及其应用研究. 北京：中国科学院博士学位论文.

张跃军. 2013. 石油市场风险管理. 北京：科学出版社.

张志强, 冯孝刚. 2010. 基于层次分析法的油气投资环境评价——以非洲地区为例. 中国市场, (15)：74-76.

赵艾琳. 2012. 基于 EVA 的石油建设投资项目经济评价及应用研究. 成都：西南石油大学硕士学位论文.

赵旭. 2011. 海外油气投资目标筛选决策支持系统研究. 技术经济与管理研究, (3)：8-12.

赵振国. 2009. 我国能源海外直接投资政治风险及法律防范. 重庆：西南政法大学硕士学位论文.

赵振智, 李宏勋, 王勇. 2009. 基于多层次灰色综合评价的我国石油公司跨国产权投资方式选择. 中国软科学, (6)：187-192.

智天雨. 2012. 中国石油企业对外直接投资的区位选择研究. 上海：上海外国语大学硕士学位论文.

钟桂东. 2008. 海外石油勘探开发项目的投资风险分析. 长沙：中南大学硕士学位论文.

钟晓芳, 刘思峰. 2009. 基于灰色关联度的动态稳健性设计. 系统工程理论与实践, 29 (9)：147-152.

周银. 2012. 采油建设项目经济后评价. 长春：吉林大学硕士学位论文.

朱磊. 2011. 能源安全与气候变化背景下的能源投资建模与应用研究. 合肥：中国科学技术大学硕士学位论文.

朱伟, 刘益超. 2000. 石油建设项目投资风险评价方法探讨. 天然气工业, 20 (06)：99-102.

邹慧霞. 2009. 基于模糊物元分析法的石油化工厂址选择及其厂址评价研究. 西安：西安建筑科技大学硕士学位论文.

Blackman A, Wu X. 1999. Foreign direct investment in china's power sector: trends, benefits and barriers. Energy Policy, 27 (12)：695-711.

Blyth W, Bradley R, Bunn D, et al. 2007. Investment risks under uncertain climate change policy. Energy Policy, 35 (11)：5766-5773.

Bo H E, Hai-Zhong A N, Fang W, et al. 2012. Evaluation of Investment Environment for Oil-Gas resources in Asia-Pacific. Resources & Industries, 6.

Bo H E, Hai-Zhong A N, Fang W, et al. 2013. Evaluation and prioritization of the Investment Environment for global oil-gas resources. Resources & Industries, 14 (6)：110-115.

Brennan M J, Schwartz E S. 1985. Evaluating natural resource investments. Journal of Business, 58：135-157.

Brunnschweiler C N, Bulte E H. 2008. The resource curse revisited and revised: A tale of paradoxes and red herrings. Journal of Environmental Economics and Management. 55 (3)：248-264.

Campos I, Vines A. 2008. Angola and China: A pragmatic partnership. Science and Technology, 2: 1-16.

Cerny A, Filer R K. 2007. Natural resources: Are they really a curse? . The Center for Economic Research and Graduate Education, Charles University & The Economics Institute of the ASCR, Prague, (1): 1211-1218.

Chang T C, Lin S J. 1999. Grey relation analysis of carbon dioxide emissions from industrial production and energy uses in Taiwan. Journal of Environmental Management. 56: 247-257.

Cherif R, Hasanov F. 2012. Oil exporters' dilemma: How much to save and how much to invest. World Development, 52 (4): 120-131.

Chorn L G, Shokhor S. 2016. Collection management internships. Energy Economics, 28 (4): 489-505.

Cortazar G, Schwartz E S. 1998. Monte Carlo evaluation model of an undeveloped oil field. Journal of Energy Finance & Development, 3 (1): 73-84.

Damania R, Bulte E. 2008. Resources for sale: Corruption, democracy and the natural resource curse. Contributions in Economic Analysis & Policy, 8 (1): 1890-1890.

Ding N, Field B C. 1996. Natural resource abundance and economic growths. Nber Working Papers, 81 (4): 496-502.

Dunning J H. 1993. The Theory of transnational corporations. New York: Routledge.

Fontana M. 2010. Can neoclassical economics handle complexity? The fallacy of the oil spot dynamic. Journal of Economic Behavior & Organization, 76 (3): 584-596.

Guo Q, Guo X. 2010. Risk Management of the International Energy Cooperation: A Research Review International Conference on Management & Service Science, 1-4.

Guo S J, Fang W, Zeng J F, et al. 2012. Investment Environment assessment and prioritization of Middle East Oil-Gas Resources. Resources & Industries 14 (6): 99-106.

Hou J, Dai G H, Wei J, et al., 2014. Reservoir characterization and exploitation potential in orinoco heavy oil Belt in Venezuela. Petroleum Geology & Experiment, (11): 725-730.

Hymer, Stephen. 1971. International big business 1957-1967. Cambridge: Cambridge University Press.

Kahraman C, Ucal I. 2009. Fuzzy real options valuation for oil investments. Technological & Economic Development, 15 (4): 646-669.

Kolstad I, Wiig A. 2009. It's the rents, stupid! The political economy of the resource curse. Energy Policy, (37): 5317-5325.

Laughton D, Begg S, Bratvold R, et al. 2013. The joint management of appraisal development and production in a two-block offshore oil field: a real options analysis. International Journal of Electrical Engineering Education, 50 (3): 256-267.

Lin S J, Lu I J, Lewis C. 2007. Grey relation performance correlations among economics, energy use and carbon dioxide emission in Taiwan. Energy Policy, 35 (3): 1948-1955.

Liu S F, Lin Y. 1998. An Introduction to Grey System's Theory. London: Grove City IIGSS Academic

Publisher.

Lu I J, Lin S J, Lewis C. 2007. Grey relation analysis of motor vehicular energy consumption in Tawan. Energy Policy. 36: 2556-2561.

Mason S P, Merton R C. 1984. The role of contingent claims analysis in corporate finance. Recent Advances in Corporate Finance, 1: 9-54.

Mccardle K F, Smith J E. 1998. Valuing oil properties: Integrating option pricing and decision analysis approaches. Operations Research, 46 (2): 198-217.

Mendes P A S, Hall J, Matos S et al. 2014. Reforming Brazil's offshore oil and gas safety regulatory framework: Lessons from Norway, the United Kingdom and the United States. Energy Policy. 74: 443-453.

Moreira S. 2013. Learning from failure: China's overseas oil investments. Journal of Current Chinese Affairs, 42 (1): 131.

Ngoasong M Z. 2014. How international oil and gas companies respond to local content policies in petroleum-producing developing countries: A narrative enquiry. Energy Policy. 73: 471-479.

Osmundsen P, Mohn K, Misund B, et al. 2007. Is oil supply choked by financial market pressures?. Energy Policy, 35 (1): 467-474.

Paddock J L, Smith J L. 1988. Option valuation of claims on real assets: The case of offshore petroleum leases. Quarterly Journal of Economics, 103 (103): 479-508.

Prelipcean G, Boscoianu M, Moisescu F. 2010. New ideas on the artificial intelligence support in military applications. Wseas International Conference on Artificial Intelligence: 34-39.

Recalde M. 2011. Energy policy and energy market performance: The argentinean case. Energy Policy, 39: 3860-3868.

Rocha K, Dias M A G, Teixeira J P. 2015. The timing of development and the optimal production scale: A real option approach to oilfield E&P. Discussion Papers. 126: 1-12.

Rubio M D M, Folchi M. 2012. Will small energy consumers be faster in transition? Evidence from the early shift from coal to oil in latin america. Energy Policy. 50: 50-61.

Saaty T L. 1990. How to make a decision: The analytic hierarchy process. European Journal of Operational Research, 48 (1): 9-26.

Schwartz E S, Trolle A B. 2010. Pricing expropriation risk in natural resource contracts- A real options approach. Social Science Electronic Publishing, 22 (2): 500-502.

Shao S, Yang L L. 2010. Natural resource abundance, resource-based industry dependence, and china's regional economic growth. Management World, (9): 26-44.

Swallow S K. 1990. Depletion of the environmental basis for renewable resources: The economics of interdependent renewable and nonrenewable resources. Journal of Environmental Economics & Management, 19 (3): 281-296.

Wang P. 2011. Venezuela's social organizations during the chavez presidency. Journal of Latin American Studies, 33 (2): 15-18.

Wu K. 2014. China's energy security: Oil and gas. Energy Policy, 73: 4-11.

Yang M, Blyth W. 2007. Modelling impacts of climate change policy uncertainty on power investment. Economics and Management of Climate Change. New York: Springer.

Zamora A. 2014. Strategic implications of emerging market- oriented Latin American petroleum policies. Energy Strategy Reviews. 3: 55-62.

后　记

本书书稿交付出版之际，我们在海外石油投资环境领域的 8 年研究探索也即将进入尾声。未来一段时间研究方向，将由海外能源产业拓展的"开源"研究转向国内城市能源系统生态化转型和"路径优化"研究。2008 年 11 月，自我们承担国土资源部海外油气综合评价科技专项 3 级子课题《非洲中南部油气投资环境综合评价》伊始，到 2016 年 12 月国家自然科学基金面上项目《海外化石能源投资环境动态模拟和风险博弈研究》结题为止，历经 8 年时光。期间我们陆续承担了国家开发银行、中国石油天然气集团公司、国家电网公司、中化石油勘探开发有限公司及中国节能环保集团公司等 8 项海外能源投资建模和综合评价研究工作任务。

2008 ~ 2016 年，我们经历了能源经济研究团队初创，到如今研究工作和课题成果系列化。研究视角也从单一的海外石油投资环境区域实证分析延伸到了海外电网工程建设、新能源设备制造以及节能环保产业等诸多业务领域，研究内容逐步拓展到中国能源企业海外发展战略布局、海外资源优化配置模型、投资风险规避及政策动态跟踪等，研究深度也从简单的要素指标评价到了如今对海外石油投资环境的系统分析理论、方法论体系、数学模型构建及软件平台研制等。

在这些年蹒跚前行的研究过程中，我们有幸结识了多位从事海外油气产业实践及投资环境研究的资深前辈，如中国工程院院士童晓光教授、中化石油原总经理曾兴球教授等，这些学术前辈给予了我们全方位的无私提携和谆谆教诲，我们终生受益，同时更值得铭记和感恩的是，多位业界同仁和良师益友的无私帮助和信任，使我们有机会承担多个不同产业领域的海外能源投资环境研究工作，这是我们能在该领域持续工作至今的最大助力所在，在此不再一一列举。

历经 8 年时光，尽管我们能源经济研究团队的成员来来去去、几度变迁，但我们的学术视野和个人感情早已深植于海外能源投资环境研究领域的方方面面。然而造化弄人，也许在本书交付出版之际，也是我们依依惜别海外能源投资环境系统化研究领域之时，未来也可能会有海外石油投资环境系统分析研究成果以学术论文形式发表。不管未来情况如何变化，我们团队的研究对象和学术方向也许会有少许变化，但我们在能源经济领域的系统科学方法论研究和软环境平台建设会坚定地继续下去。

　　本书的编写过程，可谓是历尽磨砺，300多个日日夜夜，很多时间在办公室度过，没有了节假日的正常作息时间，多少个不休不眠之夜，困了喝杯咖啡或在办公室沙发上短暂小憩，至本书初稿完成之时，别有一番感慨和欣慰。在此，特别要提及本书第二作者胡广文同志，从其研究生入学至今3年多时间里一直承担我们研究团队科研骨干角色，在本书编写过程中，更是与本人并肩奋斗、勤奋工作，从理论架构和技术方法论体系的研究梳理，到涉及多学科的数学模型构建及具体实现，直至实证案例方法选择、试算及完善，其中的辛酸和劳累不可言表，最后我们共同完成了这本代表我们8年研究经历和学术成果的著作。

　　深夜无眠，写了这些话，聊作慰藉。

穆献中

2016年10月12日